外国语言文学学术论丛

国家社科基金项目
“德国作家让·保尔研究”结项成果
项目编号：17BWW073

德国作家让·保尔幽默诗学与幽默叙事研究

赵蕾莲 著

中国人民大学出版社
·北京·

图书在版编目（CIP）数据

德国作家让·保尔幽默诗学与幽默叙事研究 / 赵蕾莲著. --北京：中国人民大学出版社，2022. 3
（外国语言文学学术论丛）
ISBN 978-7-300-30396-3

Ⅰ. ①德… Ⅱ. ①赵… Ⅲ. ①让·保尔—诗学—研究 ②让·保尔—叙事文学—文学研究 Ⅳ. ①I516.072 ②I516.064

中国版本图书馆 CIP 数据核字（2022）第 035393 号

外国语言文学学术论丛

德国作家让·保尔幽默诗学与幽默叙事研究

赵蕾莲 著

Deguo Zuojia Rang · Bao'er Youmo Shixue yu Youmo Xushi Yanjiu

---

出版发行	中国人民大学出版社		
社　　址	北京中关村大街 31 号	**邮政编码**	100080
电　　话	010－62511242（总编室）		010－62511770（质管部）
	010－82501766（邮购部）		010－62514148（门市部）
	010－62515195（发行公司）		010－62515275（盗版举报）
网　　址	http://www. crup. com. cn		
经　　销	新华书店		
印　　刷	固安县铭成印刷有限公司		
规　　格	170 mm × 228 mm 16 开本	**版　　次**	2022 年 3 月第 1 版
印　　张	18.75	**印　　次**	2022 年 3 月第 1 次印刷
字　　数	290 000	**定　　价**	68.00 元

目　录

让·保尔主要作品中德文对照表

（按作品出版时间排序）

《思维训练》（*Übung im Denken*，1780—1781）

《发现新真理的利弊》（*Nutzung und Schaden der Erfindung neuer Wahrheiten, 1781*）

《阿贝拉德与洛漪丝》（*Abelard und Heloise,* 1781）

《赞美愚蠢》（*Lob der Dummheit*, 1781）

《格陵兰的诉讼案》（*Grönländische Prozesse*, 1783）

《魔鬼文件选读》（*Auswahl aus des Teufels Papieren*, 1789）

——其中有独立的作品：

《论美德》（*Über die Tugend,* 1789）

《阿布拉卡达布拉或百尔教会学校学生喜剧》（*Abrakadabra oder die baierische Kreuzerkomödie, 1789*）

《我的活埋》（*Meine lebendige Begrabung, 1789*）

《校长弗洛里安·费尔贝尔和他的高年级学生到菲希特尔山区旅行》（*Des Rektors Florien Fäbels und seiner Primaner Reise nach dem Fichtenberg,* 1790—1791）

《看不见的共济会》（*Die unsichtbare Loge*, 1792）

——其中有两篇相对独立的作品：

1. 额外文稿《论崇高的人》（*Von hohen Menschen*, 1792）

2. 附录《在奥恩塔尔的快乐教师马利亚·武茨的生平》（简称《武茨》）（*Das Leben des vergnügten Schulmeisterlein Maria Wutz in Auenthal*）

《黑斯佩鲁斯或 45 个狗邮日》（简称《黑斯佩鲁斯》或《狗邮日》）（*Hesperus oder 45 Hundsposttage*, 1795）

——其中有《论人类的沙漠和应许之地》（*Über die Wüste und das gelobte Land des Menschengeschlechts*）

《奎因图斯·菲克斯莱恩的生平，选自 15 个小卡片盒子》（简称《菲克斯莱恩》）（*Leben des Quintus Fixlein, aus 15 Zettelkästchen gezogen*, 1796）

——其中有《论想象力的自然魔力》（*Über die natürliche Magie der Einbildungskraft*）

《花卉画、果品画和荆棘画，或在帝国集市广场小地方库施纳普尔的穷律师 F.St. 齐本凯斯的婚姻状况、死亡与婚礼》（简称《齐本凯斯》）（*Blumen-, Frucht- und Dornenstücke oder Ehestand, Tod und Hochzeit des Armenadvokaten F.St.Siebenkäs im Reichsmarktflecken Kuhschnappel*, 1796）

——其中有两篇独立的作品：

1.《从天而降的已故基督所作的“上帝不存在”的演说》（简称《“上帝不存在”的演说》）（*Rede des toten Christus vom Weltgebäude herab, dass kein Gott sei*, 1796）

[该附录的标题几次更改：《对无神论的描写。他布道说，不存在上帝》（*Schilderung des Atheismus. Er predigt, es ist kein Gott, 1789*）、《莎士比亚的死者布道》（*Totenpredigt Shakespear*, 1789）、“已故的莎士比亚向教堂中已故的听众抱怨，不存在上帝”（*Des todten Shakespear's Klage unter todten Zuhörern in der Kirche, daß kein Gott sei*, 1790），和“天使在世界大厦旁的演讲”（*Rede des Engels beim Weltgebäude*, 1790）。]

2.《 D. 维克多致信年长的卡托，关于我变成你、他、你们和您》（*Brief des D. Viktor an Kato den ältern über die Verwandlung des Ich ins Du, Er, Ihr und Sie*）

《卡姆帕纳峡谷》（*Das Kampaner Tal*, 1797）

《寿星》（*Der Jubelsenior*, 1797）

《转世重生》（*Palingenesien*, 1798）

《泰坦神》（*Titan*, 1800—1803）

——其中有两个“滑稽的附录”：

1.《理解费希特和莱普盖伯的关键》（*Clavis Fichtiana seu Leibgeberiana*, 1799）

2.《热气球乘坐者吉亚诺佐的航空日志》（*Des Luftschiffers Giannozzo Seebuch*, 1801）

《美学预备学校》（*Vorschule der Ästhetik*, 1804）

《少不更事的岁月，一部传记》（*Flegeljahre.Eine Biographie*, 1804—1805）

《菲伯尔即“比恩罗狄识字课本”的作者生平》（简称《菲伯尔生平》或《菲伯尔》）（*Leben Fiebels, des Verfassers der Bienrodischen Fibel*, 1806—1812）

《莱瓦娜，一种教育学说》（简称《莱瓦娜》）（*Levana, eine Erziehungslehre*, 1807）

《致德意志的和平布道》（*Friedenspredigt an Deutschland*, 1808）

《卡岑贝格博士的温泉之旅，连同对已改善的小篇幅作品的选择》（简称《卡岑贝格博士的温泉之旅》）（Dr.Katzenbergers Badereise,nebst einer Auswahl verbesserter Werkchen，1809）

《德意志的黎明》（*Dämmerungen für Deutschland*, 1809）

《战地牧师施梅尔茨勒的弗莱茨之行》（*Des Feldpredigers Schmelzle Reise nach Flätz*, 1809）

《战神与太阳神的王位更迭》（*Mars´ und Phöbus´ Thronwechsel*, 1814）

《在德国折磨周期间政治的斋期布道》（简称《政治的斋期布道》）（*Politische Fastenpredigten während Deutschlands Marterwoche*, 1817）

《彗星或者尼考劳斯·玛尔克格拉夫，一个滑稽的故事》（简称《彗星》）（*Der Komet oder Nikolaus Markgraf. Eine komische Geschichte*, 1820—1822）

《塞利娜》（*Selina*, 1821）

《关于美学预备学校的小型后期学校》（*Kleine Nachschule zur ästhetischen Vorschule*, 1825）

《自我人生描写》（*Selberlebensbeschreibung*, 1826）未完成，1819 年中断。

[让·保尔 1825 年去世后，1826 年，他的朋友克里斯蒂安·奥托（Christian Otto）将该作编辑成《来自让·保尔人生的真实》（*Wahrheit aus Jean Pauls Leben*），在布莱斯劳（Breslau）的约瑟夫·马克斯（Joseph Max）出版社出版。]

简写说明

本书以简写方式随文简化标注让·保尔著作的卷次和页码：

一、让·保尔的文本均出自以下版本：*Jean Paul Sämtliche Werke*. Hrsg. von Norbert Miller, München/Wien：Carl Hanser Verlag。系列Ⅰ六卷本在慕尼黑和维也纳出版；系列Ⅱ三卷在慕尼黑出版。

Bd.Ⅰ/1.=*Die unsichtbare Loge, Hesperus*. 1960.

Bd.Ⅰ/2=*Siebenkäs, Flegeljahre*. 1999.

Bd.Ⅰ/3=*Titan, Komischer Anhang zum Titan Clavis Fichtiana seu Leibgeberiane*. 1999

Bd.Ⅰ/4=*Leben des Quitus Fixlein, Biographische Belustigungen, Der Jubelsenior, Das Kampaner Tal, Palingenesien*. 1988

Bd.Ⅰ/5=*Vorschule der Ästhetik, Levana oder Erziehlehr*e, Politische Schriften (*Friedenspredigt an Deutschland, Dämmerungen für Deutschland, Mars' und Phöbus' Thronwechsel, Politische Fastenpredigten*). 1999.

Bd.Ⅰ/6=*Schmelzles Reise nach Flätz, Dr. Katzenbergers Badereise, Leben Fibel, Der Komet, Selberlebensbeschreibung, Selina*. 1987.

Bd.Ⅱ/1=Erste schriftstellerische Versuche (*Abelard und Heloise*, *Übungen im Denken*, *Das Lob der Dummheit*), *Grönländische Prozesse*, satirische Schriften. 1974.

Bd.Ⅱ/2=Jugendwerke und vermischte Schriften: *Auswahl aus des Teufels Papieren* und *Vorstufen. Satirische und ernsthafte Schriften*. 1976.

Bd.Ⅱ/3=Vermischte Schriften. 1978.

二、让·保尔书信采用以下版本：*Jean Pauls Sämtliche Werke. Historisch-kritische Ausgabe*. Dritte Abteilung. Hrsg. von Eduard Berend. Berlin: Akademie-Verlag。标注简写方式"*JP Biefe*"加卷次和页码。

Bd.1=*Briefe 1780–1793*. 1956.

Bd.2=*Briefe 1794–1797*. 1958.

Bd.3=*Briefe 1797–1800*. 1959.

Bd.4=*Briefe 1800–1804*. 1960.

Bd.5=*Briefe 1800–1804*. 1961.

Bd.6=*Briefe 1809–1814*. 1952.

Bd.7=*Briefe 1815–1819*. 1954.

Bd.8=*Briefe 1820–1825*. 1955.

Bd.9=*Nachträge. Berichtungen und Ergänzungen. Register*. 1964.

三、《让·保尔协会年鉴》标注缩写 JbJPG 加卷次和页码：

JbJPG=*Jahrbuch der Jean-Paul-Gesellschaft.* Im Auftrag der Jean-Paul-Gesellschaft，Sitz Bayreuth.

Bd.1-Bd.31/32. Hrsg. von Kurt Wölfel.

Bd.33-Bd.40. Hrsg. von Helmut Pfotenhauer.

Bd.41. Hrsg. von Helmut Pfotenhauer und Barbara Hunfeld.

Bd.42–49. Hrsg. von Elisabeth Dangel-Pelloquin, Helmut Pfotenhauer, Monika Schmitz-Emans, Ralf Simon.

Bd.50. Hrsg. von Elisabeth Dangel-Pelloquin, Monika Schmitz-Emans, Ralf Simon.

Bd.51-Bd.53. Hrsg. von Elisabeth Dangel-Pelloquin, Monika Schmitz-Emans, Barbara Hunfeld, Ralf Simon.

Bd.54. Hrsg. von Barbara Hunfeld, Jörg Paulus, Monika Schmitz-Emans, Ralf Simon.

Verschiedene Verlage:

Bd.1. Bayreuth. 1966.

Bd.2-Bd.28. München: C. H. Beck'sche Verlagsbuchhandlung, 1967–1993.

Bd.29-Bd.32/33. Bayreuth: Mühl'scher Universitätsverlag, 1994–1998.

Bd.34-Bd.40. Weimar: Verlag Hermann Böhlaus Nochfolger, 1999–2005.

Bd.41-Bd.44. Tübingen: Max Niemeyer Verlag, 2006–2009.

Bd.45. Berlin/New York, Walter de Gruyter, 2010.

Bd.46–54. Würzburg: Königshausen&Neumann, 2011 bis 2019.

序

德国著名幽默叙事大师让·保尔（Jean Paul，1763–1825）[1]在推动德语叙事文学的发展上厥功至伟。他深入拓展了“幽默”的概念，促进了德国长篇小说的发展，极大地丰富了德语语言的表现手法，故被誉为“德语语言中最伟大的幽默作家”[2]。长篇小说“因他而在德国首次成为受青睐的文学体裁”[3]。他“创造了幽默的繁荣”[4]。他在幽默诗学著作《美学预备学校》中强调幽默的普适性，延展了诺瓦利斯“世界必须浪漫化”[5]的名句：“一切必须是浪漫的，即幽默的。”（I/5，127）这部论述幽默本质和特征的诗学著作被学界奉为圭臬，被誉为“最根本和最恰当的”幽默理论著作[6]。

让·保尔展现了一幅关于人类、世界和超自然世界领域情感丰富且思想深刻的全景图。他擅长以奇思妙想诗艺地联系无关联之事，令大多德语文学作家难以望其项背。他凭丰富的想象力升入奇异梦幻和理想的诗艺宇宙中。他突破当时德语文学传统，赢得新的语言表达可能性，创造了他在《美学预备学校》中提及的“诗艺的百科全书”（poetische Enzyklopädie）（I/5，249），即包罗万象的诗艺宇宙。

1 原名里希特（Johann Paul Friedrich Richter）。

2 Harich 1974，52。

3 Grundmann 2001，228。

4 Ueding 1993，358。

5 Novalis 2004，334。

6 Grötzebach 1966，17。

其“作品属于德语语言中诗艺的想象孕育的最高成就”[1]。

总之，让·保尔在繁荣和发展德意志文学、文化、美学和哲学上成就斐然，故黑格尔提议海德堡大学授予他荣誉哲学博士。海涅赞誉他为“伟大的诗人和哲学家”[2]，黑塞赞美他是“艺术家最辉煌的典范”[3]。贝尔格（Berger）甚至称他为“除歌德和席勒以外第三位杰出的作家”[4]。这位“文学泰斗”“通过对话晚期启蒙、观念论和浪漫的哲学与文学，发展了1800年前后转折时期最广泛的时代诗艺”[5]。其同时代的读者在他描绘的“画面”和塑造的人物形象中“思考和生活”[6]。歌德晚年在《西东合集》中认可其成就，称他为“滋养东方的诗人和作家”，“唤起我们的想象力”，是“被高度评价、成果丰硕的作家，风趣有才智”[7]。

让·保尔的长篇小说的叙事技巧决定性地影响了19世纪德国文学。海涅与青年德意志作家劳伯（Laub）和古茨科（Gutzkow）在报刊评论中借鉴其以游戏方式运用语言的风格。德国诗意现实主义作家施蒂福特（Stifter）、凯勒（Keller）和拉伯（Raabe）尊奉他为典范。别尔纳（Ludwig Börne）欣赏他为“底层人的作家”[8]。让·保尔的影响一直延续到20世纪德语文学。作家、文学评论家和文学史撰写者中不乏高度赞美者。现代派诗人格奥尔格（Stefan George）赞誉他为“德国人最大的文学创作力量”[9]。维也纳现代派作家霍夫曼斯塔尔（Hugo von Hofmannsthal）认为，在其长篇小说中，“最深刻的、德意志的、文学本质的内涵发挥作用”[10]。现代叙事大师德布林（Alfred Döblin）和1999年诺贝尔文学奖得主格拉斯（Günter Grass）都尊崇他为先行者。

---

1 Krumme/Lindner 1970，116。

2 Heine 1979，93。

3 Hesse H. 1977，144。

4 Berger 1939，22。

5 Göttsche 2014，93。

6 Maier 1973，14。

7 Goethe 1994，202。

8 Malsch 1975，113。

9 参见 Höllerer 1960，1313。

10 参见 Grundmann 2001，229。

长于叙事的让·保尔与长于诗歌的荷尔德林和长于戏剧的克莱斯特（也著有经典的中篇小说）被并称为介于古典文学和浪漫文学之间的三杰作家，因为我们无法单纯“用文学史时期的概念‘古典文学’和‘浪漫文学’描述这三位卓越作家的特点”[1]。他们使当时德语文学璀璨的夜空更光彩夺目。现代弊端在其时代已初露端倪。现代异化加剧，完整人丧失，主客体统一的“和谐的世界图景逐渐被世界裂痕取代”[2]。有强烈危机意识的克氏1811年饮弹自尽。毕生“追求‘和谐’”[3]、崇尚诗艺理想主义的荷氏在疯癫中度过后半生。唯独让·保尔娶妻生子，平安终老，以非凡的勤奋书写战胜赤贫，换来有尊严的生活。

德国1800年前后迅猛发展的图书业为让·保尔圆作家梦奠定了基础。当时国外的作家职业化趋势波及德国。他博览群书，毕生所作书摘达“三万多页”[4]，成为其文学创作的重要素材。他兼收并蓄，形成颇具原创性的写作风格。他几乎将文学书写绝对化，将其作品、作品的额外文稿、附录、作品前言、前言的前言、书信、书摘等纳入庞大的诗艺世界。

让·保尔的早期作品侧重讽刺，后期的长篇小说以幽默风格为主。但他从未放弃讽刺书写，而是以讽刺丰富幽默。其内涵丰富的文学创作以幽默为主要原则，作品结合多种特征：“幽默、深刻的滑稽和批评”，细腻而“充满激情的情感和枝蔓丛生的丰富细节，还有亲切的牧歌式滑稽故事与崇高的心灵飞升”[5]。

西方底蕴深厚的精神源流滋养并综合地影响了让·保尔的创作：古希腊罗马著名作家和哲学家、英国幽默讽刺文学、英法德重感倾向、英国经验主义、欧洲启蒙思想、德国批判哲学、观念论、古典文学、浪漫文学、信仰哲学、情感哲学和强调完整观念的人类学等。他尤其重视研读莎翁的作品，借鉴英国重感作家理查逊和讽刺兼幽默小说家斯特恩、斯威夫特、菲尔丁、蒲柏（Pope）、扬（Young）和斯摩莱特的创作。给他重要启迪的还有：引领欧洲重感倾向的卢梭；德国反

1 Schnell 2011，260。

2 赵蕾莲 2014，4。

3 赵蕾莲 2017，Ⅺ。

4 Birus 1986，50。

5 Grabert/Mulot 1968，234。

对唯理论、捍卫情感与信仰的思想家与哲学家哈曼（Hamann）、赫尔德和雅可比（Friedrich Heinrich Jacobi）；主张人的肉体与灵魂相互作用、和谐统一的人类学家和莱比锡大学教授普拉特纳（Ernst Platner）。他青年时期以涵盖单子论、神正论和形而上构想的莱布尼茨哲学为思想基础，认真研读康德与费希特的批判哲学，结识德国文学与哲学翘楚维兰德、赫尔德、歌德、席勒、雅各比、弗·施莱格尔和费希特，同他们探讨人生、哲学、历史、诗艺和美学原则等问题。人才辈出的时代特有的宽厚思想场域给予他广博的精神养料，为其独到的幽默创作风格创造了必要前提，使他在庞大的诗艺世界中想象驰骋，表达丰富而细腻的情感，演绎幽默加讽刺的叙事。

让·保尔的哲学造诣颇高，但不囿于特定体系，而是以“诙谐的书写”应对纷扰的“体系”[1]。他借鉴康德和费希特哲学的精髓，也洞察其弊端。他批评康德哲学重理轻情，缺乏仁爱。他揶揄费希特哲学的虚无主义和理性的自我神化等危险倾向。他依托哈曼、赫尔德与雅可比捍卫情感与神性的立场，弥补德国批判哲学的不足，从而实现他毕生追求的感性与理性的平衡与统一。

本书全面细致地分析让·保尔所有重要著作，提炼其幽默叙事特点。这是本书的难点，更是创新点，具有重要的学术价值。

本书重点分析让·保尔以下文本：三部早期讽刺作品《赞美愚蠢》、《格陵兰的诉讼案》和《魔鬼文件选读》（短文《论美德》）；幽默诗学理论著作《美学预备学校》；短篇小说《武茨》和七部长篇小说：《看不见的共济会》（额外文稿《论崇高的人》）、《黑斯佩鲁斯或45个狗邮日》（历史哲学观短文《论人类的沙漠和应许之地》）、《齐本凯斯》（描写梦境的短文《从天而降的已故基督所作的“上帝不存在”的演说》）、《泰坦神》（两个附录：关乎文学和哲学的讽刺作品《理解费希特和莱普盖伯的关键》与《热气球乘坐者吉亚诺佐的航空日志》）、《少不更事的岁月》、《卡岑贝格博士的温泉之旅》和《彗星》。还有四篇以世界主义为前提的政论文：《致德意志的和平布道》、《德意志的黎明》、《战神与太阳神的王位更迭》和《政治的斋期布道》。

1 Höllerer 1975，27。

本书在缜密深入的文本分析基础上，在让·保尔的诗艺宝库中提炼其幽默诗学观、对启蒙思想及其承继者德国批判哲学的辩证理解、宗教观、道德观、历史哲学观和民族观。

让·保尔反对偶像化地视古希腊形式为描绘现代内容的标准。但他并非全盘否认古典文学，或轻视以感性世界为特征的古希腊艺术，而是吸纳其精髓：追求人文主义理想，重视普遍性与人性，倡导关联文学与道德精神。他赞同歌德和席勒强调感性与理性和谐平衡的古典文学理念。但他指出，古希腊人的诗艺理想和特征不适宜解决时代问题。古希腊诗人不擅长个性化地演绎滑稽。他从诗学角度预测，浪漫文学会成为未来更伟大的文学之鼻祖，因而他亲近以主观性、无限性、超感性和内心性为特征的浪漫文学。与古希腊艺术的内在固有性相反，其创作以反思为特征，是自我关联和超越所有现存物质条件的自我升华。但他反对浪漫派作家的理念：只想不切实际地建构诗艺的、超凡脱俗的诗艺世界，凸显升华到超越尘世人生程度的单一性，在来世建立和谐王国。因此他在《美学预备学校》中批评他们代表的“诗艺的虚无主义”（I/5，30）。他指责施莱格尔不懂其幽默，将形式绝对化、清空艺术的道德内涵。

让·保尔汲取了古典文学与浪漫文学精髓，用形而上的方法将当时被贬低为“恶俗”的幽默提升到哲学高度。他演绎的幽默渴望诗艺精神。其幽默也不局限于文学、诗学与美学领域，而是关联其富有哲学色彩的人生观和道德观。

纵观让·保尔的文学创作生涯，其幽默叙事经历了不断丰富完善的动态发展过程。早期单一抽象的讽刺挖苦、脸谱化的道德说教转变成结合幽默、讽刺和重感的创作手法，人物形象愈加饱满。其早期讽刺作品以随意性较大、毫无关联的讽刺挖苦抨击社会和道德弊端，冷酷、尖锐而僵化的讽刺尚缺乏内在必要性。讽刺文集《魔鬼文件选读》是他从讽刺写法向幽默写作过渡的标志。

让·保尔偏重情感的幽默赋予侧重理性的反讽生命力。自我与世界更深的统一是其幽默写作的基础。他试图在作品中体现创造性的幽默如何和解人生中各种对立，此乃幽默赖以建立的核心问题的基础。他从讽刺作品起步，在上升期和成熟期撰写融合幽默、讽刺、重感、丰富想象和离题（Digression 或 Ausschweifung）等叙事特色的长篇小说。该体裁允许他充满感情地增添启蒙理性的文化内涵，综合情感与理性元素，以高度诗艺的语言完成文学书写，描写世间百态和众生相。

他塑造的幽默人物也不断成熟：《魔鬼文件选读》中的哈伯尔曼是他塑造的系列幽默人物的雏形。乡村教师武茨是他塑造的第一个幽默人物，标志着他在幽默叙事上的重要突破。武茨用始终让自己快乐的技巧克服人生困难，他用崇高的意义填满自己渺小却有限的存在。让·保尔后来综合《齐本凯斯》的幽默人物莱普盖伯和《泰坦神》中的悲剧型幽默人物硕普，塑造具有双影人特征的、他塑造的最成熟、最成功的幽默人物“莱普盖伯 - 硕普”。

让·保尔的幽默兼具浪漫文学和现实主义特征。他不仅将有限运用到无限，还将情感的无限性应用到有限。他通过主观演绎幽默，以幽默为媒介，超越有限的客观现实世界，进入将尘世神化的神性与诗艺世界。他借鉴基督教现世与来世的二元对立，构建“第一个世界”与“第二个世界”对立的美学范式。前者指狭隘有限的庸常世界；后者指有神性的诗艺宇宙，符合其美学的无限理念。这种强调诗艺世界与现实世界二元对立的美学范式契合早期浪漫派作家的诗学观。但其幽默也有现实主义特征。他试图描绘真实人生中的内在世界。他见微知著，常细腻描写现实生活中最细微之处。其创作的核心问题是：在人生真实的形式中实现幽默。他重视具体呈现世界和谐。作为出色的幽默作家，他保留了现实主义要素。他以浪漫文学的方式升华，超越尘世，旨在以现实主义的方式，有益于自身和社会地返回现实。其以小世界关联大世界的幽默原则引导其诗学观和人生观。他采取类似现实主义作家的态度：纵使人生有再多坎坷，也要笑对人生，从不放弃希望，哪怕笑中带泪。

因主要受斯特恩《项狄传》中离题叙事启发，让·保尔悖逆完整的线性叙事传统，以离题叙事为构建诗艺世界的重要原则。其诗学理念反对启蒙理性的历史进步观，用斜生旁枝的离题手法延宕叙事，以多线条和多层叙事扰乱线性叙事，最终以诗艺抗拒死亡。有别于斯特恩，他更擅长结合哲学思辨与诗艺，演绎形而上的直面死亡。他叙事时常在多个领域和形式中自如切换、跨界，但保留叙事和诗艺的内在统一性。

尽管如此，让·保尔的小说常被诟病为“毫无形式”。黑格尔在《美学》

（*Ästhetik*）中指责其叙事对象杂乱无序，“用机械的方式把极不相干的东西凑在一起”[1]。尼采在《人性的，太人性的》（*Menschlich, allzu menschlich*）中以歌德和席勒为标准，反对其难以保证顺畅阅读的离题叙事，贬低他为“在席勒和歌德精致的果园里冒出来的色彩斑斓的、散发着强烈气味的野草”[2]。瑞士戏剧家迪伦马特（Friedrich Dürrenmatt）形象地抱怨阅读其作品的难度：“我越向前推进，作品就变得越发无法纵览。我与让·保尔的突发奇想和额外想法周旋，就像与黑压压的苍蝇群搏斗。”[3] 只有歌德更高明地慧眼洞悉其玄妙之处：让·保尔貌似毫无关联的零碎素材有统一的、诗艺的伦理线。

本书还缜密分析了让·保尔将自然科学之“丑”纳入美学体系，以反衬诗学之美。这种富有创新思维的策略呼应其《美学预备学校》中的艺术观。他让自然科学代表的低微和滑稽同诗艺代表的崇高和幽默构成对立统一的整体。莱辛在《拉奥孔》中演绎丑，斯威夫特在《格列佛游记》中呈现化美为丑的颠覆性美学观，普拉特纳强调灵与肉相互作用的观念。他们都为他统一美与丑奠定了坚实基础。

本书还重点分析让·保尔在长篇小说《齐本凯斯》和《泰坦神》中演绎的双影人主题透视的现代危机。他主要描绘人物对镜像、蜡像或幻象的恐惧，渲染他们对自我分裂的恐惧与厌恶。双影人齐本凯斯与其灵魂之友莱普盖伯构成小说情节设定、结构布局和人物设置的特点。莱普盖伯先与《齐本凯斯》的主人公构成双影人，又在《泰坦神》中作为费希特的追随者与费希特构成更高的精神层面的双影人。

本书还提炼让·保尔对启蒙理性和德国批判哲学的辩证认识、重感倾向、宗教观、道德观、历史哲学观和民族观。它们并非彼此孤立，而是相互关联，有机结合。

首先，本书明确以让·保尔追求的感性与理性的平衡统一为论证的重要基础。他生活于庞杂思潮和精神源流大汇聚的时代：莱布尼茨哲学、德国古典哲学、信仰与感性哲学、启蒙、狂飙突进、古典文学与浪漫文学、普拉特纳的实用人类学；

1 Hegel 1970，382；黑格尔 2015，375。

2 Nietzsche 1967，234–235；尼采 2005，484–485。

3 Dürrenmatt 1998，29。

英国经验主义和感觉论、直觉论、重感加幽默讽刺文学；法国大革命、机械唯物主义和实证主义；后启蒙时期、自然科学、欧洲重感倾向等。他面临以下重要课题：体现人类学的整体论即完整人的理念，反映自然科学与诗艺的理想统一。康德和费希特的古典哲学构成德国哲学精神主流；哈曼、赫尔德和雅可比等强调信仰、情感和统一的哲学构成支流。他捍卫感性和神性，抵抗理性的强权。他追求感性与理性、灵与肉、内在与外在等多种矛盾的对立统一。他接受普拉特纳关于肉体与灵魂和谐统一并相互作用的人类学理念。

针对启蒙理性的绝对优势，让·保尔用信仰和情感哲学、本体论与形而上等非理性手段予以反击。他指责康德哲学冷酷、缺乏仁爱的缺陷，还揶揄费希特哲学蕴含的危险。他发现，费希特片面地强调绝对的自我，而理性的自我神化会导致理性自掘坟墓。依费希特的自我哲学，在被设定为“绝对的自我”之外别无他物，没有对象世界和上帝，这不啻为否认他珍视的神性。该理性蕴藏虚无主义的危险。他在《泰坦神》中塑造了两个泰坦神式的人物，剖析其自我瓦解的深层原因，演绎理性自我神化的弊端。虚无主义否定理性的存在导致人疯癫，最后走向毁灭，形成可怕的恶性循环。演绎晚期启蒙理性的失败构成《泰坦神》及其两篇附录的内在逻辑。他在《理解费希特和莱普盖伯的关键》中批评唯我论的虚无主义等弊端。他反思工具理性，强调启蒙理性之光的欺骗性。《热气球乘坐者吉亚诺佐的航空日志》展示启蒙的内在矛盾和自我消解，凸显启蒙的失败。他描写主人公乘坐热气球在德国上空的旅行，旨在用自上而下的俯瞰视角象征启蒙理性的倨傲。他反对为整体幸福而牺牲个人幸福。他敏锐洞悉，法国大革命和康德道德哲学都因缺乏仁爱而冷酷。

其次，让·保尔恪守神性，视神性和感性的综合为制衡理性绝对优势的重要手段。他反对基督教的正统学说和繁缛仪式，嘲讽狭隘的、正统教条的路德新教。但他并未与宗教彻底决裂，而是推崇敬神、神性、无限性、不朽、永恒、来世和天堂未来等基督教意象，批评启蒙理性导致宗教式微。他强调宗教与诗艺、道德和人生的密切联系。面对1815年后反启蒙的新神秘主义，他恪守启蒙思想财富，坚决反对各领域的复辟倾向，抨击晚期浪漫派作家皈依天主教的趋势，批评神秘化的“超级基督教”。

再次，本书重点解读《魔鬼文件选读》中短文《论美德》中体现的美德观。让·保尔赞同康德美德与幸福构成二律背反的观点，即美德不应以幸福为目的。他也赞同卢梭区分美德与私利的主张，反对英国道德哲学家沙夫茨伯里与哈奇森、法国爱尔维修和德国启蒙教育家巴泽多夫捆绑利益与美德、计算美德益处的功利主义美德观。他还洞悉康德道德学说的缺陷：片面强调理性、轻视人类情感导致冷酷无情，缺乏仁爱，因为康德摒弃自然，忽视人的自然属性和社会属性双重特征，这与其伦理哲学轻视情感相似。"美德"、"崇高的人"（der hohe Mensch）和"仁爱"是作家道德观的三个核心范畴。他强调"美德"对个性完善和人类整体发展的重要性。他在《看不见的共济会》的额外文稿《论崇高的人》中首次提出"崇高的人"构想。"崇高的人"追求真善美和感性与理性的平衡，身居有限却追求无限，超越尘世地升华到具有神性的崇高而澄明的境界。其教育理想主张，培养哲学造诣深的智者管理国家。他还批评贵族的利己主义、商人的拜金主义和道德堕落的封建宫廷，对照呈现人类道德与不道德的内涵。

又次，从其历史哲学观角度看，让·保尔是满怀希望的悲观主义者。他总体上对人类的未来充满希望，坚信人类有能力永远完善，唯独人类才有永恒改变的必要性。但他强调历史发展的偶然性。人类历史的发展只有升降沉浮，却无高峰。略显矛盾的是，他否认历史的复归，却在《德意志的黎明》中以自然界植物的枯荣比喻人类历史往复消沉的凄凉景象。他总体上反对历史循环论，即套用自然循环往复的运行特点理解人类历史发展，故反对赫尔德从有机论的角度阐释人类历史的指导思想，也反对费希特和弗·施莱格尔的循环论要求。他反对康德从目的论角度阐释人类历史发展，即依据自然终结得出历史终结的结论。受卢梭幸福论启发，他质疑启蒙理性盲目乐观的历史进步说和抽象的整体幸福观，因为它们轻视个体生命及其需求，遏制个人的发展，这必定导致政治和社会层面理性的失败。他倡导有约束性的进步观，反对实现历史进步以牺牲个体为代价。他洞悉启蒙理性线性、乐观、机械的历史进步观之不足。其历史哲学观较之德国唯心主义哲学更具现实意义和历史意义。

最后，让·保尔的民族观以世界主义为前提。本书重点分析他在1809—1817年写的四篇政论文：《致德意志的和平布道》、《德意志的黎明》、《战神与太

阳神的王位更迭》和《政治的斋期布道》。法国大革命的崇高理想巩固了其建立在启蒙思想基础上的世界主义。他正确认识拿破仑的历史作用：消灭欧洲旧封建秩序，建立新制度，实现现代化。他摒弃狭隘的德意志民粹思想，恪守以世界主义为前提的、包容性的民族观。他以博爱思想崇尚世界大同理想。他乐见各民族和睦相处，消除战争。他强调道德精神对治国理政者的重要性。他认为只有道德精神的强者才能改变世界。

总之，让·保尔崇尚美德、爱、神性和诗艺，对人类未来寄予希望。他对启蒙理性的认识、道德观、诗学观、历史哲学观和民族观都密切相关。面对现实诸多弊端，却仍不放弃希望，这是我们真正理解让·保尔很多看似矛盾态度的关键。他明察秋毫，洞若观火，洞察事物的悲观性，却仍满怀希望。其幽默诗学观的精髓正在于此。

下文概述与本书论题相关的国内外关于让·保尔的研究现状。

德国最早系统研究让·保尔的权威专家贝伦特（Eduard Berend）1909 年出版著作《让·保尔美学》（*Jean Pauls Ästhetik*）[1]。他 1925 年首次出版《让·保尔研究书目》（*Jean Pauls Bibliographie*）。他 1957 年创立的“让·保尔档案馆”后成为让·保尔研究中心。1963 年，适逢纪念“让·保尔诞辰二百周年”，由克洛高尔（Johannes Krogoll）整理补充的《让·保尔研究书目》[2] 再版。当时让·保尔的著作被译成多种语言：英、法、意、西、荷、丹麦、挪威、瑞典、俄、波兰、捷克、匈牙利、日语和土耳其语。贝伦特主编的九卷本《让·保尔书信集》（*Jean Paul Briefe*）也是本书的重要资料来源。

另外，考梅莱尔（Max Kommerell）在德国较早研究让·保尔作品中的幽默人物。其权威专著《让·保尔》（*Jean Paul*）[3] 1933—1977 年间共再版五次，内容不断完善。作者首次从阐释《美学预备学校》中的幽默概念入手，分析作家笔下的幽默人物。他概括让·保尔幽默诗学的嬗变路径：“从青年时期讽刺的幽默，

1 Berend 1909。

2 Berend 1963。

3 Höllerer 1960，1313。

经过以多愁善感为基调的高度，再到更强的新幽默。”[1] 考氏在其接受史上有里程碑意义，但该著分析的幽默小说不够全面。

贝尔格（Kurt Berger）1939 年出版的专著《创造性的幽默》（*Der schöpferische Humor*）富有启迪意义。他主张，“创造性的幽默”即幽默叙事是让·保尔叙事的主要特征。他演绎的诗艺世界有以下特征：“在其谜式特点以及高度和深度方面，是创造性的幽默，即创造这种力量：在幽默中平衡各种对立，创造和解的情感。”[2] 幽默叙事是让·保尔创作成熟期的突出特点。

德国“让·保尔协会”从 1966 年起出版《让·保尔协会年鉴》（*Jahrbuch der Jean Paul-Gesellschaft*），2019 年出版第 54 期。其中的学术论文议题广泛，颇有参考价值，也是本书重要的文献来源。

20 世纪 70 年代中期，适逢纪念让·保尔逝世 150 周年，几部重要的研究成果问世。

哈里希（Wolfgang Harich）1974 年出版当时比较轰动的专著《让·保尔的革命文学作品，其英雄主义长篇小说的一种新解读尝试》（*Jean Pauls Revolutionsdichtung. Versuche einer neuen Deutung seiner heroischen Romane*）。他以革命为切入点，阐释让·保尔的三部长篇小说《看不见的共济会》、《黑斯佩鲁斯》和《泰坦神》。作者主张，让·保尔“想用政治手段实现人和谐发展的教育理想，因为在攻占巴士底狱启发下，其民主主义让他在教育小说中勾勒用革命手段克服德国悲惨现实的乌托邦。”[3] 但很多学者认为，哈里希仅从革命民主主义视角阐释让·保尔的三部长篇小说，政治色彩太浓且牵强附会。

瑙曼（Ursula Naumann）1975 年完成的博士论文《布道的诗学：论布道、宗教讲话和布道者对作品的意义》（*Predigende Poesie. Zur Bedeutung von Predigt, geistlicher Rede und Predigertum für das Werk Jean Pauls*）[4] 论及演讲修辞与作家宗教态度的关系，认为作家的诗艺有宗教意识。这对研究让·保尔的诗艺即文学创

1 Kommerell 1977，366。

2 Berger 1939，25。

3 Harich 1974，7–8。

4 Naumann 1976。

作与宗教的关系颇有启发，但未透彻研究作家与宗教和社会的关系等问题。

1975 年，德国日耳曼学者在让·保尔后半生定居的拜罗伊特成功举办“纪念让·保尔逝世 150 周年学术研讨会”，推动了让·保尔研究朝深度和广度发展。

欧莎茨（Paul-Michael Oschatz）1985 年出版的专著《让·保尔的幽默，通过从青年讽刺作品到〈彗星〉的幽默人物展示》（*Jean Paulscher Humor, aufgezeigt an den Humoristen von den Jugendsatiren bis zum ‘Komet’.*）[1] 对本研究颇有启发。它细致分析让·保尔笔下的幽默角色，尤其是《齐本凯斯》中的幽默人物主人公及其挚友莱普盖伯和《泰坦神》中的悲剧型幽默人物硕普。但作者分析这些幽默人物时并未紧密结合《美学预备学校》中有关幽默的论述。

普弗滕豪尔（Helmut Pfotenhauer）是德国资深的文学人类学、传记文学和让·保尔研究专家。他在《作为书写的人生：传记》（*Das Leben als Schreiben. Biographie*）[2] 中探究分析文学书写对让·保尔的重要意义，富有教益。

常年担任《让·保尔协会年鉴》主编的沃伊尔弗尔（Kurt Wölfel）紧密结合作家生平，按时间顺序详细梳理让·保尔各时期的文学创作[3]，颇有参考价值。

中国迄今尚无专门研究让·保尔的学术专著问世，亦无其作品的中译本出版，仅有四篇相关的学术论文公开发表，还有几部中国学者编写的《德国文学史》的相关介绍。这与他在德国文学史上的重要地位极不相称。

冯至主编的《德国文学简史》称让·保尔“有进步倾向”和“民主主义思想”。他“以幽默的文笔嘲讽了他的周围的社会”，其小说里的“现实主义成分突出地体现在他的幽默和讽刺上”。该著还评论其离题叙事：“那横生枝节的文体只使人感到冗繁。”[4] 余匡复的《德国文学史》称之为“幽默大师”。他认为，马克思称作家为“文学的药剂师”是中肯的，作品带有“小市民的狭隘性”。受前民主德国文学阐释话语倾向影响，该著将他划入“进步的民主文学范畴”。作者肯定他在德国文学史上的重要作用，称其《美学预备学校》“谈到了对诙谐、幽默、滑稽

1　Oschatz 1985。

2　Pfotenhauer 2013。

3　Wölfel 1997，354–400。

4　冯至等 1959，171。

等概念的见解”[1]。该著还重点介绍《齐本凯斯》和《少不更事的岁月》的主要内容梗概。

范大灿主编的《德国文学史》第三卷更详细地介绍了让・保尔生平以及长篇小说（《看不见的共济会》、《黑丝佩鲁斯》、《齐本凯斯》和《少不更事的岁月》）的主要内容，但并未评介其诗学理论著作《美学预备学校》，实属遗憾。

绿原很重视幽默研究，在文章“一谈幽默”中梳理“幽默”概念在西方的发展脉络，充分肯定英国人对幽默的自觉意识：“正是英国人首先对幽默之为幽默加以研究，才使英国 humour 一词流通于世。”但他也强调德国人对发展幽默的贡献：“将幽默引进美学殿堂大做文章的，却是热衷形而上学思维的德国人。”[2] 他提倡深入系统地研究“幽默”概念。绿原很有前瞻性和指导意义地引领了国内学者关注让・保尔对幽默的贡献。

谷裕在专著《现代市民史诗——十九世纪德语小说研究》中指出：让・保尔“幽默的艺术手法以及隐藏在幽默背后的与现实和解的愿望，都对 19 世纪德语小说发展产生重要影响。”[3]

张江玲的硕士论文“试析让・保尔的幽默观——以《西本克斯》中‘死亡演示’场景为例”[4] 分析《美学预备学校》中的幽默概念及其长篇小说《齐本凯斯》中假死那场戏。它是国内首例让・保尔研究成果，虽未发表，但有启发意义。

2018—2019 年，国内有四篇研究让・保尔的论文发表，结束了国内无专门研究让・保尔的学术成果发表的接受史。笔者的三篇学术论文：“让・保尔《美学预备学校》中的幽默诗学”、“让・保尔政论文中以世界主义为前提的德意志情怀”和“双影人主题透视的现代危机——以让・保尔和克莱斯特的作品为例”[5]。贾涵斐的论文“论让・保尔长篇小说《赫斯珀洛斯》中的人之构想与诗学教育”[6]

---

1 余匡复 1991，236–240。

2 绿原 2003，144–154。

3 谷裕 2007。

4 张江玲 2013。

5 赵蕾莲 2018，12–24；赵蕾莲 2018，95–106；赵蕾莲 2019，177–185。

6 贾涵斐 2019，115–216。

重点分析《黑斯佩鲁斯》中人类学构想和诗学教育以及该小说不完整的叙事。贾涵斐的专著《文学与知识——1800年前后德语小说中人的构想》第四章“《赫斯珀洛斯》与诗意的人”从人类学和教育学角度分析让·保尔的小说《黑斯佩鲁斯》[1]。

本书是国内首部研究让·保尔的学术专著，涉及文学、哲学、宗教、道德、人类学、历史和民族领域，具有跨学科特点。它研究让·保尔所有重要著作中的幽默叙事及其侧重的主题，旨在力求全面系统、公正客观地分析让·保尔的文学文本，解读1800年前后德国特殊的历史语境，尤其探究其“诗艺的百科全书”体现的幽默诗学观。本书着重厘清作家对启蒙思想和德国批判哲学的辩证认识、重感倾向、宗教观、道德观、历史哲学观和民族观，形成以其幽默诗学观为经，以上述诸观念为纬的篇章格局。本书依据翔实可靠的资料，探讨自古希腊直至让·保尔时代西方哲学、道德和文学等方面的丰富史料，涉及很多文学和哲学巨擘的思想，这在让·保尔研究史上尚属首次，有很大难度和挑战性，但也因此而彰显本书的创新意义和较高的学术价值。

1　贾涵斐 2020，152–248。

让·保尔文学创作的历史语境

1.1 让·保尔生平与其文学创作的关联

让·保尔的人生轨迹刻录了欧洲社会思潮汹涌的时代印痕。他接受启蒙思想和人文主义，其文学创作通过融合讽刺与幽默手法彰显诗艺与神性的统一，这些都凸显他作为有创新意识的作家的非凡成就与独特人生。

他 1763 年 3 月 21 日出生于德国巴伐利亚偏远山区的一个贫困家庭。他两岁时，父亲成为新教牧师，恪守路德新教的正统教义。父亲给予他最初的启蒙教育，使他后来能很轻松地理解按启蒙思想编写的教材。

他后来结识教他哲学的新教神学家弗伊尔克尔（Völkel）。但思想开明的牧师福格尔（Vogel）最早帮他圆了文学梦，对其成长发挥更重要的作用。福氏的丰富藏书使他眼界大开，数年勤奋摘录书中的精彩内容。他自幼自学能力强，阅读过莱布尼茨、沃尔夫（Christian Wolff）、莱玛鲁斯与伏尔泰的著作。

1779 年年初，让·保尔在霍夫念高级文理中学。他结交了三个朋友：厄伊尔特尔（Oerthel，1786 年去世）、赫尔曼（Hermann，1790 年去世）和他毕生最好的朋友奥托（Otto）。同年他父亲过世，翌年外祖父去世，他本人则被负债累累甚至忍饥挨饿的赤贫所困扰。

他 1781 年在莱比锡大学读神学和哲学。但神学专业的学习让他深感失望，只有普拉特纳教授的哲学与美学讲座给他留下深刻印象。大学第一学期后，他就立志当自由作家，从此不忘初心，坚持既定的人生目标。其最早的文学作品表明，他关注正统神学和新神学的争论，且明显持怀疑态度。他接受莱布尼茨的理性哲

学和欧洲启蒙思想的主要观点，研读康德，后受雅可比影响。他毕生对哲学和神学情有独钟。

1780—1781年，他针对哲学和神学写下首部作品《思维训练》。受歌德书信体小说《少年维特的烦恼》启发，他撰写强调情感的书信体小说《阿贝拉德与洛漪丝》。他先在启蒙理性影响下运用发牢骚的讽刺写法，继而不断发展讽刺，语言技巧日趋成熟，后来语言水平炉火纯青，成为晚期启蒙批评家的典范。

1783年，他凭处女作《格陵兰的诉讼案》初登德国文坛。其书写在结构上不再简单叠加。

1784年，为了躲债，他辍学回到极度困窘的家中，却笔耕不辍。他视早年的贫困生活为文学创作素材，战胜贫困一直是其文学作品的重要主题。1789年，其第二个讽刺文集《魔鬼文件选读》的出版仅获微薄稿酬。第三个讽刺文集《阿布拉卡达布拉或百尔教会学校学生喜剧》（*Abrakadabra oder die baierische Kreuzerkomödie*）使他达到讽刺艺术的高度。他在1798年出版的《转世重生》（*Palingenesien*）中重新编辑《魔鬼文件选读》，并将该讽刺文集中一系列喜剧移到晚期作品中。

1787—1789年，他在霍夫附近当家庭教师，教授厄伊尔特尔的弟弟。1790—1794年，他在施瓦尔岑巴赫（Schwarzenbach）创办私立小学，并担任校长。他与荷尔德林一样接受卢梭的教育思想，通过教育工作传承18世纪重视教育的传统。

1792年，他正式放弃本姓“里希特”，启用笔名。在其叙事作品中，主人公的职业常显示人生与写作的密切关系：他们大多是教师、律师或牧师，比如，快乐的乡村教师武茨和酷爱创作的穷律师齐本凯斯。牧师菲克斯莱恩也喜欢写作。这些职业都暗指他作为私人教师及其业余写作的经历。

其首部长篇小说《看不见的共济会》1792年出版，开启他为期十年的创作高峰。知名作家与学者莫里茨（Karl Philipp Moritz）对他有知遇之恩，将该作引荐给柏林出版商马茨多夫（Matzdorff）。可观的稿酬使他脱贫。莫里茨的自传体长篇小说《安东·莱泽——一部心理小说》（*Anton Reiser. Ein psychologischer Roman*，1785–1790）对他颇有启发。它注重表现主人公内在的心理变化，但既

非宗教自白，亦非艺术小说。但它在虔敬主义启发下，前所未有地在“心理学层面深度挖掘人物”[1]。莫里茨讲述自己童年接受严厉的父亲和教师残酷的虔诚教育以及痛苦的学习经历。他最后想在戏剧表演中寻求自我解脱的努力失败了。作家表现矛盾的人生体验：从社会出身看，其家庭破碎、贫困，因贵族与市民的等级差异而受尽屈辱。这些都给主人公造成精神伤害：他缺乏自信，忧郁，心理残缺不全。他便逃遁到读物中，参加业余戏剧演出，有自残倾向，无法摆脱不断走下坡路的趋势。人们据此得到自相矛盾的认识：“只有在持续体验丧失身份认同时，才能得到自我身份认同。”[2] 莫里茨在描写主人公安东的心路历程时看到心理研究对“书写心灵的作家”的益处[3]，推进启蒙晚期的人类学朝心理学方向发展。

让·保尔 1790 年动笔写《看不见的共济会》时，深受维兰德的长篇小说《阿伽通的故事》启迪，因为他彼时尚未以荷马、索福克勒斯和莎士比亚为文学创作典范。维兰德以古喻今，通过描写古希腊影射德国政治现状，展现丰富经验和渊博学识。让·保尔感觉与维兰德有内在的亲缘性。《看不见的共济会》的叙事者“让·保尔”是苏格拉底式的哲学家、幽默人物、讽刺与滑稽人物、人类之友和智慧的教育家。他在《美学预备学校》中还对比苏格拉底，描写维兰德叙事风格的特点：维兰德“持续发展的散文作品是苏格拉底特征真正的传声筒。”（I/5，276）维兰德创作风格的变迁对他颇有教益：从早期的理想主义和热情洋溢的风格到怀疑主义，再到幽默的叙事方式。

维兰德的作品《万物的本性》（*Natur der Dinge*）很可能启发他描写《看不见的共济会》中主人公古斯塔夫“复活”后的最初印象。在追求社会乌托邦上，他与维兰德有一定可比性。他创作《看不见的共济会》时，讽刺加幽默的写作方法还不如晚期作品清晰。

第二部长篇小说《黑斯佩鲁斯》是其成名作，使他成为“德国文学最受欢迎的代表”[4]。稿酬使他告别拮据的生活。1797 年 7 月，母亲去世后他移居莱比锡。

1　Brenner 2004，89。

2　Peter Stein/Hartmut Stein 2008，52。

3　Moritz 1981，91。

4　Harich 1974，17。

1796年，经卡尔普夫人（Charlotte von Kalb）引荐，他初到文化名城魏玛。1798—1800年，他第二次到访魏玛，作为“魏玛古典文学的对跖者”[1]在此生活两年。歌德和席勒对他颇为矜持。他此前寄给歌德两部长篇小说，均未得到回复。1795年12月15日，歌德致信席勒时调侃他为“在霍夫的穷鬼”[2]。这暴露出歌德庸人的一面：冷漠地疏远荷尔德林、克莱斯特、伦茨与海涅等文坛新秀。赫尔德与维兰德则热情款待他。他与赫尔德结下深厚友谊，毕生都谦称是赫尔德的“精神世界的居住者”[3]。他1798年到魏玛时与维兰德有个人接触，认为维兰德“没有赫尔德深刻。他在评价市民状况方面很出色，但在评价人类状况时稍显逊色。”（*JP Briefe*，3，92）《美学预备学校》赞美维兰德驾驭语言的天赋。他认为，维兰德的层次低于“歌德、莱辛与赫尔德”，更比不上“荷马、索福克勒斯和莎士比亚”[4]。

他1800年10月迁居柏林，与蒂克、施莱尔马赫和费希特交往甚密。1801年5月27日，他在柏林与酷爱写作的才女卡洛琳娜·迈耶尔（Kalorine Meyer）结婚。1804年6月，他携妻子儿女迁居拜罗伊特。但他在此的新生活无法给予他想象力，因为这里缺乏知识分子的交往，很难碰撞出文人互相启发的创作火花。

奥托编辑出版其回忆录《源自让·保尔生平的真》（*Wahrheit aus Jean Paul's Leben*）。1831年3月30日，歌德与爱克曼谈及给《诗与真》命名的原因，影射让·保尔未将生活素材提炼升华，“依据其生活书写**真**！”故诟病其“市侩庸人”[5]的特征。让·保尔毕竟未摆脱小市民特征，因此歌德不无道理。他在拜罗伊特生活20年，其文学作品不如最初十年丰富，但他为哥塔《晨报》和年鉴撰写许多文章。他将人生素材纳入诗艺世界，足见当时作家的生活压力。叔本华指出，其长篇小说中有充数现象：为了赚钱而填充一些页数，这偶尔出现于“莱辛的《汉

1 Wölfel 1997，360。

2 Goethe 1998，143。

3 Wölfel 1997，366。

4 Köpke 1986，10。

5 Eckermann 1999，479。

堡剧评》中，甚至出现在让·保尔的长篇小说中。"[1] 从作家的生存本能来看，这种权宜之计也是生活所迫的无奈之举。

1805 年，他写完长篇小说《少不更事的岁月》，标志他进入创作晚期。但该作品和《泰坦神》并未取得《黑斯佩鲁斯》和《齐本凯斯》的出版成功。

1805 年席勒去世。1806 年，德国神圣罗马帝国解体，拿破仑战争开始。这些叠加效应导致德国文学的新变化：贵族和市民阶层短暂的和谐时期结束。早期浪漫派的圈子被摧毁，晚期启蒙运动也丧失意义。图书贸易面临失败。个人心理和该时期的历史交织，导致他 1805 年之后的文学创作转折。长篇叙事文学不再是其晚期创作的重点，他更多创作政论文和讽刺作品。但这并不说明其文学创造力的衰竭。

他从讽刺文集中的讽刺风格过渡到长篇小说的幽默风格。而这得益于出版商阿尔辛霍尔茨（Archenholz）的忠告：在"长篇小说"中运用"大量诙谐和幽默情绪"，"书商们就会争相出版"[2] 其作品。

他曾多次致信普鲁士国王，表达申请年薪的愿望，但均告失败。直到 1809 年，他才幸运地得到"莱茵联盟"的盟主达尔贝格（Karl Theodor von Dalberg）向他提供的 1 000 古尔盾（Gulden）[3] 的年薪。拿破仑率军撤退后，巴伐利亚国王马克西米利安一世继续向他提供年俸。

1817 年 7 月到 8 月，让·保尔在海德堡大学受到师生热烈欢迎。"大学生社团"的学生视他为意识形态的楷模。他还备受很多教授青睐。在黑格尔的倡议下，他获得海德堡大学荣誉博士称号。

1821 年 9 月，在慕尼黑大学就读的儿子马克斯病故，这给他沉重打击。他因此陷入忧郁，在痛定思痛中写下探究灵魂不朽的著作《塞利娜》。1824 年 11 月，丧子之痛导致他双目失明。1825 年 11 月 14 日，他在拜罗伊特去世，享年 62 岁。

1　Schopenhauer 1892，530。

2　参见 Wölfel 1997，373。

3　古尔盾（Gulden）是德国 14 至 19 世纪使用的金币和银币的名称，开始为金币，后来改为银币。

1.2 德国古典文学与浪漫文学以及让·保尔甄别古希腊与现代诗艺特征

英法著名的"古今之争"主要争论古希腊作家与现代作家的历史地位和成就，它"堪称西方近代史上更具标志性的文化事件"[1]。

18世纪的德国文学也有崇古派与崇今派的"古今之争"。当时的崇古派汇集温克尔曼、莱辛、歌德、席勒、维兰德、赫尔德等倾向古典文学的巨擘。崇今派则以浪漫派作家为代表，其纲领制定人弗·施莱格尔也曾属于崇古派，后转为崇今派。让·保尔在弗·施莱格尔"浪漫的反讽"启发下撰写了幽默诗学理论著作《美学预备学校》。古典文学开拓者、启蒙作家莱辛（Gotthold Ephraim Lessing，1729–1781）反向倒戈，由崇今派变成崇古派。

我们要厘清德国古典文学与浪漫文学的差异，还应弄清它们与德国启蒙文学与狂飙突进文学之间相互啮合交错的关系。布莱纳（Peter L. Brenner）指出启蒙运动与狂飙突进之间既有关联、又有区别的关系：狂飙突进发展成"与理性相对的运动，而理性在70年代反正已过时。"二者的关联体现在：狂飙突进"与启蒙运动一样遵循人类解放的思想。"二者侧重点不同："启蒙运动认为，实现普遍的理性（它是每个人独特的，且可在所有地方以同样的方式发展）是这种解放的保证；而狂飙突进主要针对个人解放。"[2] 启蒙运动在18世纪末绝未销声匿迹，只是被赶到边缘处，仍展现"令人惊讶的韧性"。康德处于德国启蒙运动的结尾。其短文《何为启蒙?》的核心思想在于现实地洞悉，"理性的运用与国家和社会的前提联系在一起"[3]。

布莱纳令人信服地更多强调启蒙文学、狂飙突进、古典文学与浪漫文学之间的关联。他指出，启蒙文学成为古典文学和浪漫文学乃至介于二者之间的三位局外人作家的共同遗产："1785年至1815年这几十年是过渡和危机时期。该时期的文学代表古典文学与浪漫文学的作家以及局外人让·保尔、荷尔德林和

1 刘小枫 2015，1。

2 Brenner 2004，79。

3 同上书，94。

克莱斯特都接受启蒙运动的遗产。启蒙文学的形式与内容，尤其是其伟大的思想一直是接下来时期的文学无法逃避的挑战。"[1] 即便浪漫派中的作家对启蒙的态度也不尽相同。例如，阿尔尼姆就不像诺瓦利斯那样"完全疏远启蒙精神"[2]。歌德曾批评浪漫派的主观性。但在席勒 1805 年辞世后，就连歌德这位古典文学最重要的代表的晚期著作都属于浪漫文学范畴：长篇小说《亲和力》(*Die Wahlverwandtschaften*)、《威廉·迈斯特的漫游时代或断念者》(*Wilhelm Meisters Wanderjahre oder die Entsagenden*）和诗剧《浮士德》第二部。其实，时代危机是古典文学和浪漫文学的共同根源。尽管二者有诗学的对立性差异，但它们殊途同归，都回应了充满危机的时代："古典文学用和谐化的构想排斥时代的危机现象；而浪漫派作家前其作品中更多强调社会、文学和人类学的危机。"[3]

大多浪漫派作家与启蒙运动唱反调。他们"珍视启蒙运动排斥和禁止的非理性"，"表达启蒙运动忽视的愿望和本能欲望，演绎疯癫、疾病、狂热、情欲等体验。"[4] 反讽作为弗·施莱格尔普遍的、诗艺的原则，要"在艺术中创造性地解决""主体与客体、有限与无限、理念与现实"[5] 的矛盾。

范大灿以启蒙运动为参照，总结古典文学与浪漫派的区别，虽有个别绝对化倾向，但总体上说得通："古典文学与启蒙文学一脉相承，"是其延续、发展和"终结"；浪漫派"是对启蒙文学的否定，是新的开始。"德国古典文学使启蒙运动以降的德国文学跻身欧洲主流文学，其创立民族文学的努力达到巅峰：古典文学"直接把古希腊的社会和文化当作追求的理想，把古希腊的人当作人类的典范。"相反，浪漫派并未沿袭启蒙文学的传统，而是"另辟蹊径，它要在德意志民族自己的历史基础上发展德意志文学。"[6] 阿尔尼姆就是例外。

歌德珍视古典文学的客观性和真实性，反对浪漫派的主观性：古典文学作品"强壮、新鲜、愉快和健康"、"有生命力"；而浪漫派"绝大多数新近作品""软弱、

1　Brenner 2004，95。

2　同上书，123。

3　同上书，131。

4　Beutin et al. 2013，207。

5　Schnell 2011，287–288.

6　范大灿 2006，前言第 5 页。

易病和病态”[1]。歌德还结合主客观倾向与时代发展趋势：“一切倒退和衰亡的时代都是主观的。”相反，“一切前进上升的时代都有一种客观的倾向”[2]。歌德反对浪漫派作家崇尚的内心性。当然，上述彰显古典文学优越感的观点只代表歌德特定时期的想法。

歌德后来疏远古典文学，他“并不想只是‘古典文学家’，他因此有可能从绝对的美学立场出发疏远最高的艺术理想。”[3] 1829年12月16日，歌德与爱克曼谈及《浮士德》第二部兼具“古典”与“浪漫”特征，称“这两种文学创作形式”会“找到平衡”。他赞同法国人平等看待古典文学与浪漫文学的中立态度：“法国人现在开始正确地思考这些关系，‘古典的与浪漫的，一切都是好的和平等的，关键在于人们能用理智运用这些形式，并能在其中成为卓越的。”[4]

歌德在1820年写的短文《古典文学家与浪漫文学家在意大利的激烈斗争》（*Klassiker und Romantiker in Italie, heftig bekämfend*）中指出，“依恋古代人无法模仿的作品”，这会导致“顽固和迂腐”。“谁若仅研究过去，最后会陷入危险：干枯地拥抱长眠的、于我们而言木乃伊般的东西。唯独对已逝事物的坚守随时都孕育革命的变革，就像努力向前抗争的新事物无法被排挤和束缚一样，致使它挣脱古老传统，不想再利用其优势。”[5] 他指浪漫文学。歌德还在《准则与反思》（*Maximen und Reflexionen*）中睿智地洞见新兴的浪漫文学具有旺盛的生命力，如若墨守成规，一味崇尚古希腊难免陷入流于迂腐的危机：“由所有秩序最终产生迂腐。为了摆脱迂腐，人们摧毁秩序”，建立新秩序。歌德认为，“最大的理智就是适度把握”“古典文学与浪漫文学”的斗争，搞好平衡，不至于使双方的任何一方“沉沦”[6]。歌德不断发展诗学理念：原来扬古典却抑浪漫，后来平衡二者，晚年更多转向浪漫文学。

让·保尔在《美学预备学校》中较全面客观地分析古希腊人。他论述古希腊

1 Eckermann 1998，343。爱克曼 2003，85。译文有改动。

2 同上书，180。

3 Borchemeyer 1994，28。

4 Eckermann 1999，366–367。

5 转引自 Borchmeyer 1994，29。

6 Goethe 1993，36。

人的诗艺和美学特征，反衬现代。古希腊人的素材、历史、神话和道德精神都是诗艺的。他对比古希腊人和现代人诗艺的差异：希腊人的诗艺理想主要体现“在客体中”，属于“严肃的诗艺”；而浪漫文学的诗艺理想“主要体现在主体中，”“成为滑稽的诗艺，在其中，情绪表现为抒情的，反讽或戏仿表现为叙事的，在戏剧中兼具二者。”（I/5，67）

他分析古希腊人“美”的理念及其诗艺特征：这种“美”有凝聚作用，“联系所有希腊民族”（I/5，69）希腊人是“陶醉于美的民族”，有“明快乐天的宗教”，众神和解的途径是“快乐日子”而非“忏悔日”（I/5，70）。

他“了解古希腊人客观美的概念，”[1] 并归纳古希腊诗人的四个主要特征。

第一，“生动形象或客观性”（I/5，71）。他们有“感性的接受性”，彰显不可重复的“美的客观性”，有别于现代“神经纤维被破坏的文化人”（I/5，72）。其客体部分“通过敏锐的唯心主义在自我中融化”（I/5，73）。浪漫美学的特点在于“美的无限。”（I/5，88）但感性世界消弭于浪漫文学无界限的幽灵世界，后者通过“充满精神生活而失去界限”（I/5，89），为了在现代诗艺起源的基督教中完全跌入内心性。带来爱、希望或幸福的基督教放弃感性的诗艺，“只有诅咒并渲染对鬼神的恐惧、断念和女巫的丑陋时例外”（I/5，93）。

第二，以美为理想。与现代人相比，古希腊人免去“宗教狂热导致的痉挛性扭曲。”其单纯也属于美。他们还重视人性：“一切高贵、更高的文体风格都理解普遍性和纯粹人性。”（I/5，74）其缺陷在于不擅长演绎滑稽：“希腊人追求至高即普遍性，所以抒情性对他们而言很容易，但带个性化演绎的滑稽就太难了。”（I/5，76）人类的美经历了辩证的发展脉络：从古希腊人无意识的、单纯的美，到中世纪浪漫的、多愁善感的崇高和丑。幽默消除了现代理想中的分裂。

第三，“明快、乐天而宁静”的美。在其诗艺世界中，“喜悦的宁静甚至是美的一部分或条件。”在其乐天的宁静特性影响下，“诗艺应是快乐的科学。”（I/5，77）

第四，“道德精神的优雅”（sittliche Grazie）。让·保尔很重视文学的道德特征。他透彻解读希腊人的诗艺与道德精神的关系：“每种道德行动作为理性王国

1　Müller 1977，106。

中的担保，都是自由、绝对且独立的，所以真正的道德精神也直接是诗艺的。"古希腊人的道德精神意识隐匿于诗艺中：在诗艺的生动描述中，"道德精神的意识""作为隐匿的神统辖罪孽的、自由的世界。"他们擅长结合道德精神与诗艺：诗人的天赋本身蕴含"道德精神与诗艺的联盟。"（I/5，79）

他对比归纳古希腊诗艺和现代诗艺的区别：前者是形象、客观、有限且直线的；后者是主观、无限、弯曲的："弯曲的线条作为无限的是浪漫的诗艺。"（I/5，85）

他在魏玛时受赫尔德影响阅读荷马与索福克勒斯的作品，才洞见古希腊人的伟大。其关联赫尔德的四部作品《美学预备学校》、《泰坦神》、《少不更事的岁月》与《莱瓦娜》都清晰表明他对古希腊文化的态度："古希腊文化是遥远的回忆，优秀且必要，以免我们忘记适度与平衡。但当今的艺术只能是浪漫的即现代的。人们至多可将古希腊要素作为现代整体的组成部分纳入现代整体中。"[1]

在其理念中，古希腊人作为有限的精灵早被驱赶到冥界。无限的上帝主宰的天空在人类上方展开："全新的诗艺的起源和特征很容易由基督教派生。"古希腊众神回避隐匿的来世上帝："基督教就像世界末日，消灭具有一切魅力的整个感性世界，把它挤压成一个坟冢……并用新的精灵世界取代感性世界。"（I/5，93）这涉及超越感性世界而升华的精灵世界。"感性世界"代表古希腊文学特征。无限性之威是浪漫诗艺的源泉。与浪漫派作家一样，他强调诗艺的无限性、超感性和内心性："在外部世界坍塌后，诗艺精神""只剩下内在世界。精神升至自身和黑夜中，看到精灵。因为有限性只依附在肉体中，在幽灵中一切都是无限的或未结束的，所以在诗艺中，无限性的王国在有限性的失火现场上方繁荣。"（I/5，93）他阐释内在世界，"将鲍姆加滕、赫尔德与莫里茨对未来的直觉以及席勒《审美教育书简》中批评政治和文明的感性阐释成已变成历史的人类学"[2]。

综上，让·保尔客观地看待古希腊艺术。但他清楚，古希腊的诗艺理想毕竟无法解决其时代的问题，因而主张唯有正确评估古希腊艺术理想的时效性，方能与时俱进。他视浪漫的文学创作为"更伟大的未来的鼻祖。"（I/5，89）

1　Köpke 1990，49–50。

2　Simon 2013，231。

1.3　让・保尔的幽默诗学同歌德和席勒的关联

我们应区分魏玛古典文学和古希腊的古典主义（Klassizismus）[1]。以古希腊为标准的倾向并不局限于歌德与席勒，因而广义的德国古典文学由七位"伟大的古典文学家"组成："克洛卜施托克、莱辛、歌德、席勒、赫尔德、维兰德和让・保尔"[2]。让・保尔并非拒绝古希腊的古典主义，只觉得古希腊文化不适应新时代文学发展的趋势，故认为应在新时代推陈出新，践行适合时代发展需要的浪漫文学理念。

让・保尔并不全盘否定德国古典文学，而是主要反对古典文学的审美形式，故"拒绝以魏玛古典文学为美学方向"[3]。他从未明确指出自己是"反魏玛古典文学者"（Antiklassiker）[4]。高尔茨（Golz）也反对给他贴上"反古典文学者"的标签[5]。其创作颇受魏玛古典文学影响，基本接受古典文学家主张的人文主义理想。他在《美学预备学校》中多次以歌德和席勒为例，阐明自己的文学和美学理念。以下观点颇有道理：让・保尔有"并非古典文学的古典特征"。他是"不讲求形式的古典文学家"。[6] 他结合"古典文学的人文主义理想和教育理念以及浪漫派极端的主观主义耽于梦幻的想象"。[7]

让・保尔主要通过魏玛古典文学体验美学自治的主题。他"一直没有逃脱古典文学家尤其歌德在理论和作品中体现的文化代表和引领要求。"他坚信歌德作品的审美等级。小说《泰坦神》恰以成长小说的范式和严格形式最接近古典文学。《美学预备学校》绝非反对"古典文学的重要纲领"，而是"反对浪漫派的虚无主义、无形式和天主教的倾向"[8]。

素材与形式以及审美与道德精神统一，这是古典文学作品的范式特点。这并非与让・保尔的审美观格格不入。但唯独对应高雅风格的长篇小说才能实现古典

1　Simon 2013，36。

2　Nowitzki 2008，33。

3　Beutin et al. 2013，218。

4　Sprengel 2000，34。

5　Golz 2001，250。

6　Pfotenhauer 2001，7。

7　Wilpert 2004，306。

8　Lindner 1975，94。

文学的意图。

让·保尔形成更接近浪漫派的幽默风格。他反对以古希腊形式为现代浪漫文学创作原则。他主张，视古希腊形式为描绘现代内容的标准，这不啻于以生活为代价，偶像化地处理形式。与古希腊艺术的内在固有性相反，其创作以反思为特征，是自我关联和超越所有现存物质条件的自我升华。

其美学理想更接近浪漫派诗学的主观性、内心性和无限性：其“幽默诗学接近浪漫派的主观性。他通过主观演绎幽默，以幽默为媒介，超越有限的客观现实世界，进入将尘世神化的神性与诗艺世界。”他还“强调无限性和内心性对诗艺精神的重要意义。”[1]

歌德和席勒恪守古典文学的审美原则，重视形式。他们无法严肃对待让·保尔尊崇幽默传统的叙事，故质疑其幽默风格，认为它毫无规则可循。歌德在《准则与反思》中指出：“任何用丑怪方式表达的平庸之事看上去都是幽默的。”[2]“幽默产生于理性无法与事物平衡时。”“恼人的、恶意的幽默”体现在理性“试图控制事物却无法实现”；“明快的、好的幽默”体现在理性“屈从于事物”[3]。他担心，作为“天才的要素之一”，“幽默一旦占据统治地位，”就会“毁掉艺术，最后消灭它。”[4]但歌德很赞赏斯特恩的幽默，称其“幽默是无法模仿的”，且有“解放心灵”[5]的作用。歌德1808年10月致信策尔特时批评新浪漫文学中广泛传播的幽默风格，特列举让·保尔这个“最可怕的例子”，贬低其“幽默的方法”“并非艺术”，“自身没有支撑物和规则”，幽默特征最后会蜕变成“忧郁意识”，指责他想将读者的“头脑搞疯。”[6]歌德1795年12月15日致信席勒时以“一流的羊鹿”[7]比喻让·保尔混合感伤与幽默的独特写作风格。1796年，歌德在哀歌《中国人在罗马》（*Der Chinese in Rom*）中贬低他为“病人”和“狂热者”，称自己才是“真正的、纯洁

1 赵蕾莲 2018，22–23。

2 Goethe 1993，13。

3 同上书，268。

4 同上书，334。

5 同上书，298。

6 Goethe 1998，398–399。

7 Goethe 1998，82。

的健康人”[1]。歌德显然嫌弃更亲近浪漫派的让·保尔。席勒则觉得让·保尔很陌生，1796 年 6 月 28 日致信歌德时称他“就像来自月球一样”[2]，闯入魏玛。席勒在短文《关于在艺术中运用庸俗鄙陋事物的想法》中论及“鄙陋事物”和“发笑”与社会阶层的关系时指出：“出自一个有教养的人之口使我们不能容忍的笑话，要是出自一个市民之口就会使我们快活。”[3] 席勒将“滑稽感”归入鄙陋之人而非有教养者。这种按社会阶层的划分体现出席勒对滑稽和幽默手法的偏见。歌德和席勒还在《讽刺诗集》（*Xenien*）中影射让·保尔恰似平庸的语文学家“曼索写书”[4]，处理家务般滥用丰富的诙谐天赋。

让·保尔 1795 年 6 月 4 日致信歌德，谈及二人不同的美学规则：“我与不懂天文学的人一样，常混淆金星与彗星，也会陷入相反的混淆中。一些美学规则迄今仅由一位立法者恪守，仿佛为了代表性地满足其余作家。”（*JP Briefe*，2，90）金星的运行轨道是规则的；而彗星的运行轨道偏离中心。他用罕见的彗星隐喻自己不符合规则、有离题风格的长篇小说。他想为自己颇具创新意识的幽默诗学观辩解，同时挑战制定文学规则的歌德的权威。他在《美学预备学校》中以幽默为标准，用祈使句表达歌德作品缺乏幽默这一缺憾：“我真但愿，《浮士德》的作者面对这位愚人独特的幽默和讽刺冷峻的故事如此巨大的力量时，至少能摹仿”莎翁，因为他“特别偏爱滑稽”（I/5，152）。

他很鄙夷歌德和席勒的刻薄态度，认为他们铁石心肠。他还在讽刺作品《理解费希特和莱普盖伯的关键》前言中慨叹《讽刺诗集》伤人的威力：“自《讽刺诗集》以来，几乎所有人都在这只手的控制下，我们都不知何故”，“可以粗俗地说，这变得完全粗俗了。”（I/3，1016）

但他在 1818 年终于赢得歌德的最高礼赞。歌德在诗歌集《西东合集》（*West-östlicher Divan*）中高度评价他及其幽默风格，因为歌德此时的审美旨趣已从古希腊转向东方，故而更宽容。他给予让·保尔最高美誉：“没有任何德国作家比

1　Goethe 1987，706。

2　Schiller 2002，176。

3　席勒 2011，199。

4　Goethe 1987，593。

让·保尔·里希特更多滋养东方诗人和作家"；他"唤起我们的想象力"，是"被高度评价、成果丰硕的作家，风趣有才智"。让·保尔是罕见的创造内在联系的大师，能联系水火不容之事，以此提供与日益错综复杂的现代世界相对的文学世界。歌德赞誉他传达情感、唤起想象力以及用诗艺的伦理线统一素材上毫无关联的破碎状况的能力：

> 一个才华横溢的人按照东方的方式，活跃而果敢地在其世界中环顾，创造最罕见的关联……达到如此程度：一条秘密的伦理线一同缠绕，整体因此而引导至某种统一。……他只好以最丰富多彩的方式影射……支离破碎的状况，通过艺术、科学、技术、政治、战争与和平变迁以及堕落。……他是有价值的才子，有尊严的人，人们在这位惬意地思考的男人附近感到舒适，他将情感转达给我们。他唤起我们的想象力。[1]

让·保尔彼时的文学创作已达巅峰，形成独具特色的幽默风格，因此歌德高度评价其文学特点和功绩。但歌德并未改变对幽默创作的排斥态度："他尚未做好准备，向那位幽默的叙事作家承认，可以用艺术上恰当的方式塑造现代的人生问题。"[2]

总之，让·保尔幽默太多；歌德幽默太少，二者对照鲜明。"与古典文学批评和疏远幽默的态度不同，"让·保尔与莎士比亚等作家一样，"表现过量的极端幽默、持久幽默和超级幽默。"[3]

1.4 让·保尔的幽默诗学与施莱格尔兄弟的关联

弗·施莱格尔在《论长篇小说的信札》(*Brief über den Roman*)中高度评价让·保尔，受之启发提出关于长篇小说创作的洞见。但作为浪漫派的批评家，施氏也批评他是"不会很好地讲故事"的作家[4]，毁灭性地批评他遇到"最后的读者"，

1 Goethe 1994，202–203。

2 Golz 2007，21。

3 Holbein 2013，200。

4 Schlegel 1970，80。

同时又在长篇小说《路琴德》（*Lucinde*）第一封信中呼应让 · 保尔长篇小说的写作风格，要求并捍卫“美的混乱”和“迷惑权利”[1]。

施氏作为早期浪漫派的纲领制定人从理论上主张“渐进的总汇诗”，指“早期浪漫派美学的具体演绎手法，”包括“反讽、残篇诗学、新神话和超验诗艺”[2]。他主要在《雅典娜神殿》第 116 个残篇中阐释该范畴。“渐进的总汇诗”“联合诗艺所有分离的体裁类别，让诗艺接触哲学和修辞学。”它融合“诗艺与散文、天才与批评、艺术诗艺和自然诗艺”，旨在“使诗艺变得富有生机活力并合群”，然后传播诗艺的巨大影响力，“使生命和社会富有诗艺。”总汇诗还会诗化“诙谐”，“通过幽默的摇摆，使诗艺富有生命力。”[3] 浪漫派的文学和美学自治的特征是，通过诗艺自身阐明诗艺的理由并描绘诗艺。施氏要求通过诗艺反思并阐释诗艺自身，即“诗艺的诗艺”[4]。

在长篇小说《菲克斯莱恩》第二版前言中，让 · 保尔用漫画方式辛辣地嘲讽弗 · 施莱格尔，以捍卫自己的幽默风格。

他让艺术顾问弗莱士多伊福尔代表迷恋形式和美者。顾问认为，房子是“更多用于观赏而非用于居住的建筑艺术品”，“人们只是以滥用的方式迁入那些建筑艺术品中。”他主张，山上和山下的“房子应该消失”。人们“在艺术品中安营扎寨”，这是亵渎艺术的可笑之举。他对艺术形式与美的痴迷有时会达到毫无人道可言的程度：他“感到很奇怪，国王如何能忍受乡村；他也坦率承认，倘若整座城市在烟雾中消失，那么，作为艺术家，他恰好感到快乐，因为他会燃起对一座新城市的希望。”（I/4，22–23）

让 · 保尔在此首次提及撰写关于幽默的著作（《美学预备学校》）的想法：将来会写“批评性的小书”。他认为，所有德国艺术评论家都不太理解幽默的本质，都“蹩脚地肢解幽默”，且“更可怜地享受幽默”，因为他们“不允许”像古希腊的演说家“艾兴内斯”[5] 那样“因乐子而大笑”，或像希腊历史学家普鲁塔克那样

1　Schlegel 1970，509。

2　Enders（Ed.）2017，331。

3　Schlegel 1970，38–39。

4　同上书，204。

5　艾兴内斯（Äschin，Aischines，公元前 389– 前 314 年）是古希腊演说家。

“写乐子”(I/4, 27)。该前言还针对奥古斯特·威廉·施莱格尔[1]。他反对施氏的“一派胡言”:“会存在没有素材的、卓越的诗艺描绘。”。他还引用施氏关于幽默的观点:“幽默恰恰是应遭到摒弃和无法被享受的,因为在任何古希腊人的作品里都找不到幽默。”(I/4, 26)

他抱怨,艺术顾问之流不懂幽默,不能正确看待“幽默”,概括人们对幽默的误解和偏见:幽默是“不规则的和随意的”。他承认“幽默的弯曲线条更难更正”,但幽默具有让幽默的“拥有者”和“其他任何人”“愉悦”的功能。他指出“审美的幽默”与“实际的幽默”迥然不同,是“长期的理性文化的果实”。幽默与人类个体和世界一样,需假以时日方能成长,日臻完善:“幽默必须与世界的年龄”和“个体的年龄共同成长”(I/4, 27)。

让·保尔的主要批评对象是弗·施莱格尔。前言中的负面人物施氏并非影射歌德:“应禁止拉近该负面的艺术顾问形象”与“歌德”,因为该人物“更多涉及用艺术自治话题讨论新出版的人物类型,让·保尔 1790 年左右疏远启蒙唯理主义后了解该艺术自主性话题讨论。”[2] 施奈德明确指出,让·保尔通过施氏批评这种现象,“将形式绝对化,清空艺术的道德内涵,徒有符号”[3]。沃伊弗尔解释,弯曲线条上的幽默意指“持续书写消极内容”,尽管幽默获得“喜剧般的胜利”,但幽默不应以“愚人的跳跃,忽视对现今和圆满实现的拒绝。”[4]

让·保尔反对通过启蒙运动纲领,祛除感觉器官的作用。他杜撰的艺术顾问处于各种感觉器官的空洞中,在抽象中度过余生。他暗示,杜撰“艺术法官”这个形象旨在回应攻击他的弗·施莱格尔。他曾详细阐明,以艺术法官影射施氏兄弟尤其弟弟弗·施莱格尔。施氏兄弟在《雅典娜神殿》中接收了署名为 F 的文学批评者即弗·施莱格尔撰写的文章,该文辛辣抨击让·保尔等作家。让·保尔便予以反击,嘲讽“艺术法官”施氏。他主张,施氏兄弟不应允许施氏这条“片面的、独眼的箭鱼攻击我们文学的鲸鱼,如莱布尼茨、雅可比、莱辛和克洛卜施托

1 Sprengel 2000,36。
2 同上书,37。
3 Schneider 2002,102。
4 Wiethölter 1998,56。

克的脂肪。”他强调，施氏兄弟因“出色地翻译莎士比亚的作品、博学和敏锐的诗艺赢得我们的尊重，但他们真不该玩弄我们的尊重，”因为他们允许艺术顾问“大放厥词，说一些格外警句式的、支离破碎的批评法则。”这位施先生以“野蛮的、形而上的文体风格对希腊人轻松的明澈发起最大的攻击。”他痛斥这位“非人道主义者”经常强调“不道德”和“厚颜无耻”，“如此贬低并玩世不恭地谴责比他出色的作家、优秀而功勋卓著的人们”[1]。

总之，让·保尔杜撰的艺术顾问主要射影弗·施莱格尔，以反击后者的诋毁。当然，该形象还泛指“忽视文学和艺术的伦理与道德维度的自主美学的捍卫者”[2]。

1.5　追求感性与理性的平衡

让·保尔时代欧洲的精神生活充满情感与理性的博弈，他毕生追求感性与理性的平衡。欧洲启蒙思想、德国理性哲学、信仰与情感哲学以及英法德三国重感文学都影响了他。

德国启蒙运动肇始于 1680 年，止于 1784 年康德发表论文《何为启蒙？》[3]。1763—1784 年，让·保尔从出生到青年时期适逢德国启蒙运动晚期。晚期启蒙过度强调理性，强调人类征服和控制自然的能力，导致理性与自然对立。《启蒙辩证法》批评启蒙“祛魅”即消除神话，指出启蒙加剧异化，恪守“肢解的理性原则”[4]。

让·保尔接受启蒙思想，“从未轻视理智和理性”[5]。其早期讽刺作品和世界主义都建立在启蒙思想基础上。他相信启蒙会凝聚集体的力量，消除民族恶习与欺骗，变成对抗贵族的政治斗争手段，最终结束专制主义统治。他年轻时喜读早期启蒙思想家莱布尼茨和沃尔夫，钦佩莱布尼茨敏锐深邃的思想，在“本体论、形

1　转引自 Höllerer 1975，21–22。

2　Schmitz-Emans 2019，49。

3　Martus 2015，23；835。

4　Horkheimer/Adorno 1986，19；22。

5　Berger 1939，22。

而上和认知理论领域”视之为“准绳和基础。”[1] 他常援引莱氏的单子论，因为它在理论上创建普遍的内在联系。莱氏哲学使他坚定“思想和想象统一”的信念[2]。

另外，德国启蒙后期思想家里希滕贝格（Lichtenbeg）站在启蒙前线，反对重感文学[3]。其著作《对描述世界的建议》（*Vorschlag zu einem orbis pictus*，1783）主张，作家应充当启蒙思想的传授者。这使让·保尔收敛重感文学倾向，更注重以作品启发读者的心智。他在《美学预备学校》中赞誉里氏兼具“机智、反讽、幽默和敏锐”的写作风格，可惜其“卓越的滑稽力量”却未“保存关于诗艺精神的焦点”（Ⅰ/5，144）。

他对启蒙的态度是矛盾的。他最初接触的启蒙乃通往教育和人性的正道。在《黑斯佩鲁斯》中，他指出启蒙具有“让各民族”挣脱“恶习和民族欺骗”（Ⅰ/1，873）的裨益。但他后来察觉启蒙蜕变为正统“僵化的理性主义”，会导致“欺骗性的社会道德。”[4] 综上，称他始终信仰理性，或“失败的启蒙构成”其“全部作品无意识的中心”[5] 都有失偏颇。他也表现出德国晚期启蒙运动知识分子的普遍矛盾：既是在社会关系上孤立的作家，又代表人类主体。

后来，让·保尔强调情感和想象的重要性，以此对抗正统的理性文化。非理性的理想主义取代以理性为主导的启蒙世纪。德国浪漫派的重感倾向、英国经验主义和感觉论以及文学的重感特征都开辟了经验和感性领域。他在成熟期的作品中平衡外在的理性世界和内在的情感。他用讽刺手法呼应启蒙思想，用幽默手法回应切近浪漫诗学的主观性、内心性和基督教二元对立模式：他在现世与来世的模式中阐释内心性，用幽默方式怀疑自我的理性态度。他还用讽刺和启蒙的方式批评社会的各种状况。他洞悉晚期启蒙运动的弊端，改变创作风格：他不再契合启蒙观念地书写讽刺作品，而是逐渐转向规模宏大的幽默叙事。但他并未摒弃讽刺写作，而是以讽刺丰富幽默创作。

1 Schmitz-Emans 1985，52。

2 同上书，89。

3 Köpke 1975，50。

4 Berger 1939，276。

5 Lindner 1976，9。

总之，他未曾背离启蒙，而是以"更高的启蒙"[1]，即以充满神性和感性的诗艺弥合启蒙理性的不足。

他认真探究康德和费希特的哲学，且深受启发。他在致信奥托时指出，以康德为代表的德国批判哲学作为思想革命甚至比法国大革命这种"政治革命更有精神意义和更大规模。"（*JP Briefe*，3，168）但他后来洞悉德国批判哲学的危险后果：过于强调理性导致理性的自我神化，最后走向虚无主义。他揶揄费希特的"绝对自我"哲学，演绎过度强调启蒙理性对人的戕害。他在长篇小说《泰坦神》和讽刺作品《理解费希特和莱普盖伯的关键》中讽刺理性的自我神话，刻画理性世纪的牺牲品。

他还矛盾地调和启蒙理性和宗教神性的对抗。他以理性思维批评封建专制酿成的弊端，故其早期作品与启蒙理性息息相关。可当日益加剧的世俗化威胁基督教时，当时代精神不断消弭神性时，他又批评丧失神性和理性的自我神化。在《齐本凯斯》的片段《从天降临的已故基督关于"上帝不存在"的演说》中，他描绘没有上帝的梦，表达对"上帝不存在"时代的极大恐惧。他指出，否认上帝是无法想象的。该演讲影射康德认知理论对"上帝不存在证明"的论述。他在全部作品中展现理性与神性的博弈和此消彼长。他创新地运用幽默叙事，凸显接近浪漫派的主观性和内心性。

让·保尔的文学创作与 18 世纪在英法德获得发展良机的重感文学密不可分。情感与理性分庭抗礼：理性在政治和经济领域占主导地位；而情感的自主空间在家庭。"重感回避唯理主义"[2]。他深受以下各位影响：英国重感的幽默小说家理查逊、斯特恩、斯威夫特、菲尔丁、蒲柏和扬；法国卢梭；德国歌德、席勒、赫尔德、雅可比和普拉特纳。

让·保尔的重感倾向深受理查逊的书信体小说启发，因后者"对整个欧洲重感文学的形成"和"美德概念都影响深远。"[3] 斯特恩的小说《感伤之旅》中的"情感

1　Köpke 1992，119。

2　Schmidt-Biggenmann 2012，115。

3　Seeber（Ed.）2012，198。

体验在欧洲引起人们对重感文学的喜爱"[1]。其《项狄传》的离题叙事对他颇有启发。让·保尔赞誉斯氏乐天的性格、自然的艺术、自由的情志和接近歌德的才华。较之斯特恩和理查逊的温和讽刺，斯威夫特的辛辣讽刺更犀利。斯摩莱特、菲尔丁和斯特恩代表的英国式幽默产生于两个根脉：斯威夫特的讽刺文学和理查逊的感伤文学。受斯威夫特的《格列佛游记》启发，他将丑纳入美学统一中。小说《看不见的共济会》就以菲氏的《琼斯》和理氏的《克拉丽莎》为典范。他摘录蒲柏的讽刺长诗《卷发遇劫记》（又译《夺发记》）的德文版及其讽刺长诗《愚人志》，学习嘲笑女人和达官显贵代表的世界，了解伦敦文学界的蠢事。他更关注诗人扬的《夜思》附录中七篇讽刺沽名钓誉和普遍激情的作品。让·保尔创造性地深化并内化英式诙谐与幽默。

卢梭引领欧洲的重感表达倾向，但从未克服内心的矛盾分裂，不能均衡地应对情感与理智。德国重视情感表达的抒情诗人克洛卜施托克与赫尔德都在非理性主义方面实现突破，他们与上述英国作家都是让·保尔的精神鼻祖。赫尔德重视情感、排斥理性，堪称德国重感的文学流派狂飙突进和浪漫派的启发者与先驱、情感哲学的开拓者。赫尔德在短文《论情感的意义》（*Zum Sinn der Gefühle*）中强调情感的重要性："一切都必定源自情感，又回归情感。"他提出"**我感故我在**"（**Ich fühle mich! Ich bin!**）[2]。较之斯氏的感伤讽刺，赫尔德体验的思想与文学创作的分裂更深刻地影响了幽默作家让·保尔的发展。他在《美学预备学校》中高度赞誉赫尔德的博学有"海纳百川"之势，称他"吸纳所有科学的大江大河，汇入其反射天堂的大海中。"（I/5，453）

雅可比是情感哲学的主要代表。他接受英国道德哲学家关于善恶和自然本能的非理性标准，反对在德国占统治地位的理性主义。其长篇小说《爱德华·阿尔维尔的文件》（*Eduard Allwills Papiere*）批评理性，赞美感性："这是世界最空洞的观念：单纯的理性会成为我们行动的基础，""而最终打动并确定我们、给予我们生命、行动、方向和力量的却只是情感，是心。"[3] 其书信体小说《沃尔德玛尔》

1　Nünning 2015，204。

2　Herder 1994，235–236。

3　Jacobi 1776，4。

（*Woldmar*）直接影响让·保尔创作小说《泰坦神》：沃尔德玛尔与行为怪异、极端自私的泰坦神式人物罗克瓦艾洛尔有亲缘关系。雅可比用心灵哲学对抗启蒙哲学，反对斯宾诺莎、康德、费希特和谢林。

让·保尔通过普拉特纳的美学讲座学习情感哲学。普氏联系莱布尼茨学说和鲍姆加滕对美的朦胧感受，发展其审美的基本情感。受之启发，让·保尔建立通往卢梭与赫尔德的美学。其早期作品依照理智运用讽刺。在其成熟期的作品中，沉睡的情感力量变得活跃。普氏唤醒他的“想象”，使他更多采取积极的新人生观。普氏使让·保尔通过莱布尼茨思想接受的柏拉图和新柏拉图观念获得更清晰的形式，为他日后的幽默书写奠定基础。他确立文学创作的目标：不再凭否认世界的讽刺方式，而是从讽刺转向幽默，将目光从生存的扭曲图像转向人的情感力量。

让·保尔试图平衡莱布尼茨理性哲学与英法德重感文学，因为他亲历二者的博弈：英法启蒙哲学“无法接受莱布尼茨哲学”（包括其单子论、前定和谐、形而上构想和神正论），于是“接受”英国经验主义者洛克的弟子“沙夫茨伯里的理论”。而重感派沙氏“留下新赢得的情感威力的证明”。[1] 其早期长篇小说运用卢梭、理查逊、菲尔丁、斯特恩和歌德的重感表达手法。在忠实于自然和营造氛围方面，其长篇小说与世界更高层次的内容有密切联系。其长篇小说重感加幽默的叙事风格使他广受读者喜爱，致使“重感超越等级界限”，“不同阶层的人们共同欣赏艺术”，他作为“感伤而重情的叙事者”迎来其“长篇小说”和“幽默的时刻”。

他塑造单纯、内心澄明却破碎的人物：乡村教师、牧师、管风琴师、贵族、律师和旅行者。笼罩德国小城和小公爵领地那沉闷而温暖的气息包围着他们。他将地方特色提升到在世界各地都有效的高度。他用情感的魔棒撬开诗艺的岩石，堪称记录人们内心世界独一无二的编年史作家。自他以后，“德国人再无第二个像他那样精确的编年史作家。”[2]

1　Streatmans-Benl 1977，144。

2　Maier 1973，15–16。

第 2 章

让·保尔幽默文学创作精要

2.1 让·保尔主要叙事文学作品概述

让·保尔 1779 年动笔写讽刺作品《思维训练》。1781 年，他将《真相，一场梦》（*Die Wahrheit, ein Traum*）纳入该作第三卷，首次描写梦境。1780 年秋，他在中学毕业演讲《发现新真理的利弊》（*Nutzung und Schaden der Erfindung neuer Wahrheiten*）中依据莱布尼茨神正论，用启蒙的乐观主义方式指出，人虽受谬误所累，但会日臻完善。

1781 年，他主要受歌德小说《少年维特的烦恼》启发，写下重感的书信体小说《阿贝拉德与洛漪丝》。但有别于歌德的《维特》，该小说并未从心理分析的角度描写主人公的内心变化，而是安排女主人公先死去，男主人公在恋人的坟墓上饮弹自尽。让·保尔笔下重感的和讽刺挖苦的风格并非互相排斥，而是互相包含。

受欧洲 16 世纪人文主义学者伊拉斯谟（Erasmus）的作品《愚人颂》（*Lob der Torheit*，1510）和英国讽刺作家启发，他于 1781—1782 年写下首部较大篇幅的讽刺文集《赞美愚蠢》。他用“我”比喻“愚蠢”，讽刺各色人等：“女人、衣着考究的花花公子、有权势者、贵族、神学家、哲学家和诗人等，”（Ⅱ/1，324）还有“宫廷廷臣”、“神职人员”和“迂腐的学究”（Ⅱ/1，308）。伊拉斯谟的讽刺是客观的；而他的作品以主观性和情绪为主。讽刺与情绪、意图和随意达到平衡。他早年用讽刺手法表现的世界观因缺乏生活阅历而流于狭隘，但他用细腻的描写和丰富的比喻表达了基本思想。

他 1782 年写就的《格陵兰的诉讼案》除讽刺众生相外，还着重探讨蒲柏、斯威夫特和斯特恩的文学创作，研究讽刺、挖苦和诙谐等文体风格，凸显他对讽刺写作的思索，充分体现其讽刺的主观主义色彩。他以格言对照和比喻呈现占主导地位的讽刺。其讽刺性比喻发展到后期强调情感色彩的比喻。但他此时尚未掌握整体塑造人物的方法。他开始尝试新颖的双影人式人物设置模式：让两个灵魂寓于一个肉体中，魔鬼藏匿于他杀害的大学生的肉体中。魔鬼代表讽刺挖苦；大学生代表感伤。该理智作品僵化了讽刺。冷酷而尖锐的讽刺缺乏内在的必要性。他大量使用沉重而讽刺的比喻，并将比喻变成尖锐的警句。此时的比喻已呈现幽默成分。警句为讽刺作品《魔鬼文件选读》的诙谐抒情特征做好准备。

1789 年写就的讽刺文集《魔鬼文件选读》标志他从讽刺写法向幽默写作过渡。他有意改变一味讽刺挖苦的风格，希望增添诗艺的内涵。其富有魔力的想象冲破启蒙运动片面强调理性的狭隘界限。他日益凸显情感和想象，让植根于启蒙思想的讽刺挖苦与亲近浪漫文学、有魔力的诙谐彼此交融渗透，统一形成幽默。他在该讽刺文集中才开始尝试塑造诗艺的人物，找到故事开端。该作有三个人物：犹太人门德尔、作家哈苏斯和幽默人物的雏形哈伯尔曼。哈苏斯死前给债权人门德尔留下魔鬼做的特殊文件。魔鬼夜里在哈苏斯身上附体，把他当成“写作机器”（Ⅱ/2，117）。在前言中，魔鬼以哈苏斯的名义声称，他为伟大的讽刺和幽默作家斯威夫特和斯特恩书写。他们从魔鬼那儿偷来荣耀。斯特恩与赫尔德都只是魔鬼杜撰的产物，最终只能消失。该作处于诗艺开端，因为作家尚未将人物和情节打造成生动的人物形象和故事。但他塑造了幽默人物雏形哈伯尔曼，开启诗艺突破。在比喻和诙谐的格言中，讽刺的情绪服务于讽刺挖苦的意图。情绪和主观的想象占主导地位。另外，受康德伦理学启发，他写下该文集中的《论美德》，奠定其道德观的重要基础。他赞同康德和卢梭区分美德与幸福、美德与私利的观念，反对英法德道德哲学家计算美德利益的功利主义美德观。

1792 年，其首部长篇小说《看不见的共济会》出版。他不再仅秉承启蒙的怀疑主义，创作抽象的道德教化作品，而是想结合讽刺方法，围绕体现个性特征的人物创作。他摒弃激进的启蒙态度，开始真正的诗艺创作。他以较大的文本复杂性实现过渡：从充满比喻和反思的讽刺过渡到以长篇小说为主的叙事。

该小说围绕古斯塔夫的心路历程和人生经历体现柏拉图和卢梭的教育理念。他经历八年的“地下洞穴”教育，该情节更多在柏拉图的意义上建构有别于卢梭的教育著作《爱弥尔》的教育理念。让・保尔在该小说的额外文稿《论崇高的人》中首次提出“崇高的人”的构想，描写诗艺共和国的状况和柏拉图《理想国》中的智者。作家以柏拉图的共和国为典范，让具有自我教育能力的主人公最后成为“国家舵手”。

他塑造的第一个幽默人物武茨消解成两个对立人物古斯塔夫和奥托马尔。古斯塔夫与武茨一样单纯，但缺乏武茨的智慧，故在现实中一度迷失自我。武茨的乐天性格在“崇高的人”古斯塔夫身上变成悲剧。小说真正的幽默人物冯克医生超越现实人生，其幽默正源于他能洞悉人的缺陷。他还通过幽默摆脱内心的绝望，联系并消除古斯塔夫与奥托马尔的对立。冯克是乐观的智者，有武茨乐天的影子。

1793 年，著名的短篇小说《武茨》作为《看不见的共济会》的附录出版。让・保尔年轻时的辛辣讽刺变成《武茨》中牧歌式的滑稽故事。它描写教会学校的乡村教师武茨从童年到结婚 43 年后含笑死去的人生经历。酷爱写作的武茨掌握始终“快乐的技巧”（Ⅰ/1，431），笑对人生各种窘境。他用快乐的技巧克服人生困难。他还在情感深处改写现实为幸福和快乐，用崇高的意义填满自己渺小却有限的存在，靠幽默的虚构拯救自我。《武茨》演绎让・保尔幽默地化解现实矛盾的方法。武茨的想象力接近自我臆断的主观性。其幽默方式化悲剧为快乐，化局限为无限的丰富，变小为大，化无足轻重为崇高。从《武茨》起，让・保尔脱离牧歌式滑稽故事的内心世界，开启创作长篇小说的新时期。幽默由针对世界状况改为针对心灵。受莫里茨影响，让・保尔晚期贴近浪漫派的、注重心理描写的幽默。

1795 年，长篇小说《黑斯佩鲁斯或 45 个狗邮日》出版，内有关于人类历史发展观的重要短文《论人类的沙漠和应许之地》。书名中的“黑斯佩鲁斯”兼具启明星和长庚星的特质，分别喻指现世与来世的和解之星。“狗”比喻书写者的灵感。在叙事者的眼里，运送邮件的“狗”为所有其他人提供咨询。该作中的幽默要和解《看不见的共济会》中凸显的古斯塔夫和奥托马尔各自代表的对立。整部小说展现主人公即幽默人物维克多的心路历程。其正反两面的性格特征保持平衡，但并非地道的幽默人物，因为他此时还在探究幽默人物的特点。维克多并不鄙视人类，不想真正嘲讽和耻笑人们。他只在头脑中创造滑稽剧，提升愚蠢为智慧，升华自然为艺术。维克多消极的折中哲学与其积极的热情形成反差，二者中和成幽默。

1796 年出版的《齐本凯斯》被誉为“德语文学首部宏大的长篇婚姻小说”[1]，是他演绎幽默风格的典范佳作。他将幽默变成诗艺地化解主人公现实矛盾的重要手段，让幽默作为基本原则发挥作用。主人公以幽默和诗艺精神对抗现实生活的平庸，最终实现自我超越。该作的幽默主要体现在齐本凯斯及其挚友莱普盖伯这两个幽默人物的设置上。作为被杜撰的双影人，他们形成小说情节设定、结构布局和人物设置的特点。让·保尔成功平衡美的心灵和怪诞的身体。他们互换名字的经历、互补的性格特征及其友谊的丰富内涵都增添了幽默色彩。

1800—1803 年，让·保尔出版成熟期的幽默长篇小说《泰坦神》。他塑造出其笔下最具悲剧色彩、最成功的幽默人物硕普。该小说有两个著名的附录：涉及哲学与文学的最重要的讽刺作品《理解费希特和莱普盖伯的关键》和《热气球乘坐者吉亚诺佐的航空日志》。

小说《泰坦神》描写新王侯阿尔巴诺走向政治成熟的心路历程。阿氏成功践行政治理念，实现人生抱负。其创作该作的意图是：对抗本世纪普遍的放纵，对抗“天才的偏狭”以及自我和世界的割裂。其矛头指向浪漫文学和费希特哲学割裂自我与世界。《泰坦神》有“反泰坦神”（Anti-Titan）特征，反抗骄横的泰坦神族。它还针对天才人物的片面发展，提出重要的诗艺概念“单一的强壮力量”（Einkräftigkeit）。让·保尔认为，该人物类型违背多种力量均衡发展的艺术理想。只有阿氏是“多种力量全面发展的”理想人物。他结束在《看不见的共济会》中开始的教育探索，主人公一开始就被设定将继承王位，契合柏拉图《国家篇》中哲学王的法则，让智者坐在王位上。“崇高的人”这一构想经《看不见的共济会》和《黑斯佩鲁斯》的完善后，在该作中达到巅峰。他对启蒙工具理性的批评也在《泰坦神》中达到顶峰。

---

1 Espagne/Helmreich 2002，169。

总之，让·保尔的幽默叙事、对幽默人物的塑造、对“崇高的人”的构想和双影人的演绎、对理性弊端的批评都在《泰坦神》中达到技艺娴熟的程度。《泰坦神》堪称其最成熟的长篇小说。

《泰坦神》的附录《理解费希特和莱普盖伯的关键》写于 1799 年。受信仰哲学家和情感哲学家雅可比《致费希特的公开信》启发，他主要揶揄费希特“绝对自我”哲学的弊端和危险：过度强调理性会导致理性的自我神化，最终导致虚无主义。它与《泰坦神》的内在联系在于揶揄费希特哲学。莱普盖伯是费希特的追随者，与费希特构成精神上的双影人。

《泰坦神》的另一篇附录《热气球乘坐者吉亚诺佐的航空日志》写于 1801 年。他描写主人公乘坐热气球在德国上空旅行时的感受，旨在用居高临下的俯瞰视角象征启蒙理性。吉亚诺佐的热气球影射激进、挖苦和反讽批评的曲折运动。他解剖式地肢解启蒙计划和实施理性的尝试。该作的主要基调是：理性和乐观主义等启蒙思想终结于空泛的物质主义和平庸的日常生活。总之，批评启蒙理性的弊端、演绎晚期启蒙理性的失败构成《泰坦神》及其两篇附录的内在逻辑。

长篇小说《少不更事的岁月》于 1804—1805 年出版，塑造了性格和命运迥异的孪生兄弟瓦尔特与伏尔特。他们都喜欢文学创作，合写了一部长篇小说。哥哥瓦尔特重感，耽于幻想；弟弟伏尔特擅长讽刺。伏尔特作为新型的、玩世不恭的幽默人物独具特色。他尖锐批评贵族的自私自利，为作家的道德观增加素材。

1809 年，小说《卡岑贝格博士的温泉之旅》出版。主人公是有否定意志的幽默人物。这位解剖学教授喜欢寻觅令人厌恶的畸形动物，鄙视司空见惯之事。他善于用诗艺的方法修正世界。玩世不恭的态度在其早期讽刺作品中以激进的启蒙为义务。在该小说中，它突然变成后启蒙的意识，补偿性地描写主人公对工具理性的虔敬态度。他将自然科学家卡岑贝格代表的“丑”纳入美学，使之与诗艺代表的“美”构成审美统一。

1820—1822 年，让·保尔的最后一部长篇小说残篇《彗星》出版，主人公尼考劳斯用神秘的炼金术制造出世界上最大的钻石。他用突然创造的财富打造“小宫廷王国”，然后踏上寻父之旅。《彗星》有三个主要人物：尼考劳斯及其对手该隐，即皮人和幽默人物沃尔布勒，后者最后以特定的催眠术成功拯救魔鬼该隐，使他摆脱疯癫。

1804 年出版的实用幽默写作指导著作《美学预备学校》以典型的比喻语言和独特的诙谐论述艺术创作和创造性诗艺。其创新性在于，依据文学创作实践，首次将文学创作心理当成美学的“预备学校”。它注重梳理文学技巧、体裁类别、诗艺的范畴，堪称关于写作实践的优秀指导用书。其最重要的贡献在于，关于幽默诗学的论述极大地推动了幽默在德国语境的发展。该书共三部，第一部探究诗艺、想象、“天才”、古典文学与浪漫文学诗艺的区别，在总结文学上的“幽默”和“幽默的诗艺”中达到顶峰；确定了幽默诗艺的本质。第二部探究诙谐、文学的体裁类别和文体风格，论述长篇小说理论，从理论和历史角度阐释长篇小说；他还描述自己作为作家的本质特征，以加强论证。第三部包含三个用幽默基调撰写的学术讲座：“致文体学家”“致诗人”“致诗艺的诗艺”。

2.2 让·保尔从早期作品的讽刺向幽默叙事过渡

其早期讽刺作品主要受以下因素影响：英国经验主义和道德哲学、英国小说家的讽刺、莱布尼茨的理性哲学、柏拉图思想、普拉特纳的怀疑主义、哈曼倡导的苏格拉底式反讽、康德批判精神，还有里斯科夫（Liscow）[1] 的辛辣嘲讽、拉伯纳（Rabener）[2] 温和的时代批评、里希滕贝格从理智角度尖锐而诙谐的讽刺方式以及有“德国的斯特恩”之称的希皮尔（Hippel）[3] 严肃而诙谐的多愁善感特征等。

辨析哈曼首先在文学上发现的“苏格拉底式反讽”和最早出现在维兰德作品中的“浪漫的反讽”，有益于理解让·保尔的幽默与它们的关系。它们都为理智服务，区别在于，前者想揭露人生的虚假，追求真正的价值，真之伦理给予想象自由；后者乃“心智的虚无主义”，“审美的人享受最高的假自由”[4]。前者侧重客

1　里斯科夫（Christian Ludwig Liscow，1701–1760）反对戈特舍特学派的讽刺作家。

2　拉伯纳（Gottlieb Wilhelm Rabener，1714–1771）德国讽刺作家，其讽刺散文尤针对中产阶层的愚蠢。

3　希皮尔（Theodor Gottlieb von Hippel，1741–1796）德国作家。其长篇小说充满富有教益和幽默的成分。

4　Berger 1939，256。

观约束；后者偏重主观自由。让·保尔综合两种反讽，平衡主客体以及情感与理智的矛盾，实现从讽刺写作向浪漫写作的过渡。

让·保尔的早期文学作品以讽刺为特征，侧重讽刺对答和警句。他在首个讽刺尝试《赞美愚蠢》中讽刺挖苦大学生与大学教授，后将修改的讽刺挖苦纳入讽刺文集《格陵兰的诉讼案》中。上述作品和《思维训练》主要讽刺人类的愚蠢。最初两个讽刺文集《格凌兰的诉讼案》和《魔鬼文件选读》"批评社会各种弊端，讽刺君主、贵族和宫廷里的达官贵人"[1]。他在《看不见的共济会》第二版前言中用"讽刺的醋工厂"（I/1，17）形象比喻自己早年大量运用讽刺。他大量运用讽刺出于无奈，毕竟当时尚缺乏人生阅历，未掌握幽默手法。

其早期讽刺挖苦风格的发展轨迹与特征如下：他起初主要借鉴"斯威夫特和蒲柏"的风格训练"讽刺挖苦的写作方法"，继而将"辛辣、敏锐、反讽、讥讽和嘲笑介入以普拉特纳为标准的经验心理学的研究"，最后形成"幽默、滑稽、感伤、愠怒和颂歌式的观念性（hymnische Idealität）等写作手法"[2]。

2.2.1 《赞美愚蠢》体现的讽刺的譬喻

1781—1782 年，他借鉴伊拉斯谟的《愚人颂》和蒲柏的《愚人志》，写下其首部较大篇幅的讽刺文集《赞美愚蠢》。《愚人颂》以 68 条箴言让主人公"愚人"（Torheit）嘲讽当时欧洲的普遍愚蠢："倘若没有我，任何共同生存都不会令人愉悦或持久。"[3] 让·保尔后来在《美学预备学校》中抱怨《愚人颂》演绎愚蠢时只有苍白的修辞虚构，在其中，"愚蠢未说出抒情的幽默和严格的反讽，而只说出智慧的汇编册"（I/5，121）。

让·保尔用拟人化手法等同第一叙述者"我"和"愚蠢"。愚蠢自称是"绝大多数人的行善者。"愚蠢有普遍性，因此"我"有很多变形，它是"油光可鉴的宫廷廷臣""神职人员""诗人""迂腐的学究"。愚蠢"时而钻进学院派哲学家昏暗的大脑里"，时而"爬进女人优美的躯体"（II/1，308）。

1　任卫东等 2007，324。

2　Gaier 2010，19。

3　Erasmus1995，47。

该作的讽刺态度源自启蒙的怀疑主义。他对换愚蠢与智慧的概念，讽刺针对主观臆断的愚蠢，击中虚假的智慧。他借鉴伊氏的语言风格：运用比喻和自如的文字游戏，视愚蠢为人物形象，但他与伊氏迥然有别：他并非辛辣地抨击时代的愚蠢，而是嘲讽“愚蠢”所谓的智慧，将比喻的虚构消解成讽刺的假象。伊氏的讽刺是客观的；而在让·保尔笔下，主观性和情绪占主导地位。讽刺与情绪、意图和随意达到平衡。

外在形式的比喻体现为，用游戏方式制造讽刺的误解。言语与画面的主客观含义易位。例如，让·保尔大胆颠覆让太阳代表启蒙理性之光的传统：“太阳汲取所有星辰的光芒，宫廷臣子的心将其污秽和耻辱藏匿在这光芒后面。太阳随后暗淡。太阳应将其所有光辉归功于金子的光亮，将其所有的价值归功于金子的价值。”（Ⅱ/1，322）他以太阳的暗淡比喻启蒙时代的弊端，用讽刺手法逆转传统的理性意象，对人施加这种心理暗示：狭隘的启蒙并非光芒四射，而是显露昏暗。他对贵族的讽刺也很成功：“我”即愚蠢“与贵族的内在联系，将我提升到远超过智慧的程度。”（Ⅱ/1，337）

他还嘲讽神学的局限性，结果是，正统神学“未创造新洞见，而是阻止它们。”（Ⅱ/1，347）“神学家不那么愚蠢，”因为其使命不是“为了更智慧”，而是“为了更恶毒。”（Ⅱ/1，364）

讽刺挖苦在语言上的基本形式就是被消解成主观情绪的、符合理智的对照。他讽刺地理解灵与肉的内在联系：“肉体在精神的长期服侍中自我消耗，似乎通过肉体的消瘦接近人没有身体的状况。”（Ⅱ/1，312）在讽刺中，否定与赞同、严肃与游戏易位，致使二者彼此消解。思想游戏的滑稽之处由此产生。充满激情的、反抗时代的斗士的热情无法与讽刺形式即对诙谐的迫切愿望和解。这位斗士最终排斥情感，导致僵化成单纯的形式。

让·保尔早期讽刺中讽刺的混淆易位是其诙谐语言的主要特点。在其成熟期的作品中，幽默的滑稽自由地呈现优势。而其早期作品讽刺的混淆写法与上述自由相去甚远。

其早期作品中讽刺挖苦的特点毫无关联，随意性大，致使斗争的矛头并非指向理性主义及其代表、社会和精神领域中的弊端。没有真正的体验和经验为该斗

争辩解。

他与尼采一样暴露出轻视女性的狭隘，因而都写不出歌德在《浮士德》最后赞美女性的诗行：“永恒的女性 / 引我们飞升。”[1] 让·保尔认为，女性只需要美貌，不需要智慧：“一个女人没有必要聪明，因为她漂亮。”“美丽是将我与美女们联结起来的纽带。只不过，她们不仅没有必要也不可能聪明。她们被创造，不是为了思考，而是为了取悦男人。”（Ⅱ/1，325）让·保尔暴露了观念上的偏狭，从侧面反映当时欧洲女性普遍较低的社会地位。

总之，他需要生活积淀和历练，方能摆脱早年用讽刺手法呈现的狭隘的世界观。

米勒（Joseph Müller）认可《赞美愚蠢》细腻的讽刺和比喻：这是“用细腻的讽刺写就的杰作，富有熠熠生辉的画面和比喻，但没有其后来作品装饰繁缛的现象：充满细致的布局谋篇和果断固定的基本思想。它在这方面也突出优势，与其接下来的两部作品形成鲜明对照。”[2]

2.2.2 《格陵兰的诉讼案》中讽刺的主观主义

让·保尔第二阶段的讽刺写作处于重要的转折期。他让想象游戏的审美自由取代苏格拉底式反讽的伦理约束。他在幽默和诙谐中保留尖锐的形式，又补充新内容。他一改温和的讽刺风格，开始更多采用尖锐辛辣的讽刺。他意识到创作缺乏素材，讽刺变得没有目标和方向。所以他请求老师福格尔帮他搜集身边人的蠢事，以丰富讽刺作品的内容。

《格陵兰的诉讼案》是其代表性的讽刺作品。但他当时的想象还局限于“通过讽刺抨击社会和道德弊端。”[3] 其早期讽刺成为他日后作为小说家的“采石场，他得以由此赢得越来越多新的语言和叙事材料。”他认为，这些讽刺更多被看成“为长篇小说准备的过渡车间”[4]。

1　Goethe 1999，464。歌德 2003，402。

2　Berger 1939，277。

3　Montigel 1987，207。

4　Espagne/Helmreich 2002，8。

1782 年，他写下讽刺作品《格陵兰的诉讼案》第一部分，在其中形成的随意形式在第二部分达到顶峰。第一部分“论作家写作”以创作为主题，充分体现主观主义。他在 1821 年第二版前言中描写当年撰写该作的困窘。贫困是他笔耕不辍的动力：“许多年前，我把带很多肌肉的右手献给世界著名的阿波罗，因为我肯定不能将我身体上更重要的部分献给他。我脑子和胃里空荡荡的空间就已向博学的世人承诺，一只羽毛笔取之不尽地用墨水写。”（Ⅱ/1，372）

用书写对抗死亡，以杜撰想象铸就不朽，这是贯穿其毕生作品的主题。他嘲讽地调侃，书写作为精神产品与作家解决温饱问题的生理需求密切相关：“读者要把自己充分的精神享受归功于作家身体上的饥饿。”因为“参与其书本创作的与其说是大脑的神经汁液，毋宁说是胃里未得到满足的胃液。”（Ⅱ/1，373）其书写“更多出于迫在眉睫的养家糊口的本能欲望。”[1] 他是德国首批自由作家，故靠写作解决温饱问题乃当务之急。

该作的另一特点是，他在多处论述对讽刺创作的认识，评价对他影响很大的英国讽刺作家。他主要在第二卷前言中谈论讽刺。他首先对比蒲柏和斯威夫特的讽刺：蒲柏“好似食火鸡，其翅膀带刺。强大的想象力总刺激他大笑，导致他永远无法握住缰绳。故在其卓越的《愚人颂》中，他无法成功地讽刺。”斯威夫特“讽刺挖苦的刺在散发芳香的玫瑰下伺机待发”（Ⅱ/1，489），他“在讽刺方面远超蒲柏，致使他无法在表达强度上达到蒲柏的水平。”有必要取二者之长超越之：“只有在某种程度上统一这两位天才相互排斥的讽刺优势，才能超越他们的讽刺。”（Ⅱ/1，490）

他还谈及斯特恩喜欢嘲笑愚人而引人发笑，但德国众多模仿斯氏者并非嘲讽愚人，而是讽刺值得尊重者，难怪他们无法成为斯氏那般卓越的讽刺作家。他肯定斯氏对德国文学的影响和贡献：“在感伤文学方面，斯特恩向德国人提供了赶上英国人的讽刺之手段。”（Ⅱ/1，557）他还赞美“伟大的斯威夫特”写下“不朽的讽刺”（Ⅱ/1，551）。

《格陵兰的诉讼案》第二卷主要突出关联讽刺的警句：警句“是前面讽刺的

1 Ueding 1993，40。

废料，作为不冒香火味儿的灰尘”，抑或是“锉刀锉下来的粉末，是批评的锉刀从讽刺的武器上锉下来的，为了达到最好的锋利效果。”（Ⅱ/1，490）讽刺在该作中占主导地位，以格言式的对照形式和比喻呈现。他后来更多运用符合理智的比喻形式，尤其突出言语的诙谐和画面。这说明他在运用比喻方面的变化：他由讽刺性比喻发展到后期强调情感色彩的比喻。想象的创新力量开始在形式主义的外衣下活动并形成。但其作品尚未体现更深刻的人生感悟，他尚未掌握在整体中塑造人物的方法。

但比较新颖的是，他在该作中开始尝试人物设置的新构想：让两个灵魂寓于一个肉体中，即一个肉体承载两个人物。魔鬼藏匿于大学生的肉体中：

> 魔鬼就像藏匿于他杀死的大学生的肉体中一样。应魔法师阿格里帕的命令，他有一阵子代表大学生的灵魂，用陌生人的脚散步一天。同样，这心灵处决我们重感的反讽，赠予我们延长的生命，讲着哭哭啼啼的废纸上死亡僵硬的语言。（Ⅱ/1，557）

魔鬼和大学生此时未结成完美的联盟。他俩的肉体既非彼此独立，又未分开。“这种各占一半的距离允许魔鬼代表讽刺挖苦，也允许大学生代表感伤，还一起极好地嘲讽他们对灵魂不朽的信念。”[1] 这种新颖的双影人设置模式后来又被运用于长篇小说《齐本凯斯》（主人公与莱普盖伯）、《少不更事的岁月》（孪生兄弟瓦尔特与伏尔特）和《彗星》（主人公与其好友沃尔布勒）中。

在《格陵兰的诉讼案》这部精湛的理智作品中，他使用很多凝重而讽刺的比喻，并将比喻变成尖锐的、已呈现幽默成分的警句。警句则为下一部讽刺作品《魔鬼文件选读》中的“诙谐抒情诗”做好准备。

让·保尔尖锐地自我剖析，指出《格陵兰的诉讼案》比喻泛滥。他用比喻分析自己的作品，充分体现偏爱比喻的写作特征：“我的书”“充斥比喻”。“我可以轻松地从这本书中招募一支有 600 个比喻的军团。我的讽刺用充满思想的鞭子指挥，每个人都能用这些思想拖拽一幅画，就像在波斯军营中每个士兵拖拽一个妓女一样，而国王带着和士兵一样多的妓女。”（*JP Briefe*，1，61）

1　Bergengruen 2010，47。

总之，他在标志主观主义讽刺手法的《格陵兰的诉讼案》中并未讽刺形形色色的人，而是着重探讨作家的写作问题：研究讽刺、挖苦和诙谐等文体风格，借鉴英国重要的讽刺作家，充分凸显他对讽刺写作的思索。

2.2.3 《魔鬼文件选读》作为向幽默过渡的标志

讽刺文集《魔鬼文件选读》标志让·保尔从讽刺写法向幽默写作过渡。幽默赖以建立的核心问题是：人有能力统一无法联合之事。

他在该作中写下小标题：“严肃的附录，我在附录的结尾处写入一个诗艺的附录”。他强调，情感比理智更重要：“情感和偏好使我们的理智清醒而非模糊，它们更多是理智的老师而非学生。”他还重申，作家作为“有超强想象力者”可“在世上更多传播而非寻觅快乐”。他看重这些人身处平庸却不甘于平庸、努力提升自己的崇高品质：“我毫不担忧这些人的堕落：他们并非在肮脏、黑暗、铺满鲜花的土地上，在昆虫的旁边向前爬行，而是不久就挺起他们高贵的胸膛，硕大的眼睛又仰望他们上空的以太。”（Ⅱ/2，373）

他形象地概括人承担的满足物质需求和提升精神的“双重任务”：“在尘世，人应完成艰巨的双重任务：他通过满足需求，提升自己的精神，就像羚羊一边吃草、一边爬向山顶一样。抑或人将尘世生活编织到未来生活中。就好比月亮，它既围绕肮脏的地球旋转，同时也围绕太阳旋转。”（Ⅱ/2，377）

他有意改变一味讽刺挖苦的风格，要增添文学作品诗艺的内涵。他那富有魔力的想象冲破启蒙运动片面强调理性的狭隘界限。他日益凸显情感，这导致讽刺的瓦解和想象的解放。他从此逐渐过渡到幽默。普洛斯（Proß）指出，从创作《魔鬼文件选读》起，“幽默的激情”就伴随“让·保尔的作家活动”。“幽默一直是写作方法实际诗艺的引导……该写作方式允许作家……进行任何机智诙谐的影射”[1]。初露端倪的幽默从此成为其创作的诗艺引导。他开始改变单一的讽刺形式，逐步发现幽默这种更适宜的文学表现手法，创作以幽默风格为主的长篇小说。

他从讽刺向幽默过渡还有一个重要原因：为生存计。他采纳出版商的建议，

1　Proß 1975，97。

尝试写诙谐幽默的小说。但他并未完全放弃讽刺，而是以讽刺丰富幽默。在 90 年代，他“成功地使其讽刺方法增加感伤和幽默的成分，创造了奠定其声名基础的、结合讽刺与幽默的写作风格”[1]。其幽默揶揄并嘲讽人类的普遍愚蠢，故其幽默有“批评的维度”[2]。

在他兼具讽刺和有魔力的诙谐的世界观之间没有裂痕。讽刺与诙谐彼此渗透交融，统一形成幽默。其讽刺挖苦扎根于启蒙思想，而其魔幻般的诙谐风格表明，他更亲近浪漫文学。

他因出版《格陵兰的诉讼案》而初尝写作的甜头。作品此后陷入出版困境，福斯拒绝出版《魔鬼文件选读》。因为没有出版商再对讽刺作品感兴趣，他只好改变写作方法。在前两个讽刺文集中，一个说话者用讽刺和揶揄的方法大谈自己的状况，里面配有很多比喻、诙谐和博学的说明。

在《魔鬼文件选读》中，他才开始努力塑造诗艺的人物，找到故事的开端。该作有三个人物：犹太人门德尔、作家哈苏斯和幽默人物的雏形哈伯尔曼。哈苏斯是门德尔的债权人。门德尔“从法兰克福图书博览会回来时”，其“债权人、博学的哈苏斯已在八天前被安葬。”（Ⅱ/2，112）哈苏斯给门德尔留下魔鬼做的特殊文件。魔鬼夜里在哈苏斯身上附体，为了把这位作家当成自己的“写作机器”：“那些带锋芒的作品从来都不是哈苏斯写的，而是魔鬼在半夜附在我的债权人的好身体上，就像进入一台写作的机器里一样”（Ⅱ/2，113）。后来更夫发现，“午夜后，哈苏斯的身体在伏案勤奋写作。”“魔鬼在整本书里都假扮哈苏斯，而且没有一个词让人发觉，全是他写的。”（Ⅱ/2，114）

在前言中，魔鬼以哈苏斯的名义，通过他的传声筒通报，他为伟大的讽刺和幽默作家斯威夫特和斯特恩书写。他们的荣耀是从魔鬼那儿偷来的：“我用整巴伦的纸张，向斯威夫特和斯特恩大声且很好地提前宣告我最让人容忍的讽刺作品。他们在此毫无损失。”（Ⅱ/2.117）赫尔德的严肃著作也是魔鬼写的：“因为我顾及别人和我的荣誉，所以我希望，我至少能谈论我最好的严肃著作中的一部

1　Beutin et al 2013，218。

2　Müller 1979，4。

分”。但愿“赫尔德先生被挑选的作品更好运。”（Ⅱ/2，117）

从形而上的角度看，魔鬼就是一切：“我不该写任何字”，“因为谈论这个简直就是形而上的。”“我今天早晨才惊恐万状地说出我想在别人身上观察的恐惧”。他还提及，哲学上“自私自利者和现实主义者”（Ⅱ/2，117）否认自身之外的所有存在。他们视世界为自我新的分裂。他们是魔鬼的杜撰，最终都得消失，因为除魔鬼外什么都没有。让·保尔在此暗指对他日益重要的作家斯特恩与赫尔德以及他后来长期探究的先验唯心主义，因为它并非经验地而是通过打造“自我”的意识行为建构世界。

可《魔鬼文件选读》还不成熟，尚处于诗艺的开端，因为他尚未将人物和情节开端打造成生动的人物形象和故事。但它毕竟塑造了哈伯尔曼这个人物。让·保尔安排他旅行，遍游世界和德国不同地区，以便嘲笑当地状况。哈伯尔曼旅行时的读物就是斯氏的小说《感伤之旅》。让·保尔的作品开始在诗艺上有所突破。“斯威夫特辛辣的讽刺原则上不再排除严肃的、情感丰富的因素”[1]。

他后来综合《齐本凯斯》的幽默人物莱普盖伯和《泰坦神》中的悲剧型幽默人物硕普，塑造具有双影人特征的幽默人物“莱普盖伯 - 硕普”（Leibgeber-Schoppe）和该小说附录中的主人公吉亚诺佐。哈伯尔曼是他们的雏形。他从远处召唤当时尚未形成完整轮廓的、后来的幽默人物“莱普盖伯 - 硕普”。后者以嘲笑世界为特征，是让·保尔塑造的最成熟、最成功的幽默人物。

在理智的自由游戏中，讽刺情绪服务于讽刺挖苦的意图。日益退缩的讽刺情绪在《魔鬼文件选读》中达到最大程度的随意性：它掌握在《格陵兰的诉讼案》中形成的所有形式，将它们提升、堆叠到荒诞程度。情绪和主观想象在此占主导地位。

总之，让·保尔为了批评社会而用“现实的观点”实验。另外，人类的愚蠢是幽默的靶子。幽默的两个标志追溯到幽默与启蒙运动和唯心主义的亲和性：他“在政治和道德上属于启蒙运动，在认识论上至少属于主观唯心主义的问题领域。”[2]

1 Pfotenhauer 2013，72。

2 Müller 1979，3–4。

2.3 “幽默”概念溯源[1]

对比让·保尔的幽默特征和德国人编写的“幽默”词条，很多专业词典的释义似乎在概括他的幽默写作特征。当然，词典侧重梳理“幽默”的词源学历史，强调此概念含义的演变过程。而到了让·保尔时代，“幽默”释义与他的幽默有很高契合度。

根据《杜登词典》释义，“幽默”最初指“决定人的性情与性格的体液”，是“以乐天的淡定面对世界与人的缺陷、日常生活困难与逆境的能力和意愿。”[2]“幽默”的特征是淡定的超脱、超越现实困境和心境愉悦。《文学术语词典》（*Sachwörterbuch der Literatur*）称文学上的幽默“以惬意、乐天和自主的方式超越世界与人生各种局限”。幽默有三个来源：“纯朴的儿童单纯、精神自由”和“最强烈的震撼之后重获内心平衡”。德语语境中的幽默有哲学特征，“始终与哲学的人生观相联。”[3]幽默不局限于文学、诗学与美学，而是与作家富有哲学色彩的人生观密不可分。上述词典释义分明概括他塑造的第一个幽默人物武茨的特点。

从词源学角度看，“幽默”可追溯到拉丁语“体液”（humor）。古希腊的希波克拉底和古罗马的盖伦认为，人的疾病源于黏液、黄胆汁、黑胆汁和血液这四种体液的不平衡。中世纪时有人认为，“幽默”与人的性情有关，并根据血液、黏液和胆汁颜色将人类性情分为多血质、胆汁质、黏液质和抑郁质四种气质类型，从而将幽默的含义从生理学转向性格学。

1475 年，《新英语词典》解释“幽默”的新含义为“性情”。从此，英语中的 humour 指情绪和脾气。自 1580 年起，humour 指奇特、怪诞的举止言谈，也指人因可笑的性格而偏离社会规范与习俗。在德语中，自 17 世纪以来，“心情”（Stimmung）或“情绪”（Laune）都指幽默。

1709 年，现代意义上的“幽默”一词首先出现在英国道德哲学家沙夫茨伯里的哲学论文《一篇论诙谐与幽默自由的随笔》（*An Essay on the Freedom of Wit*

1　赵蕾莲 2018，13–14。有改动。

2　Duden 2001，806。

3　Wilpert 2001，357。

and Humour）中。他将诙谐与幽默对立，将幽默定位在“诙谐”和嘲讽的“戏谑”的语义场中，将幽默同诙谐与戏谑互换[1]。1776 年，该文的德语版将英文的“诙谐（wit）”和“幽默（humour）”分别译成“戏谑（Scherz）”和“情绪（Laune）”。

1711 年，爱狄逊形象地确立“幽默”在由真理、感觉、诙谐、欢笑、大笑等组成的大家庭中的年轻地位：“诙谐在欢笑中获得幽默”；“幽默成为该家庭的最小成员”[2]。“诙谐”更多指“理智的自由游戏”；“幽默”“更多指情感的自由游戏”[3]。沙氏使这两个概念联系理性和真实。诙谐和幽默应服务于真理和理性，真理和理性应在“幽默”和“诙谐”这两个概念上得到检验。因此，理性游戏的自由受到一定限制。

1700 年前后，“幽默”被确立为哲学尤其美学的对象。19 世纪初，“幽默”的内涵有约束性地被固定。

从 18 世纪起，德国人采纳英国人影响下的“幽默”概念[4]，将它纳入美学。“幽默”概念经历从英伦三岛到欧洲大陆的曲折道路。在它从英语语境转入德语语境的进程中，让·保尔功不可没，因为德语文学中关于“幽默”概念的历史肇始于他，他“给精神之子幽默带来历史性转折。”[5]

沙氏确立英式幽默简单明晰的表达形式。与德式幽默不同，英式幽默从不否认理性与真实，且诙谐与幽默有密切的亲缘关系。面对情感和想象的宣泄，英式幽默比法式诙谐更自由，更随意，也更坦诚。在英式幽默中，心灵的所有力量共同发挥作用，但理性仍占统治地位。

德式幽默主要指让·保尔的幽默和浪漫文学的幽默。在理性主义时代，德式幽默虽受英国决定性影响，但德国人赋予幽默情感力量。只有在德式幽默中，“情感才作为心灵最原初的力量得以完全被贯彻实施。”[6]德式幽默在英式幽默的基础

1　Shaftesbury 1992，14–129。

2　Addision 1960，96。

3　Berger 1939，241。

4　Fricke（Ed.）2000，100。

5　Rugenstein 2014，28。

6　Berger 1939，241。

上丰富和发展。

在让 · 保尔发展幽默过程中，英国文学作品发挥了重要的媒介作用。英国的感伤和幽默小说相得益彰，有时还像斯特恩的小说《感伤之旅》那样相互渗透。幽默的新形式如此产生。

让·保尔在《菲克斯莱恩》第二版前言中为幽默辩解，宣称幽默的原则是“愉悦”：“幽默的弯曲线条虽更难纠正，但幽默并非没有规则且随意，因为幽默最令其所有者愉悦”。幽默可分为“美学的幽默与实践的幽默”，即美学理论的幽默和文学实践中的幽默。他还强调，“幽默必须与世界的年龄共同增长，如同与个体的年龄增长一样”（I/4，27）。与实际幽默不同，美学的幽默是理性文化长期发展的结果。

让·保尔还强调，幽默风格见微知著，贴近现实。倘若读者“不喜欢”其“滑稽人物或不完美的人物”，那说明，读者缺乏文学鉴赏力，无法欣赏“从事创作的幽默作家”和“行动的幽默人物”（I/4，24）。

2.4　幽默作为让 · 保尔文学创作的灵魂

英国文学是其文学创作的重要源泉。他创作伊始，受蒲柏、扬、斯威夫特等影响，创作“没有情节包装的讽刺文集”[1]。但蕴藏在讽刺中的不仅有消极的怀疑主义、悲观主义和绝望，还有单用讽刺已不足以表达的、积极的德式特征。他后来日益用讽刺丰富幽默。

克洛卜施托克的情感深度与莱辛的思想深度形成的合力既是让 · 保尔幽默写作的基础，又为歌德和康德代表的世纪做好准备。赫尔德与歌德和席勒一样轻视幽默，对幽默感到很陌生。他认为，“不存在幽默，也没有在其二元对立的本质中博弈的多种力量的和解。”[2] 莫里茨才真正理解让 · 保尔幽默的意义，较早发现其深刻意义并尽力提携他。

1780—1790 年，让 · 保尔打造小说中全知型叙事者，其创作日益增强的美

1　Wölfel 1997，370。

2　Berger 1939，246。

学自治冲破讽刺手法中极端化的政治内涵。

从歌德的《少年维特的烦恼》到莫里茨的自传体长篇小说《安东·莱泽》，德国小说的共性在于突出人物孤独、酿成人物悲剧命运的内心性。情感填充那些反讽人生的人物之全部生存。他们在反讽的外在面具后隐藏感伤而痛苦的心灵。

有别于反讽作家通常居高临下的讽刺方式，重感的反讽不再搞理智的机智游戏，而是从外部看世界，与讽刺挖苦的反讽迥异。重感的反讽与幽默有亲缘关系，尽管它与讽刺挖苦的反讽仅有一步之遥：强调内心性的人战胜外部生活，只有当他不再受外部生活威胁时，才达到幽默层次。

纵观让·保尔的文学创作生涯，他经历了讽刺挖苦和世界反讽的前期阶段。他将反讽的面具一直保留到晚期创作。重感的幽默赋予侧重理性的反讽生命力。他将世界反讽扩展并提高到世界幽默的态度。情感的确定性冲破对人生的消极理解，为了在尘世生存的界限内用魔力幻化想象的神奇新世界。与许多浪漫派作家不同，他不想化庸常的现实世界为诗艺的童话。他常充满爱和热情地细腻描写现实生活中最细微之处。

贝尔格精辟地总结他演绎诗艺世界的特征：其“世界在谜式特点以及高度和深度方面，是创造幽默，即创造这种力量：它在幽默中平衡各种对立，创造和解的情感。”[1] “创造幽默”即幽默叙事是让·保尔叙事的主要特征。幽默叙事也成为其成熟创作期的突出特点。只有将幽默理解为让·保尔真正创造性的力量，才能真正尊重其作品。

幽默是让·保尔文学创作的灵魂。幽默统一更大的矛盾。他在其幽默的人生感受中创造性地吸纳诸多对立，尤其是宏观的彼岸世界的幻景与人生悲欢这种微观的现世的描绘。作为幽默作家，他在德意志的精神史中意义非凡。他以独特方式发现、理解并塑造幽默，从幽默角度理解人生与创作。其灵魂将人生所有力量都蕴藏在深不可测的自身中。其幽默是创世力量，体现其世界观。他借助幽默感受自我与世界最内在的和谐。自我与世界更深的统一是其幽默的文学创作的基础。他寻求人生中所有对立的和解。他在诗艺宇宙中以此幽默态度克服所有人生

1 Berger 1939，25。

矛盾，以求达到生存最后的和谐。

其笔下的幽默人物处于讽刺挖苦的情绪和多愁善感的心绪这两种文体风格中：他们“一旦处于讽刺挖苦的情绪中，就会为仇恨和厌恶所困”，“毫无创造性”[1]。吉亚诺佐坦言：“对所有生存的憎恨爬进我的内心”，他因此称自己为“恶魔”（I/3，966）。相反，在多愁善感的心绪中，幽默人物经历与世界的融合，其内心充满仁爱与恻隐之心。

超越有限生命的念头导致幽默人物心理扭曲，分裂成面具和自画像。正如他在《美学预备学校》中所言，幽默的否定理念滑稽地揭示有限与无限的反差。

浪漫派的柏拉图主义者索尔格（Solger）只看到，让・保尔在幽默中反对浪漫派作家将平衡有限与无限、现象与本质、神性的理想与人生现实等矛盾寄托于来世，认为他对幽默的理解是一种颠覆，因为他“神奇而十分明智地称幽默为崇高的反面或者被应用到无限的有限。”而实现这种颠覆的关键是在幻想领域中，“一切有限通过情感被追溯到神性的本能”[2]。索尔格认为，浪漫的幽默以浪漫的反讽为基础。浪漫的反讽为自身承认世界，在观念中提升自身，超越现实。按诺瓦利斯、弗・施莱格尔和索尔格的观点，在幽默中，用反讽方式自我消解的力量至关重要。

在《花粉残篇》中，诺瓦利斯将幽默和弗・施莱格尔的浪漫反讽相提并论：

> 幽默是随意被接受的方式。随意性使幽默富有吸引力：幽默是有条件和无条件自由混合的结果。通过幽默，真正有条件性变得普遍有趣，并得到客观的价值。在想象和判断力接触的地方产生诙谐；在理性和随意结合的地方出现幽默。揶揄属于幽默，但少一个度：揶揄不再是纯粹艺术性的，且更受局限。在我看来，弗・施莱格尔描绘为反讽的只是深思熟虑特征的后果，是精神真正在场的结果。我似乎觉得，弗・施莱格尔的反讽是真正的幽默。[3]

然而，索尔格、诺瓦利斯和弗・施莱格尔都没看到让・保尔幽默的现实主义

1　Montigel 1987，226。

2　Sogler 1815，228–229。

3　Novalis 2004，239；241。

特征。他不仅将有限运用到无限，还将情感的无限性应用到有限。他试图以现实主义把握并实现真实的人生，并描绘真实人生中的内在世界。其创作的核心问题是，在人生真实的形式中实现幽默。他更关注具体呈现世界和谐。总之，其创造性的幽默结合浪漫文学感受的无限性和真实世界的现实特征。现实主义特征标志他与浪漫派作家的本质区别。他不喜欢浪漫文学的单一性：升华到超越尘世人生的程度，并只想在来世建立和谐王国。

与让·保尔有亲缘性的蒂克在创作中已疏远该艺术观。二人互相欣赏借鉴。蒂克的中篇小说《丰富人生》（*Des Lebens Überfluß*）以其《齐本凯斯》为蓝本，他还摹仿牧歌式滑稽故事风格。但蒂克的幽默源于浪漫的反讽，与让·保尔的幽默迥异，蒂克并不了解其接近现实主义作家的人生观和创作态度：纵使人生有诸多不如意，也要笑对人生。

在让·保尔的幽默长篇小说中，人物形象获得内在的完整性，各种纷争的力量达到平衡。因为在幽默作家让·保尔的作品中，矛盾应得到化解。他填补了浪漫文学时期德国小说的空白：发现所有矛盾超验的观念性与个性之间的平衡。

2.5 英国幽默作家的启示

让·保尔从讽刺向幽默的过渡主要受英国幽默作家的启发和影响。他们成为其幽默文学创作的重要典范：莎士比亚、理查逊、斯特恩、斯威夫特、菲尔丁、蒲柏、斯摩莱特和扬。沙夫茨伯里论述的幽默也给他重要启迪。

英国的感伤和幽默小说相得益彰，有时还相互渗透，如此产生对 18 世纪德国文学重要的、幽默的新形式。斯特恩“作为幽默作家”成就斐然[1]。他联结诙谐的世界观和情感的幸福，尤其以《感伤之旅》和《项狄传》为代表的英国式幽默影响德国文学。斯氏的幽默以讽刺和感伤为特征，只描述情感与理智的外在平衡。让·保尔后来的幽默综合更深层次的情感与理智。斯氏意识到，自己并非从无意识和本源汲取力量。他与世界诙谐而重感的关系始终使人认识到，文本与冷静的观察者、旅行者保持距离。让·保尔源自想象世界的体验方式与之迥然不同。

1 Gale（Ed.）1996，1066。

《魔鬼文件选读》中幽默人物的雏形哈伯尔曼旅行时随身携带《感伤之旅》，探讨其主人公（Ⅱ/2，123）。这充分说明斯氏对让·保尔的影响。他从 1782 年起常阅读斯氏的作品，尤其是《项狄传》。他还提及“斯特恩的离题写法”（Ⅱ/2，156）。“人们很少能通过阅读从某种幽默中赢得鉴赏品位，以至于我为此缘故读了 40 遍《项狄传》，才感觉获得鉴赏品位。”他为此目的“读了 11 遍斯威夫特的作品”（Ⅱ/2，121）。斯威夫特是“英国 18 世纪作家中最受欢迎、影响最大的作家。”[1]

菲尔丁真正的戏剧天赋体现在其“广泛的幽默形式上。他能自由地演绎其高度的精神”[2]。他在戏剧和滑稽小说中以“滑稽搞笑和插科打诨等几种幽默形式娱乐我们。”[3] 菲尔丁“不仅是一流的幽默作家，还是人文主义者。”[4] 菲尔丁的小说有两种讽刺挖苦。其中一种“较轻的”是“幽默的讽刺挖苦”，颇有“教益”[5]。另一种“幽默具有愤世嫉俗的特征。”[6]

英国重要诗人蒲柏的诗歌“充满幽默的线条，主要嘲笑上流社会的生活。”[7] 其《夺发记》被视为英国文学中“最成功的讽刺叙事诗。”他在诗中嘲讽“女性和上流社会人的生活。”[8]

斯摩莱特的作品《汉弗莱·克林克》（*Humphry Clinker*）与菲尔丁的《弃婴汤姆·琼斯的故事》都成功地描绘了 18 世纪的历史。他还和菲氏与斯氏一样，在虚构的叙事作品中“融合幽默和讽刺。”[9]

莎士比亚的幽默创作更可圈可点。他不仅在喜剧中运用幽默写法，“其幽默还注入严肃的甚至悲剧的瞬间，发挥平衡作用。”虽然我们很难清晰地梳理莎翁的幽默发展脉络，但我们至少可以这样概括其作品的幽默特征：在早期作品中，

1　Gale（Ed.）1996，1091。
2　同上书，360。
3　同上书，362。
4　同上书，363。
5　刘炳善等 2016，170。
6　韩加明 2010，9。
7　Gale（Ed.）1996，867。
8　同上书，870。
9　同上书，1033。

"幽默建立在情节、语言和人物的基础上"，在中期作品中，"很难分清娱乐性幽默与严肃问题的幽默"；在晚期戏剧中，"幽默是解决反感的关键"。总之，"幽默是莎士比亚喜剧、历史剧和悲剧的重要元素。"[1]

综上，英国幽默小说家很好地解决了情感与理智的二元对立问题，因为他们将感性和理性建立在诸多心灵力量的和谐基础上。英国的重感文学和英国式幽默在整个欧洲都影响深远。"英国式幽默独特、具有民族特性地融合多愁善感与讽刺以及情感与诙谐。"[2]

强调启蒙理性的法国人无法理解让·保尔更深层的幽默。英国幽默小说家用清晰的目光观察世界，他们融合多愁善感基调的感伤和讽刺手法在德意志的土地上衍变成让·保尔的世界幽默。

2.6 让·保尔的牧歌式滑稽故事（Idylle）

"牧歌式滑稽故事"（Idylle）这个概念源自希腊语的 eidyllion，指"小幅图片"。它是小篇幅的叙事作品、世界的剖面图。18 世纪作家将古罗马作家泰奥克里特（Theoktrit）和维吉尔的范式变成统一的文体风格，给它涂抹上重感色彩。它指 18 世纪由田园诗发展的叙事形式：它"用质朴的日常生活语言，描写善良人感受的和睦简约、惬意舒适的幸福感。他们在幸福的世界中体会和谐的安全感、知足常乐和自然的乡民生活。"[3]

戈特舍特首次在理论上谈及其特征："描绘世界的黄金时代"，要求唤醒"对纯洁无邪状态的想象。"[4] 在让·保尔之前写该体裁的作家有埃瓦尔德·封·克莱斯特（Ewald von Kleist，1715–1789）、盖斯纳（Geißner）、米勒（Maler Müller）和福斯（Voß）。福斯尤喜将它设定在现实社会。让·保尔在《看不见的共济会》的教育理念中强调，希望老师给孩子讲故事时"尽量详细，就像福斯讲述他的牧

1 Gale（Ed.）1996，947。

2 Berger 1939，241。

3 Wilpert 2001，365。

4 Gottsched 1751，582。

歌式滑稽故事一样。”（I/1，127）

该体裁的作品以农村和并非悲剧的事件为标志。它还有文体风格的高度，赋予静谧柔和的幸福画面些许庄重的色彩。福斯的《露易丝》（*Luise*）赋予农村气息的诗歌真挚的含义。歌德著名的牧歌式叙事长诗《赫尔曼与窦绿苔》为福斯该作的质朴性和现实性增添了观念性。让 · 保尔颇欣赏歌德这部佳作，先于他创作了《武茨》。

席勒确定该体裁为现代多愁善感的诗艺可能的表现形式。但他视之为感受方式而非体裁类别，认为其普遍性的概念指“诗艺地描述纯洁而幸福的人类”[1]。牧歌式滑稽故事契合人的单纯状态。但人类的不断发展和精细化与纯洁无邪相悖。文明的人际关系将其场所从现代市民社会转移到不确定的历史时期的牧歌状态。

让 · 保尔在《美学预备学校》中划分长篇小说三个类别时解释，该体裁“是与长篇小说有亲缘关系的文学创作形式。”（I/5，256）他形象比喻其特点：倘若我们比喻长篇小说为一棵树，三种类型的长篇小说为大树的“三个枝杈”，牧歌式滑稽故事就是“次要的花朵”。它“描写人类已逝的黄金时代”，有美学功能和意义，变不和谐为和谐，化痛苦为愉悦：“文学作品通过其美学回音，将痛苦的不和谐音转变成惬意的声音。”它“输送快乐的音乐。”（I/5，257）

快乐是该体裁的重要特征和作家追求的目标：它使人们“接受并分享主人公承诺的快乐和提升。”（I/5，257）它不像痛苦那样容易很快升华。为了应对使神经厌倦的危险，人们必须在精神和物质意义上为该体裁规定自我限制的瞬间。其范畴表现为“有限地按照叙事手法，描写满全的幸福。”（I/5，258）“有限”指主人公局限于有限的空间、感受范围和空间，却发展高超的技巧。

让 · 保尔写该体裁的任务是，在诗艺的意义上“完整建构可能的世界。”[2] 他在《武茨》中首次实施该建构，设定武茨为莱布尼茨单子论的综合整体。武茨的整个活动在于否认错综复杂性，并忘记否认过程。武茨与世界的关系有自恋特征。他过多关联自己，很少考虑外在环境和因素。《彗星》的主人公有感伤和幽默的

1　Wuthenow 1966，79–80 。

2　Simon 2009，76。

特征，但他未丧失该体裁主人公的局限和幸福。

让·保尔以牧歌式滑稽故事的方式重构已逝的和谐，转向黄金时代，确立明确的现今关联。他在《美学预备学校》中论述它时称之为“有牧歌外表、没有紧张冲突的美好心灵”。他反对强调该风格宁静和寂寞的观点。他解读该体裁为长篇小说的额外形式，在其中应实现升华和精细化。他视之为现代叙事形式，放弃用崇高的手法描写受限环境中的完满幸福。根据他的定义，该体裁不啻为苦中作乐、自我安慰的叙事形式。他借此化现实中的压抑和痛苦为诗艺的快乐和升华。

他主张，它是小篇幅的叙事体裁，“描绘有局限的满全幸福”，要演绎“快乐游戏”。其局限指观点、财富和阶层的限制。它让“所有下等阶层的人进入诗艺的阿卡狄亚中”（I/5，258）。该体裁主要针对小市民。它还“排除大量共同游戏者和巨大的国家齿轮的威力。只有围上栅栏的花园生活适合田园牧歌中幸福的人们。”（I/5，261）

他明确指出，《武茨》、《菲克斯莱恩》和《菲伯尔》都属于该体裁。他讲述三部作品主人公的人生，不再视该体裁为单纯的世界剖面图。他想为现今的叙事艺术拯救千篇一律的牧歌式滑稽故事，“以其独特的方式，通过有意识的改造，通过新的、单纯的基调。”[1] 他注重更确定的轮廓和当下真实的色彩，也注重人物的个性特征。

他在《菲克斯莱恩》的前言中指出，为了更幸福，有三个途径：第一，在高处俯瞰尘世；第二，隐藏在低洼处，以免看到危害。第三个途径聪明且错综复杂：在前两个可能性之间简单切换。他想教读者在简朴生活中感到知足快乐的技巧。他想联合崇高人物与平庸的市民。主人公大多生活简朴，偶然地甚至阴差阳错地得到幸福。其高频词乃“快乐”、“幸福”、“温柔”、“平静”和“愉悦”。

他融合该体裁与崇高，果敢地“超越康德美学与席勒的文学理论。”[2] 崇高与该体裁、理念世界与日常生活世界并非相距遥远，而是彼此触及。只有在人的内心中，它们描绘的极端的两极才汇合。

他还在自传中用形象的比喻描写牧歌式滑稽故事与小人物幸福的小世界的

1 Wuthenow 1966，83。

2 Pott 1992，25。

关联：

> 没有人为此感到惊讶：……在牧歌式滑稽故事王国和牧羊人的小世界里。在最狭小的花坛里要种一棵郁金香，它将绽放花朵的花茎铺展到整个花园。人们可以从窗户探出头，恰似在辽阔的森林和天空中，尽情呼吸快乐的人生气息。人的精神本身，连同其一切有限的苍穹空间，置入五英尺高的躯体中，带着皮肤和……唾液与发囊，只需打开具有五个感官接触点的五扇狭窄的世界窗户，为了那个庞大的、圆眼睛的和圆太阳的宇宙。（I/6，1061）

《武茨》是该体裁的早期作品。貌似单纯的武茨也有虚荣心。他绝非可爱的愚人，而是靠智慧克服生活中的困难。在他试图改变现实的过程中，明显的迂腐与无碍的狡黠与他为伴。该作的主题并非快乐如何升级，而是武茨的忍耐力如何与日俱增。它隐匿地描述痛苦，并在可爱的表面下蕴藏许多讽刺与批评。《武茨》展现如下特征："讽刺地抱怨，描绘崇高的死亡，赞美坚韧不拔的勇敢和生命意志。"[1]

《菲伯尔》的叙事者旨在利用牧歌式滑稽故事戏仿传记文学。菲伯尔善于选择自己喜欢做的事，所以他对其人生很满意。该作颇具现实意义，因为它不再刻画武茨那种纯洁无邪和幸福的主人公。作家主要重述现实的人生状况。

该体裁与动物密不可分，因为让·保尔将该体裁的"主人公构想成动物。"[2] 孩提时有些幼稚的武茨爱摹仿动物："严肃的儿童游戏指模仿成人，扮演商人、士兵和手工业者；而幼稚的游戏指摹仿动物。武茨在游戏时从来都无异于兔子、鸽子或者幼鸽、熊、马甚或马身边的马车。"（I/1，422）作家还比喻武茨为给幼鸟筑巢的燕子和被包裹在两个贝壳中间的甲壳类动物（I/1，435）。武茨在学校的学习被描绘成"变为蛹"（I/1，428）。他放学后仿佛"化蛹为蝶，来到户外，"获得自由。他有时像动物一样对待世界，例如，在他准备人生最幸福的婚礼时：他努力"吃光一分钟又一分钟。"（I/1，435）"他是蚋一样微笑的、小步快跑的、搓

1　Wuthenow 1966，89。

2　Simon 2009，66。

着手的东西”（I/1，443）。他的头发就像松鼠的尾巴一样，向上竖着（I/1，448）。“武茨”这个名字在上弗兰克方言中指“猪”。

作家在《菲克斯莱恩》中用经风雨的鸟比喻人追求幸福的状态：“人会变成一只鸟，它并非在呼啸的、被暴风雨来回抽打弯曲的生命之树摇曳的树枝之间，而是在生命之树的一片树叶上筑巢，使自己温暖。”（I/4，12）《彗星》中尼考劳斯的父亲被比喻为猴子、蝙蝠、勤奋的蜜蜂（I/6，575）、吃蝴蝶的青蛙和甲虫（I/6，576）。尼考劳斯扑粉后也愿意变成蛹、演员、作家和圣者，最后希望成为拥有锦绣前程的鹌鹑。

在《黑斯佩鲁斯》中，乡村牧师艾曼所在的圣吕纳发生的牧歌式的滑稽故事，填补了宫廷生活与浪漫世界迈恩峡谷之间的空缺。迈恩峡谷的激情象征最低的世界，伴有滑稽和庸常特征。圣吕纳是积极意义上的现世，没有过度夸张和扭曲。所有活动都始于且回到这个平静的端点：“只有在这里，幽默与爱才融为一体”[1]。

善良的艾曼是该体裁的核心人物。他经历了很多人生变故，最后沉浸于花园这个自己的小世界中。作家以细节突出该滑稽人物，创造性地消除所有悲剧性的幽默，提升渺小和细微至崇高。他又使崇高和强大变得微不足道而可笑，旨在将情志提高到纯粹明快的高度。让·保尔演绎幽默的方式是：统一人物的对立特征，结合粗糙的外壳与最细腻纯粹的内心性。艾曼嘲笑自己和牧师职务，戏谑神与世界时毫无玩世不恭的态度。他在可笑中掩饰自己的一切感动和情感深度。艾曼有牧歌式滑稽故事特有的幽默，是契合田园风光幻境的幽默人物。

2.7 让·保尔探究的长篇小说风格

他以撰写长篇小说著称，还探究长篇小说的风格。其长篇小说分两组：第一组是牧歌式的滑稽故事，在其中“他和蔼可亲地沉入简朴的、小市民的生存状态，沉入没有奢求、但内心纯朴的人生的喜怒哀乐。”第二组是大部头的长篇小说，他在其中“果敢地冲向高处，为了思索人生的各种谜，彻底探究‘崇高的’心灵的秘密。”他的情感“升华到喜欢流泪的感动，还常突然变成喜欢攻击的批评和

1 Berger 1939，340。

游戏性质的诙谐。他从‘感动的蒸气浴’跳入‘讽刺的冷水浴’中。”[1]

他不断总结创作长篇小说的经验。在《菲克斯莱恩》前面的《致我朋友们的一封信》中，他结合长篇小说创作的三条路说明幽默与视角转换的关系：“第一条路伸向高空：如此远远超越人生的浮云，以至于人们从远处就眺望那有狼窝、尸骨存放所和避雷针的全部外在世界，仿佛看到微缩的儿童花园在自己脚下”。第一条路以俯视法演绎崇高，充满热情。“第二条路”“向下坠入小花园，”使人们看到鸟巢和谷穗等细小的东西。这仿佛用组合的显微镜观察小人物滑稽和田园诗般的人生苦乐，因为“使人们快乐的恰恰是小幸运而非大幸运。”（I/4，12）第二个途径采取仰视的视角，那是牧歌式的滑稽故事。“第三条路”是幽默的途径，该幽默途径在以上两种途径中变换更迭。幽默是“最难也最聪明的，它与另外两条路更换。”幽默是“半讽刺、半哲学的”风格（I/4，13）。菲克斯莱恩应作为第二种途径的典范服务。其人生应彰显“重视细小的、感官的快乐”理念，甚至“视之比宏大的快乐更崇高”（I/4，13）。

他还在《美学预备学校》中将长篇小说分成三类即三个学派：

“意大利学派的长篇小说构成第一类。”在这类长篇小说中，“人物及其关系与作家的基调和提升融为一体。”“作家可以超越其崇高”（I/5，253）。属于此类的小说有：歌德的《少年维特的烦恼》、席勒的《能见鬼神者》（*Der Geisterseher*）、卢梭的《新爱洛漪丝》、海因泽（Wilhelm Heinse，1746–1803）的《阿尔丁海洛与幸福岛》（*Ardinghello und die glückseligen Inseln*，1785）、维兰德的《阿伽通的故事》和让·保尔的《泰坦神》。在这类长篇小说中，“更高的基调要求并选择升华，超越普通平庸的生活低谷，即要求并选择更高阶层的更大自由和普适性，较少个性化。”（I/5，254）

第二类长篇小说是“德意志学派的，比第三类长篇小说更难地制作浪漫而神圣的精神。”他将《齐本凯斯》和《少不更事的岁月》以及菲尔丁、斯特恩和歌德的部分作品归入此类小说。他尤重申德国学派小说的居中特征：作家“既不向上拔高、也不向下贬低主人公，”他“给浪漫苍穹的晚霞抹上市民的日常特征，

1　Grabert/Mulot 1968，235。

给它染上绚丽的颜色。德国学派的长篇小说的主人公恰好在两个等级中间，既无意大利学派小说人物的高贵，又无与之相反的荷兰派小说严肃的降驾屈尊姿态。”（I/5，255）

“第三类是荷兰学派的长篇小说”，他将《武茨》、《菲克斯莱恩》和《菲伯尔》以及斯摩莱特和斯特恩的部分作品归入此类小说。他强调，“高和低是作家的双翼。”（I/5，254）

他也清楚，不应刻板僵化地看待这三种类型小说的划分。意大利学派小说也会有荷兰学派小说的特征，比如，描写崇高人物的意大利学派长篇小说“可能会与可笑的人物和解”。但这时并非作家而是人物“说出滑稽特征。”（I/5，256）

《世界文学词典》颇全面客观地评价让·保尔的长篇小说融合幽默、讽刺、重感、丰富想象和离题等叙事特色：

> 其小说叙述技巧的独特成分建立在观念性与现实性的差异基础上，旨在有利于强调心灵状况而忽略外在情节。这些独特成分是乐天虚构的想象，偏爱怪异、怪诞、滑稽和极端的人物：罕见的乖僻者、特殊人物、破碎的而牧歌式滑稽故事的狂热者和断念者。其可亲的幽默后来涉及人类生存的有限性时有笑中带泪的悲剧特征。他常在多愁善感与讽刺之间变换，与语言、构思和形式的可能性自由游戏，一直到离题、离题的顺便说明、插入、中间插入或前后插入讲话。他根据其广泛的便条目录和讽刺的脚注游戏书写大篇幅的说教。[1]

让·保尔构建诗艺王国的重要手法是大量运用比喻。他在《美学预备学校》中定义“比喻”为“使自然变成语言人”，且有义务“将精神变成面包”（I/5，168），“使肉体变成灵魂，或者使精神变成肉体。”“形象的诙谐”最初未分离的双重运行方法作为构成比喻的能力以此为目标（I/5，170）。

在《菲克斯莱恩》相对独立的短文《论想象力的自然魔力》（*Über die natürliche Magie der Einbildungskraft*）中，他阐明“比喻”概念：

1　Wilpert 2004，306。

> 作家通过比喻，使肉体成为某种精神的躯壳（比如科学的繁荣，用鲜花盛开比喻繁荣）。这样，他就迫使我们，比在植物学中更清楚地看懂“物体，肉体”，即这里的“鲜花盛开”。他反过来又借助比喻，通过精神，给予肉体更高色彩。同样，他也借助拟人化，通过肉体，赋予精神更高色彩。（I/4，189）

从《看不见的共济会》到《彗星》，其长篇小说延续并在“不断强化的叙事主观性方面”超越“启蒙讽刺作家的书写”。叙事的主观性亲近“斯威夫特讽刺挖苦性的幽默”和“斯特恩笔下丧失信任的离题。”他始终宣称“书写在道德上有责任意识的、实质性的严肃，该书写想努力追求对更高的理性和不朽的信念。”[1]

其文学书写始于讽刺作品。而长篇小说才允许他为启蒙理性的文化内涵增添重感色彩，并勾勒用高度诗艺的语言书写的动人故事。这些故事有斯特恩的《感伤之旅》的痕迹。可见，他以英国前辈的经典感伤作品为典范。但他善于结合感伤性与写实手法。他在叙事时还常渲染死亡的此在性。

倘若用古典文学的质朴和完整性衡量，他这种书写会被诟病为“毫无形式”可言，增加阅读的疲惫感。该偏见也影响后世对他的评价。其实，《美学预备学校》和其他文学作品都表明，他有很高的形式意识。而其长篇小说的前言完美地表达其写作打算。他对梦境的描绘完美地刻画他想象中生与死的澄明幻境。这些前言和梦境更适合我们研究其形式意识。其作品中形式结构和轮廓的纯洁都无与伦比。长篇小说这种形式有愚人的自由。它是特权，可补偿不适合诗艺的体裁类别的内容。在《准则与反思》中，歌德称该自由为确定原则：“长篇小说是主观的史诗，作家在其中可以请求，允许按照自己的方式演绎世界。但问题是，作家是否掌握其方法，一旦掌握，其他问题就迎刃而解了。”[2]

让·保尔的长篇小说广受读者青睐。这表明，其长篇小说并未给读者陌生感，因为自斯特恩的小说问世以来，读者就清楚，主观演绎世界的方法有很大空间和可能性。与重感文学相关，只要作家不超越读者能容忍的界限，就掌握很大

1　Detering 2013，263–264。

2　Goethe 1993，16。

随意性。

他从不采用线性叙事。常出现的离题使小说的情节走势偏离方向。而所有离题和自我反思内容都“以幽默为媒介”，彼此联系。这种幽默想与人生世界中的缺陷和解，而不是像弗·施莱格尔的反讽那样将自己绝对化。他在《美学预备学校》中界定幽默的特征：

> 幽默作为崇高的反面，并不否认单个事物，而是通过与理念的反差否认有限。对于幽默而言，并不存在单个的愚蠢和单个的愚人，而只有愚蠢和疯癫的世界。有别于运用旁敲侧击的一般开玩笑者，幽默并不突出个别的愚蠢，而是贬低伟大。但与戏仿不同，幽默旨在为伟大提高渺小。与反讽不同，幽默旨在将伟大置于渺小旁边，然后否定二者，因为万物在无限面前平等，且为无。（I/5，125）

叙事者反复中断所叙之事。幽默在其中作为主观性的原则表达自身。黑格尔在《美学讲座》（*Vorlesungen über die Ästhetik*）中准确概括让·保尔长篇小说的幽默特征：“故事、各种状况的内容和运行都是兴趣点最少的。重要的一直是幽默的上下关联。幽默使用每个内容，仅仅为了通过内容发挥幽默的主观机智的作用。”[1] 让·保尔视长篇小说为“唯一被允许的诗艺的散文，”（I/5，249）并充分利用多种可能性。

幽默长篇小说是现代浪漫文学的最高体裁。在这新时代的体裁中，内心建构自我，解决与平庸的外在世界的矛盾。让·保尔从艺术哲学的角度提升其诗艺活动的价值，使之雅化。其幽默概念的范围很广：从人类学方面看，幽默针对人类创造；从历史哲学角度看，幽默针对人类创造在现代的尖锐化。但幽默在有限的微不足道中总预感无限。

1 Hegel 1986，230。

第3章

让·保尔实用幽默写作指导著作《美学预备学校》中的幽默诗学

《美学预备学校》主要探讨幽默的写作方法，并非以美学理论为核心。但他探讨的幽默并不囿于诗学，还涉及道德、美学、哲学、人类学甚至生理学等领域。他将道德、生理和哲学种类的基本观点纳入幽默概念的内涵中，以此将“幽默”的范畴理想化。其兴趣点建立在此基础上：为混合讽刺与幽默等文体风格和百科全书式的写作方法辩解，尽管其关于幽默的论述引起美学界对幽默概念的持久关注。总之，该著是关于写作方法的实用诗学指导。

他采用归纳法探究美学从未涉足的“幽默”问题，堪称“不受时代约束的幽默理论家”。他论述“幽默”概念的意义在于使得源自英国的“幽默概念在德国流行”[1]。

3.1 《美学预备学校》的核心内容

1800年前后，弗·施莱格尔提出浪漫的反讽概念，“这使让·保尔感觉受到挑战”[2]，决定继续探究幽默主题。早在头脑中酝酿的幽默理论著作应运而生。

1803年10月23日，他写完《少不更事的岁月》第三部，幽默的写作风格趋于成熟。31日，他开始从诗学角度酝酿幽默，撰写《纲领或美学研究》

1 Proß 1975，95。

2 Pfotenhauer 2013，277。

（*Programme oder ästhetische Untersuchungen*），后更名为《美学预备学校》。1804年1月31日，其颇成功的诗学著作《美学预备学校，连同一些在莱比锡做的关于时代派别的学术讲座》（*Vorschule der Ästhetik, nebst einigen Vorlesungen in Leipzig über die Parteien der Zeit*）付梓出版。"预备学校"（Vorschule）应表达"预料性、概论性"的特点。他用典型的比喻撰写该著，充满独特的诙谐。它涉及的美学领域不多，更多涉及诗学领域，且用松散、并不系统的系列组合而成。它注重写作实际，梳理文学创作技巧、体裁类别和诗艺的类型范畴。

该著分三部。第一部探究诗艺、想象、"天才"、古典文学与浪漫文学诗艺的区别。它在梳理文学上的"幽默"和"幽默的诗艺"中达到顶峰，出色地确定幽默的本质。在确定幽默的诗艺方面，让·保尔无疑是有天职使命意识的作家。第一部有八章："论诗艺"、"诗艺力量的阶段"、"论天才"、"论希腊或形象的诗艺"、"论浪漫的诗艺"、"论可笑（Über das Lächerliche）"、"论幽默的诗艺"、"论叙事"以及"戏剧和抒情的幽默"。第二部探究诙谐、文学的体裁类别和文体风格，并以论述长篇小说的理论为特点。他从理论和历史角度阐释长篇小说理论，描述自己作为作家的本质特征，以加强论证。其论述长篇小说的某些段落瞄准他将要实现的目标。其实，它并非理解其长篇小说意图的关键。他创作很多部长篇小说后，将之阐释为由精神承载的文本。而在其叙事实践中，"这两方面的特点都始终处于二元对立中：讽刺与滑稽以及重感与关联来世。"[1]

该著分七章探究不同文学形式、范畴（诙谐、幽默、寓言、人物、叙事与戏剧体裁）和文体风格。它还论述行业规则、诗人的素材和语言："论诙谐""论人物""戏剧与史诗的历史寓言""论长篇小说""论抒情诗""论文体风格或描述""关于德语语言的残篇"。第三部包含三个用幽默笔调撰写的学术讲座："致文体学家""致诗人""致诗艺的诗艺"。

第一章论述诗艺时主要指出诗艺的两个极端倾向：某些浪漫派作家纯粹强调诗艺，却鄙视现实的"诗艺的虚无主义者"和盖勒特代表的单纯模仿现实的"诗艺的物质主义者"（I/5，30）。他主张，诗艺的运行应避免这两种极端。他以莎士

1　Pfotenhauer 2013，55。

比亚、塞万提斯和歌德为正面典范。诗艺应建立在无限和真实这两个对立概念真挚地相互渗透的基础上。他形象地区分两个极端的诗艺倾向：

> 虚无主义者缺乏素材，因而缺乏被赋予生命的形式；物质主义者缺乏被赋予生命的素材，因而缺乏形式。简言之，这二者都在非诗艺这一点上交叠。物质主义者拥有泥土块儿，却不能给它吹入生动的灵魂，因为它只是泥土块儿，而不是肉体；虚无主义者想赋予生命地吹气，可他们甚至连泥土块儿都没有。（I/5，43）

他对比这两种极端倾向："倘若虚无主义者的特殊性显现在普遍性中，而物质主义者让普遍性石化并僵化于特殊性中，生动的诗艺就必须理解并实现二者的统一。"（I/5，46）

该著的特点是，让·保尔不断跨越国界和时代地评述英法德和古希腊的作家前辈，阐明他对诗艺和诗学的理解。这颇有文学史论的气象，耐人寻味，富有启迪：

> 里希滕贝格在散文上是英国和德国之间的关联人物。蒲柏是伦敦和巴黎之间横向的小巷。相反，伏尔泰在更高意义上联系这两座城市。席勒即便不是英国和德国诗艺之间的和弦，也是主导音。席勒在整体上是增强版的、神化的扬，偏重哲学和戏剧。……蒂克是古代德国和现今德国优秀的巴洛克式花朵融合者，他更多与天才的接受者而非给予者有亲缘关系。维兰德是一棵橘子树，绽放法国的花朵，结下德国的果实。歌德的参天大树在德国生根，却将枝头绽放花朵的树盖沉降到希腊的气候中。赫尔德是东方和希腊之间绚丽鲜花怒放的峡谷。（I/5，55）

他对幽默的界定构成《美学预备学校》独特的闪光点。他在有限和无限的辩证关系基础上界定幽默。幽默是"崇高的反面"，幽默就像在哈哈镜中一样，将有限性置入"与理念的反差"中：倘若人"从超自然的世界俯瞰尘世，尘世就渺小而虚荣地飘忽而过。倘若人就像幽默一样，用小世界测量并联系无限的世界，就产生那种大笑。在大笑中还隐藏痛苦和伟大。"（I/5，129）

他概括诗艺的最高目的以及诗艺与神性的密切联系：诗艺"只能与尘世游戏，

而不能与神性游戏。”诗艺“应破解真实，即肯定有神性意识的真实”。“一切神性只有通过与真实易位，就像雨从天空降到大地上一样，才会对我们而言是明亮和清爽的”。“于诗人和天使而言，对神性的认识必须是清晨的第一个认识”，因为“世界源于神，而非神来自世界”。（I/5，447）他强调高于生活的诗艺之神性，这反映让·保尔对诗艺运行的独到见解。

他 1813 年修订该著时适当补充了一些内容，评价尼考莱代表的启蒙老学派与弗·施莱格尔代表的浪漫派新学派时稍微倾向前者。但该作在总体上发展了与施氏一致的诗艺观。

1825 年，让·保尔新补充的《关于美学预备学校的小型后期学校》（*Kleine Nachschule zur ästhetischen Vorschule*）也有 15 章。它在章节标题上与《美学预备学校》一致，但内容较少，有补遗性质。它遵循《美学预备学校》的结构，但以更恰当的态度针对想象。

总之，让·保尔依据文学创作实践撰写的著作《美学预备学校》是“论述艺术创作和创造性诗艺的心理学，”是“诗艺意识的形态学”[1]。其创新性在于，在他以前，“从未有作家考虑过，视文学创作的心理为美学‘预备学校’。”[2] 作为诗学普及实用书，它在文学史书写、传记学和文学学科内得到充分尊重。

3.2　让·保尔对幽默发展的意义和影响

在欧洲幽默发展史上，让·保尔对幽默概念和幽默理论的发展厥功至伟。他“对幽默概念的历史有核心意义，”他“系统地发展和总结”“幽默的基本概念和特点”[3]。鲁根施泰因（Rugenstein）明确指出他在幽默发展方面的里程碑意义，称他“作为实践的幽默作家和沉思的哲学家”，呈献“首次被撰文论述的、为所有后来该题目探究指明方向的幽默理论。”[4] 让·保尔对幽默的定义在今天依然可被视

1　Langner 2013，350。
2　同上书，348。
3　Schütz 1957，229。
4　Rugenstein 2014，28。

为最根本的和最恰当的。

巴斯克（Baske）赞誉他是“德国最伟大的幽默作家”[1]，称他结合“思想的深邃、情感的神圣同里希特式的普罗米修斯力量。他也在其诗艺的哥伦布式航行中宣告新的神奇世界。”“更伟大和更美的事物要求在我们诗艺王国中的渴望。”让·保尔是幽默世界观“最纯洁和最伟大的代表与宣告者。”[2]

贝伦特 1909 年出版论述《美学预备学校》的重要著作，引导研究界最终认可其价值。他重申，让·保尔“赋予‘幽默’范畴全新意义，”他促进幽默概念“自产生以来逐渐的、持续不断的高贵化。”[3] 米勒（Josef Müller）指出其划时代意义：自让·保尔以来，“人们表达和追问幽默，视幽默为艺术现象和审美现象。”[4] 霍伊尔哈默（Hörhammer）认为，“从时间和等级方面看，让·保尔的思考在幽默理论中都首屈一指。”尽管该著“在概念上前后不一致，”但它对“理论的形成具有划时代意义。”[5]

普朗克（Karl Theodor Planck）认为，让·保尔的幽默是契合各种状况的恰当形式。后者描述幽默时，以下内容与“知识、情感和想象活动”具有普遍意义的“徜徉”形成鲜明对照：“政治和社会状况的狭隘特性与市侩特征、我们更古老的行业状况受限制和腐朽的特征”[6]。浪漫派作家在艺术中人为演绎的神话背离市民和民族状况。让·保尔却坚持内心性和不尽如人意的现今之间的分裂[7]。他据此将新生活、真实、美德和现实纳入诗艺中。

诺奖得主伯尔（Heinrich Böll）强调文学中幽默与弘扬人性的关系：“只要文学中还存在对幽默的辩解，其人性就存在于此：描写社会糟糕地演绎的事物在崇高中的状态。德国幽默与欧洲幽默的差别源于让·保尔与威廉·布什的差别。”[8]“崇

1　Baske 1887，3。

2　同上书，5。

3　Berend 1909，230。

4　Müller 1896，3。

5　Hörhammer 2001，72。

6　Planck 1867，14。

7　同上书，83–84。

8　Böll 1968，115。

高是非社会的。肯定有一种幽默认为，崇高是崇高的。”[1] 精神分析学家弗洛伊德在《诙谐及其与潜意识的关系》中常提及并引用让·保尔在《美学预备学校》中对诙谐（Witz）和幽默的论述[2]。

有别于大多读者对《美学预备学校》的积极评价，浪漫派作家蒂克 1816 年 7 月 29 日致信索尔格时指责该作乃“手工业者为自己干的活计辩解，抑或毋宁说它提供一份食谱，为了让人们事后也写一些让·保尔的书。”[3] 蒂克以歌德为评价标准衡量它。其不恰当的指责道出阐释界和批评界极易陷入的危险：视它为哲学和美学方面的纲领性著作，并视之为衡量让·保尔文学创作实践的诗学标准，用它衡量、指责或挽救其文学作品。人们过度解读它，却错过让·保尔当时的诗艺实践。直到 20 世纪 60 年代，仍有人在学术成果中引用蒂克的苛责，其评价使该著大多内容“失效。”[4] 他们显然未洞悉这部论及幽默的诗学著作的真正价值。

其实，让·保尔在推动幽默和美学发展上影响非凡。《美学预备学校》和幽默概念在 19 世纪尤其启迪青年德意志作家鲁格（Arnold Ruge）和文化哲学家兼作家菲舍尔（Friedrich Theodor Vischer）。他们沿着让·保尔的足迹，“宣布滑稽与幽默为现代艺术的最高价值”。同时，他们“批评让·保尔的主观性，认为它摧毁全部客观，因此没有能力达到真正的美。”由该著产生的“滑稽与幽默导致美的回归，并应引向后浪漫派的、客观的艺术形式。”[5]

鲁格 1837 年撰写著作《新的美学预备学校——带滑稽附录的滑稽》（*Neue Vorschule der Ästhetik______Das Komische mit einem komischen Anhange*）。他依据让·保尔的幽默概念，派生现代艺术中重建的美。他想将让·保尔在经验主义和心理学方面论证的“预备学校”变成美的形而上。滑稽作为对理念和自然的传授，变成辩证法的综合。该辩证法以直接的美开始，然后分裂成崇高与丑的对立。鲁格称《美学预备学校》为“美学的转折点”，因为在它问世前，“滑稽

1 Böll 1968，118。

2 Freud 1940，5/7。

3 Sogler 1826，430。

4 Müller 1983，3。

5 Müller 1967，105。

被理解为不完美的现象，只在美学的边缘被尊重，屡遭诋毁”[1]。鲁格由该著引出完美的和解，并努力完善被他奉为楷模的著作，成为在美学方面和解主客体的主要证人。

受该著启发，菲舍尔 1837 年发表首部美学著作《论崇高与滑稽》（*Über das Erhabene und Komische*）。他提出，美是普遍与特殊、个体与观念的传授，幽默若应成为美的艺术，就必须在美学方面和解矛盾。他还诟病让·保尔的幽默缺乏客观性。菲舍尔后来在著作《美学或美的科学》（*Ästhetik oder Wissenschaft des Schönen*）中更深入地探究幽默。他批评让·保尔的诗学著作“鄙视和否认世界”，“要求以不太激进的、和解的态度对待感性世界。”[2] 菲氏强调，让·保尔不能通过和谐的塑造孕育作为和解的艺术的美。他认为，让·保尔是“精神力量的王侯”，其病理学的幽默“没有带来治愈”[3]，因为艺术中的美应发挥治愈和安慰作用。健康的幽默可发挥安慰和治愈作用；病理学的幽默却不能。菲氏本想使该著朝艺术和解方向发展。但 1848 年革命失败使他对市民社会的希望幻灭，他原来的美学愿望也随之幻灭。

3.3 “幽默”概念的定义

在《美学预备学校》中，让·保尔参照浪漫派崇尚的主观性和无限性，定义幽默为“浪漫的滑稽”（romantisches Komisch）（I/5，125）。他首先强调，界定“幽默”概念时与古典文学“形象的诗艺相反”，幽默“赋予浪漫的诗艺以主体的无限性”（I/5，124）。幽默有别于启蒙理性和古典文学都强调的客观世界的“有限性”。他继而借用古老的美学概念“滑稽”（das Komische）阐释较新的美学概念“幽默”：“滑稽不允许任何无限性。理智和客观世界只了解有限性”。幽默“孕育被运用到无限的有限，而不是孕育崇高”，因为“幽默是崇高的反面”（I/5，125）。幽默概念是让·保尔美学的新内容。我们不能称他为浪漫派作家，因为他

1　Ruge 1975，36。

2　参见 Pfotenhauer 2013，280。

3　Vischer 1914，434。

将“滑稽移入定义矩阵中，从而摧毁了浪漫派内在的核心。”[1] 让·保尔由此用幽默概念建立与“浪漫的反讽”的竞争关系，以可信的构想与之分庭抗礼。

“崇高”（Das Erhabene）是西方美学和文学理论的基本范畴。“在启蒙运动和浪漫文学时期，美学与道德特征在崇高概念中被融为一炉。”[2] 这“提供美学，为了道德和政治统治的权力。”[3] 崇高范畴在康德和席勒的美学著作中都很重要。他们认为，崇高最能激发伟大和威力。康德在《判断力批判》中指出，“与崇高相比，其他一切都显得渺小。”[4] 据康德的观点，崇高唤起对理性思维的尊重。从广义上看，在崇高中存在与道德的关系，因为于我们而言，理性思维就是法则。崇高还证明理性对感性的优势。当然，席勒和让·保尔都不接受康德的此番观点。

在让·保尔的幽默理论著作中，崇高概念更多起陪衬作用，旨在更好地阐释幽默：崇高在该著中“被视为陪衬和指向可笑与滑稽的过渡。该陪衬指明有限要素的渺小和对立。”[5]

让·保尔捍卫渺小和弯曲特征，并不害怕可笑：“可笑从来都不愿意进入哲学定义中……只因可笑的感受有诸多形态，而不会存在无形态。在所有感受中，唯独曲线的数量有取之不尽的素材。”（I/5，102）在诗学中，大笑的优势会消解所有英雄史诗的道德崇高感，让·保尔得出结论：“崇高的宿敌是可笑。”（I/5，105）

在该著第 27 章“崇高的理论”中，让·保尔批评康德和席勒对崇高的论述。他指出，创造并确定崇高的绝非理性，感觉和想象并非在崇高面前气馁。创造性的想象力才创造可让崇高显现自身的无限空间：“但大海和高山这种崇高物并非因此而是感官无法理解的，因为它们包括崇高。崇高首先寓于其中；同样的情况适用于随后飞翔的想象。想象事先在其无限的沙漠和以太高空为崇高的金字塔建构无限空间。”（I/5，105）

崇高的含义在于，我们可用崇高的含义描绘想象力、感官的感知、道德理性

1 Simon 2013，247。

2 Pott 1992，17。

3 Grimminger 1986，176。

4 Kant 1914，320。

5 Cambi 2016，19。

和工具理性的接触点。让·保尔认为，可笑就是对崇高的准确补充。这源自他对世界的认知：“宇宙难道不是每秒都被最高和最低的事物相毗邻地填满吗？”“填满星云－睡帽－银河系－马厩灯－夜游者－捣蛋鬼。”（I/5，111）

总之，让·保尔强调可笑、非理性、感性和诙谐等意象，而诙谐又是人性的标准。因此，波特（Pott）认为，该著乃“非纯粹理性批判”，是对康德《纯粹理性批判》的“有益补充”[1]。

但人不应在有限的直观方面停滞不前，不能当市侩庸人，而应将上帝、绝对和超验等无限意象纳入思考。人应有幽默，即崇高的反面。他这样界定浪漫的诗艺：“浪漫是无界限的美，或美的无限，正如有崇高的无限一样。”他认为，浪漫并非指文学史流派：“我们可以声称，每个世纪都有不同的浪漫特征。”因此，在荷马作品中，我们会发现“浪漫的地方。朱庇特站在奥林匹斯山上，同时纵览并俯瞰阳光下特洛伊战斗的、不安的平原以及远方阿卡狄亚般的高山牧场和格外宁静的人们。”（I/5，88）“朱庇特”指在叙事中有上帝般全知全能视角的让·保尔。

面对有限与无限的关系时，让·保尔有别于席勒和弗·施莱格尔。他并非让最渺小在最伟大面前缄默不语。在《齐本凯斯》中，渺小和伟大就像人类自我与上帝一样彼此关照：“在云彩上面的高空有光辉，这就是上帝。在云彩下面的低处有亮点，这是人类的自我。”（I/2，437）浪漫的诗艺由灵与肉的关系发展成有限与无限的关系。

浪漫的诗艺是创造性想象力的魔幻产物。其发挥空间是主体的无限性。因为现实与理性表达的理念世界之间有无限的反差，所以在人看来，理念世界显得崇高、无法企及而可怕。崇高是被具体想象的无限，自身是悖论，是描述的譬喻或象征。

人无法描述和想象无限性，最后只能关涉有限。人将直观有限的内容插入无限的理念中，或将感性具体的内容插入一个或多个理念。无限的理念一旦被插入某种感性、具体的单个内容，就展示幽默的运行方式。“幽默是被运用到无限的

1　Pott 1992，19。

有限”（I/5，125）。因为始终存在有限与无限、人与神、人与自然以及人与绝对理性的反差，所以人将神、自然和理性变得有限，使之变成人[1]。人保留无限反差的意识。让·保尔形象地表达此道理：“所有天堂的神性都通过与现实交换得来，就像天空的雨降落到地面时我们才感觉清新一样。”（I/5，447）

幽默是人类的一种生活方式，它将人性特征嵌入神性特征下面。这种诗艺描写“神性世界真正被颠倒的世界。”（I/5，130）在运用幽默的有限性中，人类彩色而弯曲的世界对抗理性理念，宣称自身地位。这并非导致非理性主义或否定理性。只是不可撼动的启蒙理念被削掉了尖部。它们应是善而非绝对。人应尊重道德法则，而非僵死在崇高的伟大中。有个性的人也非绝对理性的。纯粹理性观念是抽象。“对于幽默之变形的感性风格而言”，抽象并非被个性化和普遍化到最小的对象，就像伟大的典范斯特恩的《项狄传》展示的那样：“《项狄传》中所有可笑大多是微观的，都是人类本质的可笑性，并非偶然个性的可笑性。”（I/5，139）幽默作为诗艺的运行方式联合普遍人性与个性。

让·保尔在《后期学校》第七节中论述“幽默的文学艺术”，阐明“幽默的价值”：“幽默是贯穿整体的精神。它隐匿地赋予整体灵魂。”“作为真正的文学艺术，幽默向人们保证自由放松。”（I/5，469）让·保尔联系幽默与长篇小说：“浪漫的幽默不仅与长篇小说有亲缘关系，还是长篇小说的本质、意识形态和诗学的动机。”[2]

让·保尔定义和拓展幽默概念时，现代浪漫的、植根于基督教二元对立的世界图景取代古希腊的世界观：“幽默完全是浪漫文学的孩子，他对幽默的主观主义的理由阐释散见于《美学预备学校》中。”[3]

让·保尔的反讽概念主要因为缺乏渐进性瞬间而与弗·施莱格尔的反讽概念迥异。在界定反讽时，让·保尔采用“持存”（Halte）原则；而施氏恪守“超越升华”（Erhebung über Erhebung）的原则[4]。让·保尔的反讽概念果断地将叙事

1 Pott 1992，22。

2 Cambi 2016，18。

3 Krumme/Lindner 1970，72。

4 Strohschneider-Kohrs 1960，147–154。

的客观性原则转化成这种特殊情况：作家为其对象选择“狭隘的”和“愚蠢的”特征。反讽作家与叙事作家一样，也持存克己：他掩饰关于其人物愚蠢的更高意识，并满足于“在愚人的冷酷小说中”“成为可笑客体的纯粹代表。”客观的反差“会被前置”；主观的反差会“被掩饰”（I/5，147）。浪漫的反讽无疑具有主观性，让・保尔因与施氏竞争而别出心裁地强调反讽是客体的代表，以突出自己的创新性。

让・保尔描写两种幽默的叙事，通过挑明两种运行方式：第一，幽默“贬低伟大”，“旨在将渺小放置在崇高旁边”。第二，“幽默提高渺小”，“旨在将崇高放置在渺小旁边”。与反讽不同，这否定了双方，因为在无限面前，一切都是“虚无”（I/5，112）。

总之，让・保尔幽默概念的使用范围很广：幽默“在人类学方面针对人类的创造。从历史哲学角度看，幽默针对人类的创造在现代的尖锐化”。该著的不足在于，缺乏“概念的明晰和对各层次问题的系统梳理。”[1]

3.4　辨析“幽默”、“滑稽”和“反讽”的共性与差异

亚里士多德的著作《修辞术》（*Rhetorik*）和《论诗》（*Poetik*）都论及“滑稽”，但并未提及幽默，因为“幽默并非古希腊哲学探讨的问题。”幽默成为“滑稽的属概念，”也成为“所有引人发笑的手段的种概念。”[2]让・保尔在诗学内将幽默定义为“浪漫的滑稽”。幽默就成为“滑稽这个种概念的一类，它通过浪漫的特征有别于滑稽的其他成分，如诙谐或嘲讽。”[3]幽默是新发现的、朦胧的、尚待研究的类别。

在《美学预备学校》第 6 章“论可笑”中，让・保尔论述“滑稽”从古希腊到康德和席勒的哲学传统。他坦言，定义“滑稽”确有难度。自亚氏的标准定义以来，“滑稽”一直是哲学的普遍财富。“滑稽”又常等同于“可笑”。在该著的

1　Pfotenhauer 2013，278–279。

2　Rugenstein 2014，31。

3　同上，33。

某些段落中，二者被视为可互换。滑稽与“引人发笑的特点密不可分，也以此为特征。”[1]

亚氏在《论诗》中论述“可笑”即“滑稽”，精辟地指出“滑稽”的特征：

喜剧是对卑劣人物的模仿，但“卑劣”绝非意味着绝对的“恶”，而是指滑稽，滑稽属于丑的一类。滑稽指某种不引起痛苦和灾难的错误或丑陋，直接可以找到的事例即引人发笑的假面具，它既丑陋不堪，又扭曲变形，但不引起痛苦。[2]

综上，“幽默”与“滑稽”这两个美学概念的区别有三。第一，在产生时间上有先后之分。第二，有种属之别，幽默晚于滑稽，是滑稽的属概念。第三，它们用以衡量具体事物的标准不同：“滑稽用具体而有限的观点，衡量具体而有限的行为”；相反，“幽默用观念之无限巨大的标准，衡量具体而有限的事物。”[3]让·保尔认为，滑稽存在于“有限与无限的反差中。”因此，滑稽“永远是精神有限性的后果。”（I/5，124）他认为，无限性的突破标志着滑稽变成浪漫，并因此变成幽默。他考虑幽默在整个世界内在联系中的地位。他在普遍性的前提下论述幽默，考虑主体结构的普遍性的不足；滑稽只考虑具体的、单个视角的缺陷。在滑稽中，自我尝试处于陌生的位置；而在幽默中，事件直接涉及自我。

在该著第 6 章第 29 节“反讽与滑稽的差别”中，让·保尔区分“反讽”与“滑稽”：首先，在运用手法上，反讽“通过无情”进行，不会引人发笑；相反，滑稽“略施小计，用小小的愚蠢进行诗艺的游戏，并使人乐天且自由。”反讽靠无情；滑稽靠愚蠢。其次，从运用目的来看，反讽旨在“嘲讽不道德的方面”；“滑稽”旨在“笑话愚蠢的方面。”（I/5，115）再次，反讽和滑稽的效果不同，反讽的效果小；滑稽的效果大：“反讽的王国作为道德王国的一半，更小些，因为人们不能随意嘲讽；滑稽的王国无限大，同理智和有限的王国一样大，因为任何主观的反差都可以被人杜撰到任何程度。”让·保尔继而从文学体裁角度区分二者：“善于写抒情诗的杰出诗人容易是反讽的”；但“出色的叙事者更容易是滑稽的。”

1 Rugenstein 2014，35。

2 Aristoteles 1994，17。亚里士多德 2016，648。

3 Rugenstein 2014，41。

（I/5，116）最后，他从民族性的角度区分。民族性与反讽或滑稽倾向成反比："在幽默和诗艺的滑稽方面，恰恰喜欢揶揄的民族最不能与严肃的英格兰民族抗衡。"（I/5，117）与喜欢揶揄的法国人和意大利人相比，英国、西班牙和德国这些"严肃的民族对滑稽有更高和更真挚的意识。"（I/5，118）因此，"严肃是戏谑的前提"这个准则也适合个人：严肃的拉伯雷、斯威夫特、斯特恩和扬成为"最伟大的滑稽作家。"（I/5，117）

幽默和滑稽的第一个共性是引人发笑（Lachen）；而"反讽"更接近嘲笑（verlachen）。二者的第二个共性在于，它们都是有主观性的美学概念："对每位幽默人物而言，自我都起最重要的作用。""滑稽的浪漫派也是主观性的君主。"（I/5，129）"滑稽与崇高一样，从不寓于客体中，而是寓于主体中"（I/5，110）。在让·保尔的思维实验中，滑稽恰好在不同目光汇集的地方被确立。"滑稽的窍门在于，"将外在视角和内在视角"汇集在独特的反差中。"[1] 让·保尔将"滑稽束缚到视角更迭的机制上"[2]，这是他对滑稽理论的独特贡献。

克鲁莫（Krumme）从启蒙理性的角度分析幽默与反讽的差别："幽默在发笑时终止理性与非理性的对立，从而独具摆脱负担的功能。幽默让市民免除致力追求理性的努力，而过去只有反讽能召唤这种努力。"[3]

海涅在《论浪漫派》中指出，反讽与幽默手法的共性在于，受限于书报审查制度和精神强制，作家只能采用反讽与幽默手法表达心声："那些作家尤其依赖反讽和幽默的形式：他们忍受各种书报审查制度和精神强制之苦，却从来都不能否认其内心想法。"海涅以歌德为例，"歌德从不隐瞒事实"，但他作为国务大臣和廷臣不能直言不讳，故会给事实穿上"幽默和反讽的外衣"[4]。反讽常表现为："风趣地委婉表达和掩饰，激动地突然冒犯，辛辣地挖苦，讽刺地模仿。"[5] 在18—19世纪之交，处于反讽中心的是王侯、廷臣、贵族及其权力。

1　Rugenstein 2014，37。

2　Hörhammer 2001，192–194。

3　Krumme/Lindner 1970，72。

4　Heine 1979，184。

5　Marcus 1919，87。

马尔库斯精辟地辨析让·保尔和海涅运用反讽和幽默手法的共性与差异。共性是："他们在反讽中都主要针对同样的敌人而战：封建专制主义、狂热的虔诚、市侩庸人的市侩作风。"差异在于：让·保尔的反讽"不及海涅尖锐与刻薄"。"让·保尔喜欢用幽默，使残酷的现实变得轻松愉快；而海涅的反讽常具有各种无法比拟的狠毒。"[1]

3.5 幽默的四个组成部分：整体性、否定的或无限的理念、主观性、感性

让·保尔还论述幽默的四个组成部分：整体性（Totalität）、否定的或无限的理念（verneinende oder unendliche Idee）、主观性（Subjektivität）和感性（Sinnlichkeit）。

（1）"整体性"

指从宏观角度看待人类的愚蠢，区分人类整体的愚蠢和个别的愚蠢。这充分体现让·保尔的人文关怀及其幽默的普遍性："不存在个别的愚蠢和傻瓜，而只有愚蠢和愚蠢的世界。"（I/5，125）幽默作家"宁愿保护个别的愚蠢"，因为他更关注人类愚蠢的"普遍性"。他"通过幽默的整体性解释他对个别的愚蠢持有的温和与容忍态度。"（I/5，126）纷繁复杂的现象与幽默的整体性相联系。个别的蠢事"不损害什么。"幽默的整体性可通过局部即单个的人生象征性地得到表达。"人性的愚蠢即普遍性打动幽默的内在性。"（I/5，125）

（2）"否定的或无限的理念"

指幽默要突破有限世界的束缚，飞升到无限世界。让·保尔用蜂虎鸟逆向飞行的比喻说明，幽默以无限世界为归宿："幽默就像蜂虎鸟，它虽然把尾巴翘向天空，但最终还要朝天空飞行。"（I/5，125）

伯伊勒尔（Böhler）颇富启迪地分析，让·保尔用耶稣比喻重感的文学创作，

1 Marcus 1919，108。

与此处的蜂虎鸟相向而行，构成反差。耶稣虽升天，但其终极目标是大地即尘世：升天与圣灵降临。蜂虎鸟的目光朝向地面，却倒飞向天空。倘若我们从审美和艺术理论的角度分析，耶稣升天和蜂虎鸟逆向飞行这两个比喻分别代表幽默、有限与现实主义以及崇高、无限与理想主义：

> 幽默的文体风格作为被运用的有限性，完全转向感性的真实，并用尽可能现实的、几乎显微镜的方式描写真实。这样做的目标却是理想的无限性。崇高的文体风格作为被运用的无限性，完全转向超感性的世界，并用无限的空间和时间的画面与比喻描绘它，却针对作为有限性的现实。幽默是迫切针对理念的现实主义；崇高是寻觅现实的理想主义。[1]

幽默靠矛盾和反差生存，视一切为渺小。幽默作家的创作仿佛在“用小世界测量并联系无限世界”：当人“像幽默那样，用小世界测定并联系无限的世界时，就产生了笑。在笑中还蕴含痛苦和伟大。因此，与现代文学艺术相反，希腊的文学艺术使人乐天。同样，与古老的戏谑相反，幽默有些严肃。”“古代人的人生态度太乐天，导致他们无法幽默地笑对人生。”（I/5，125）让 · 保尔联系幽默同矛盾的人物以及有限与无限的关系。幽默的笑是笑中带泪，苦中作乐。在幽默中，令自我感到痛苦的是自我分裂：“自我将自身置于这种矛盾中……就像在喜剧中那样——将自我分裂成有限的和无限的因素……因此，自我在每个幽默人物那里都扮演第一角色。”（I/5，132）幽默的根本性在于这种普遍机制：变换视角，以便制造反差。在主体确立无限的反差中，有限性的不足清晰可见。让 · 保尔证实，幽默作为“下降的严肃”（I/5，130）脱离了激情的高度。

他在第 22 节中阐明浪漫派文学作品的普遍本质，形象地比喻有限性与无限性的矛盾：“真正浪漫的素材是”，“我们贫乏的有限性与无限性金碧辉煌的大厅和璀璨的星空的关系。”（I/5，88）幽默的基础正是有限与无限的反差。

总之，幽默以有限为特征，它立足有限，却可被运用到无限，追求无限。

1　Böhler 1979，104–105。

（3）“主观性”

18世纪下半叶，“主观”与“客观”、“主观性”与“客观性”等概念作为源自认知理论与美学的术语进入普遍的文学应用中[1]，它们成为德语文学理论的常用语汇。

让·保尔以古典文学的客观性为参照系，指出幽默亲近浪漫文学的主观性：“正如严肃的浪漫文学一样，滑稽的浪漫文学也——与古典文学的客观性相反——是主观性的君主。”“自我”标志幽默的主观性：“对于每位幽默人物而言，自我都发挥最重要的作用。”（I/5，129）“在幽默中，自我以戏仿的方式出现。”（I/5，132）

该著的主体部分是“主观”和“客观”最重要的运用领域。二者的对立在三种特殊形式中发挥重要作用：第一，分析“可笑内容的组成部分”；第二，划清“情绪”与“反讽”的界限；第三，描写“幽默的主观性”的特点。他独特地借助主观与客观的反差分析滑稽。

他宣布，情绪是主观的；而反讽是客观的（这与“浪漫的反讽”的主观性截然相反）。其理由是，情绪更具主观的抒情诗的特征。他解释，反讽有叙事的体裁特征，它尤回应人类缺陷，因此反讽“参与客观性，它被叙事作家赞美为最高的美德。”[2]

（4）“感性”

感性与滑稽都属于有限世界，它们相辅相成，互为条件：

> 因为，倘若没有感性，就没有滑稽。所以，感性作为被应用的有限性的代表，在幽默上永远都不会变得色彩缤纷。大量的描述，通过诙谐和想象的画面……应该用感性填满心灵，并用狂热奔放的赞歌激发心灵。狂热奔放的赞歌竖立在凹面镜中有棱角的、狭长的、彼此分离的感官世界，来对抗理念。（I/5，139）

幽默竖立在滑稽中扭曲的感官世界，对抗无限的理念。

1　参见 Schulz/Basler 1942，225。

2　Profitlich 1971，66。

3.6 《美学预备学校》中幽默与诗艺和神性的密切关联

让·保尔的幽默诗学接近浪漫文学的主观性。他通过主观演绎幽默，以幽默为媒介，超越有限的客观现实世界，进入将尘世神化的神性与诗艺世界。他使幽默升至形而上的哲学高度。

他称长篇小说为“诗艺的百科全书”，倡导“诗艺的自由”（I/5，249）。在其幽默理论和幽默长篇小说中，幽默、诗艺和神性三者密切相关，因为他主张，“诗艺的最高目标、任务和原则以及渴望诗艺精神的幽默都与神性有内在联系。”[1]在其幽默诗学中，幽默与诗艺和神性相得益彰。他在该著开篇强调诗艺的重要性：“诗艺是当今世界独一无二的第二个世界。”（I/5，30）他还提出“一切都必须是”“幽默的”（I/5，127）这种关于幽默普适性的判断。他最后强调，诗艺的最高目标是，“给予我们所有的现实和我们内心最美的事物永远缺乏的至高”即神性。诗艺将“最神圣的东西从苍穹上拉下来，使之更接近我们”。诗艺游戏的对象不能是神圣事物，而只能是凡尘俗物。它应“辨认并破解”“肯定有神圣含义的现实。”（I/5，447）

幽默与诗艺精神密切相关：幽默“渴望自由，并按哲学方式构成诗艺精神，它带来更高的世界观。”（I/5，146）他指出，德国缺乏幽默作家的真正原因在于缺乏“真正滑稽的、诗艺的精神。”（I/5，136）幽默与诗艺精神的密切关系显而易见。让·保尔的幽默诗学通过幽默联结诗艺与神性，因为其幽默渴望诗艺精神，幽默诗学的最高目标是给予至高即神性。他要靠幽默实现自己崇尚的诗艺精神与神性。因此幽默作家的终极目标是，通过建构幽默世界，接近无限的理念和神性世界。诗艺的作用在于展现神性，让神性贴近现实中的人。

让·保尔在《关于美学预备学校的小型后期学校》第 1 章“论幽默的诗艺”中阐明“幽默的价值”：幽默是“诙谐的真正的诗艺。”幽默是能加强整体凝聚力的精神，“它渗透整体并隐秘地赋予整体以灵魂。该精神不突出单个部分，故不能分阶段地……指明。”“幽默作为真正的诗艺确保给予人们自由释放”。幽默还能有利于让人的心态趋于平和，忘却仇恨和鄙视，增强爱和童心：

1　Zhao 2017，122。

> 放下一本幽默的书，人们不憎恨世界，亦不憎恨自己。孩子们理解滑稽，而不会仇恨或鄙视，是的，也不会减少爱。幽默让我们像孩子一样。……幽默却像远方静静游戏、纯洁无邪的一道闪电一样，并非在我们的头顶上，而是在远方的地平线宣告美好的时日到来。（I/5，469–470）

在让·保尔的幽默诗学中，象征人类青春时光的古希腊人作为有限的精灵早被驱赶到冥界。与崇尚古希腊众神的古典文学的诗艺相反，浪漫派诗学奉基督教为新主宰："全新的诗艺的起源和特征很容易从基督教派生。"（I/5，447）与现代相比，古希腊的形式游戏和美之游戏完全不合时宜："诗艺的游戏只能成为诗艺和我们的工具，永远不会成为终极目标"。古典文学家推崇的"众神""可以游戏"；但浪漫派推崇的"上帝""却是严肃的。"（I/5，444）他认为，古希腊人不会有现代人的滑稽特征。

让·保尔强调无限性和内心性对诗艺精神的重要意义："在外部世界坍塌后，诗艺精神""只剩下内在的世界"，"在诗艺中，无限性的王国在有限性的失火现场上方繁荣。"（I/5.93）总之，他的幽默与诗艺和神性存在密切关联。

在他与荷尔德林的作品中，理性与神性的汇合体现为理性、神性和诗艺的统一。他们认可启蒙理性在战胜封建迷信和启迪心智方面的积极意义，但他们更捍卫神性和诗艺在理性面前的独立性。

让·保尔的诗学以幽默为主。其《美学预备学校》以幽默为核心内容。幽默具有浪漫派特有的主观性，与古典文学崇尚的客观性相悖。幽默身处有限却追求无限，和启蒙理性认同的有限性相反。幽默追求歌德一度竭力反对的内心性和主观性。让·保尔的幽默诗学在美学核心上"是浪漫的诗艺的理论"，主要指"后古希腊的、基督教的艺术"[1]。

让·保尔的幽默诗学是德语文学中的一枝独秀。其幽默渴望诗艺精神，赋予神性，具有形而上的特征，这高度契合荷氏与浪漫派作家崇尚的诗艺理想主义。但其诗艺与早期浪漫派作家的诗艺兼具共性与区别："正如早期浪漫派的诗艺一

1　Pfotenhauer 2013，277。

样，让・保尔的文学创作在费希特批评中赢得哲学基础。然而有别于浪漫派作家的作品，让・保尔的诗艺在既关联世界又失去世界中形成双面特征。”[1]

他以幽默诗学独树一帜，唯因如此，他才没有在歌德和席勒熠熠生辉的巨大光环遮蔽下黯淡无光，而是在 18 世纪德国文学那个群星璀璨的夜空中独放异彩。

1　Hesse S. 2010，15。

第4章

让·保尔的主要幽默叙事作品

4.1 首部长篇小说《看不见的共济会》

4.1.1 《看不见的共济会》的核心内容

让·保尔的首部长篇小说《看不见的共济会，一部传记》(*Die unsichtbare Loge. Eine Biographie*)于1792年出版。1822年，他在第二版前言中提及命名的想法：书名应“说出涉及秘密社团的内容，但该社团长期处于隐匿状态”。小说的副标题为“木乃伊”，指明“凡俗的埃及布道”。他想尝试结合讽刺手法，围绕体现个性特征的人物中心创作。他意欲改变仅秉承启蒙怀疑主义创作抽象的道德教化作品的风格。但该著涉及与政治和宗教的内在联系，导致写作计划失败。

受雅可比信仰哲学启发，让·保尔在哲学上改变激进的启蒙态度，开始真正的诗艺创作。他认为有义务在作品中从哲学和诗学角度反思。因此，叙事者“让·保尔”始终视杜撰乐趣为叙事对象。

他通过大量运用比喻、画面描写和譬喻的丰富作品打造百科全书式庞大的诗艺宇宙。这使其创作打破长篇小说和牧歌式滑稽故事或传记等体裁的传统范式界限，使传记变成“文本传记”(Text-Biographie)。他从充满比喻和反思的讽刺书写过渡到以长篇小说为主的叙事，还以很高的文本复杂性实现过渡。

该小说并非单纯的教育小说，毋宁说，其细节融合了含启蒙思想的国家小说的元素。它主要围绕主人公古斯塔夫的心路历程和人生经历。林务总管克诺伊尔让女儿艾尔奈斯蒂娜出嫁的前提是：她未来的丈夫应在与她对弈时获胜。她母亲还提出奇特要求：她的第一个孩子出生后应在地下洞穴生活八年，由专门教师教

育。最恨下棋的骑兵队长法尔肯贝克偶然赢得棋赛，博得姑娘芳心。他果真专请教育天才在地下洞穴中培养儿子古斯塔夫。受18世纪共济会理念的启发，作家安排主人公八年后加入“共济会”。他想延续共济会强调美德的构想：“将人净化、完美化，使之达到神性的空间。”[1]

主人公走出地下洞穴后在森林中迷路。他偶遇父亲之前的恋人，被她劫持，因他酷似她失踪的儿子桂多。三天后，古斯塔夫又被送到父亲的城堡。一家人在王侯官邸城市谢劳过冬。古斯塔夫师从家庭教师“让·保尔”那里接受艺术教育，还结识同龄朋友阿曼杜斯，最后被送进谢劳附近的少年院，旨在摒弃他迄今接受的多愁善感的教育。廷臣厄伊弗尔先安排其接受军事学科的训练，继而引荐他到谢劳王侯的宫廷。古斯塔夫在此重逢他失踪的“妹妹”比雅塔，她也听过家庭教师“让·保尔”的文学与音乐课。阿曼杜斯也爱上比雅塔，成为古斯塔夫的情敌，后来染病而死。古斯塔夫结识王侯之子奥托马尔，逐渐被牵扯进宫廷生活。比雅塔拒绝王侯的追求；古斯塔夫却未能抵御王侯夫人的色诱。经历很多纠葛后，古斯塔夫与比雅塔在梦幻般的温泉疗养地重逢。古斯塔夫被捕入狱，奥托马尔企图自杀，因为他们与“共济会”的密谋败露，小说于此戛然而止。作家原计划写第三卷，但留存至今的只有其少量笔记和不太可靠的推测。

小说主要发生在三个地方：被讽刺描写的王侯官邸、富有田园气息的法尔肯贝格城堡、天堂乐园般的温泉疗养地。作家融合田园风光、讽刺批评和乌托邦的复杂细节，将世界描写成监狱和迷宫。小说第3～5章描写古斯塔夫在“柏拉图洞穴”中，在浪漫文学和柏拉图的意义上丰富卢梭《爱弥尔》的教育理念。古斯塔夫后来庆祝自己“复活”。此后，他因场所不断切换而摸索前行。奥托马尔经历假死，躺在棺材里又苏醒。作家以此方式“颠覆启蒙过程，而启蒙美学强迫将形式、意义和想象纳入完整的描述”[2]。

让·保尔常将宫廷设定为小说情节发展的重要场所。因为宫廷适合作家演绎所有阴谋算计。它们撕碎人物内心和自身价值的情感。古斯塔夫本恪守

1 Sinn 2007，70。

2 同上书，78。

美德、爱和神性的可能性。但他结识的某些人动摇了其信念。他们不再追寻人生意义，致使“其举止像玩偶和傀儡一样僵硬”[1]，只能在舞台上模仿已陌生的人类情感。

作家将额外文稿《论崇高的人》移入小说，集中描写诗艺共和国的状况和“崇高的人”即被命定为王位继承人、柏拉图式的智者。在柏拉图的教育意义上，自我主宰的人生赋予主人公自我教育的能力，将他培养成“国家舵手”。作家开篇指出，“奥托马尔、古斯塔夫、天才人物即博士（指冯克）都是崇高的人。”“崇高的人”不必循规蹈矩，“毫无偏差”，也不必情感细腻到“摆平一切”，更不必为了“让每个人快乐，却牺牲自己”。他不是“珍惜荣誉者”，亦非“冷酷的、受原则操纵的富有美德者”。作家重申，“崇高的人”并非完美者，而是志存高远的追求崇高理想者。这类人有超越自身不足而升华的特征：他“给所有以上优点再增加尘世罕见的特质：超越尘世地升华。”（I/1，221）他不惧死亡，有远大视野。在《论崇高的人》结尾，让·保尔暗示，“崇高的人”关联柏拉图《国家篇》中的纲领，就是“柏拉图在其共和国中”描写的、“在他内心承载的富有美德者”（I/1，222）。他以此构建具有柏拉图特征的诗艺宇宙。毕达哥拉斯、柏拉图、苏格拉底、莎士比亚和卢梭都是“崇高的人”（I/1，222）。《论崇高的人》是让·保尔后来在《泰坦神》中实施的最完美的内容和纲领，它展现作家解决诗艺形式与政治主题之间矛盾的运行方式。苏格拉底和柏拉图是他描绘“崇高的人”的独特原型。

让·保尔创造错综复杂的话语体系。他具体呈现涉及平庸的政治和社会方面的内容，与他构建的诗艺而丰富的世界构成强烈反差。

他在该著中借鉴前辈作家的创作。叙事者“让·保尔”及其叙事方式流露斯特恩的《项狄传》。卢梭的《爱弥尔》是描述古斯塔夫教育的典范。第二卷描写宫廷尔虞我诈时提及维兰德的《阿伽通的故事》。他描写反对宫廷的秘密社团“看不见的共济会”。小说结尾有些类似维兰德的小说第 9～10 部阿伽通在叙拉库斯插曲的结尾：阿伽通与狄翁一起参与针对罪恶多端的暴君狄奥尼索斯的秘密谋反

1　Sprengel 1977，86。

行动。密谋计划败露后，他们身陷囹圄，靠阿尔希塔斯的外交手段获救。《黑斯佩鲁斯》最初创作时期的名称“阿伽通的目的”也涉及这种秘密谋反活动。

该著还表达尘世生活可消逝、转世重生和复活的观念。与光明现象对立的是坟墓、棺材、洞穴和失明的画面。垂直的空间理念象征沉浮不定的人类生活。作家以该场景展示沉降的普遍含义：在另一军官公开受辱时，古斯塔夫昏厥。这暗示其戎马生涯结束（I/1，202）。古斯塔夫与恋人比雅塔在宫廷时，一些恶势力企图拖垮他们。体验封建宫廷意指经受考验和历练，但宫廷其实并未给他们带来积极的人生体验。其正面教育在公园等自然环境、在爱与友情等内在空间内完成：“因为教育对内在的人的改变程度远不如家庭教师臆断的程度，所以让人感到奇怪的是，在古斯塔夫身上情况恰好相反：其整个生命听起来有超脱凡尘的即在地下洞穴教育的合唱声音。”（I/1，44）

在该小说中，柏拉图的共和国始终是伟大的典范（I/1，210）。在以恶习和普遍腐败为特征的谢劳，主人公无法转世重生，回归美德。其转世重生的思想源自赫尔德，因为后者强调“转世重生”的重要性。“转世重生”指“万物处于永恒循环中，”该“循环消解，然后又重新产生。”[1]

4.1.2 《看不见的共济会》中的幽默

作家设定“让·保尔”为主人公的传记作者和教育者。时年28岁的让·保尔受斯特恩的幽默长篇小说《项狄传》启发，追溯其叙事传统，将文学创作的任务设定为：以写作对抗死亡。其具体手法是，采用倒叙和横生旁枝的离题叙事，尽可能中断叙事的连贯性。

该长篇小说的出发点是：作家依靠有魔力的想象力预料更高的人生。他要在长篇小说中体验在牧歌式的滑稽故事中受局限的人生。小说凸显古斯塔夫和奥托马尔代表的对立。他们作为对立面相互补充：前者仰望苍穹，关照宇宙，崇尚神性；后者俯瞰大地，扎根尘世，关注人生。仰视和俯瞰两种视角构成小说的主体结构。后来《黑斯佩鲁斯》以幽默和解这两个人物代表的对立。

1　Herder 1998，224。

在小说第 5 章，作家描写古斯塔夫具有象征意义的复活。如前所述，古斯塔夫的外婆当年提出特殊要求：作为父母的长子，他在满八岁前要在地下洞穴里接受教育。八岁后，他才能返回尘世生活。该情节设定受卢梭教育理念的启发，想让纯洁无邪的孩童远离堕落的文明世界。但这也切断了古斯塔夫与美、自然和光明的白昼的联系，旨在让他经历幸福的震撼，让美、自然与光明突然渗透到并永远留存在其灵魂中。作家彰显创作原则：展示瞬间而非连续性，展示文学创作的随意性，而非人生和世界的可信性。

古斯塔夫出生八年后才第一次看到白昼之光。他战胜了在地下经历的尘世生存濒临死亡的状态。白昼和生命突然闪耀，时间顺序被打乱。作家很重视这种突然性：它酷似闪电，瞬间从更高的世界渗透到心灵中，然后永久保存。古斯塔夫虔诚地欣赏绚丽缤纷的大自然美景，幸福而喜悦地徜徉于美的世界中。他感觉世界就是天堂："宇宙崇高的灵魂用数千条胳膊拥抱他"（Ⅰ/1，62），"无限的生活包围他"（Ⅰ/1，63）。他急于拥抱充满神性的自然世界："天空开始燃烧，""在大地的边缘横卧着那轮太阳，就像神的王冠，刚从神的御座上掉下来。古斯塔夫喊道：'神在那里'，"（Ⅰ/1，63）然后冲向花海。

单纯的古斯塔夫知道自己来自神性的世界。他在现实世界中无所适从，也不了解真实世界与其内心世界的差异。他在尘世只看到阳光面，却看不到阴暗面。他迫切渴望更高的生活，却无法打碎尘世的束缚。作家诗艺地描写被束缚在洞穴中、渴望拯救的主人公。后者走出洞穴，又返回洞穴。作家以此表达重新演绎柏拉图《理想国》洞穴比喻的新柏拉图思想。

让·保尔善于用光明、眼睛、眼睛受损和痊愈等关联"理性之光"的意象虚构启蒙主题。古斯塔夫八岁后才被赐予光明，与该命运形成反差的是阿曼杜斯失明又复明的经历。后者不幸被魔鬼式的眼科医生致盲，后来，医学顾问冯克博士使他重见光明。

让·保尔还让奥托马尔的假死经历及其死亡渴望与主人公的复活形成对立。奥托马尔是冯克的学生、古斯塔夫的朋友。他经历过荒诞恐怖的假死，又摆脱假死，再度清醒。在小说第 34 章中，他向冯克讲述自己在棺材里接近死亡后又清醒的体验。这构成该小说的语言高潮："我被活埋了。我一直跟死亡讲话。死亡向我保证，除死亡外，没有任何东西。当我从我的棺材里爬出来时，死亡又填埋为棺材挖的全部泥土，包括我在尘世上的些许快乐。”（I/1，303）奥托马尔描写他复活后对生命可消逝性的感受：“无论一分钟将蛲虫的牙齿放到世界，还是一千年将鲨鱼的牙齿放到世界中，都是一回事，世界都会被摧毁。这个地球是虚空的。所有在地球旁穿越天空飞逝、仅在体积上与地球有区别的事物，都是虚空的。”（I/1，309）

奥托马尔致信冯克时声称，他死前会讲出他“在尘世的最后的秘密”（I/1，217）。他在信的结尾表达悲观情绪：在当下不可能“成为高贵勤勉、普遍有用的人。”他因而渴望死亡：“在地球上，再也没有比躺在泥土里更好的事。”（I/1，220）后来他又表示，想走出恍惚，回到光明中。

严肃的奥托马尔几乎缺乏笑的能力。“这使他有别于那些既能看到阴暗面而嘲讽、又能温和地微笑的幽默人物。”[1] 但他至少与幽默人物有密切的亲缘关系。让·保尔认为，奥托马尔抨击宫廷的信中辛辣的讽刺挖苦就是幽默和幽默人物的前提。

古斯塔夫和奥托马尔迥异地体现“断裂的幽默”（der gebrochene Humor）[2] 和难以实现的渴望。这种幽默凸显残酷现实与崇高理想与深邃思想的反差。让·保尔塑造的第一个幽默人物武茨作为整体消解成他们俩。古斯塔夫与武茨一样单纯，但他缺乏武茨的深邃和睿智，因此在现实世界中迷失自我。武茨的乐天性格在“崇高的人”古斯塔夫身上变成悲剧。相反，武茨的处事方式在奥托马尔身上变成绝望的激情。武茨对尘世的不如意熟视无睹；奥托马尔却有意识地经历崩溃。

在《武茨》中，自我救赎是幽默的虚构。对奥托马尔而言，自我救赎也是超越有限世界的界限、自我升华的途径。武茨使人生计划落空；奥托马尔则与命运抗争，通过假死讽刺世界。冯克是让·保尔新塑造的幽默人物，他有武茨乐天的影子，热爱万有的光芒统一在这位大笑的智者身上。这位意义非凡的配角关联并

1　Pfotenhauer 2013，110。

2　Berger 1939，309。

消除了古斯塔夫与奥托马尔的对立。

该小说表现了人物未实现的渴望。源自人物至深绝望的幽默是断裂的，却促成和解。奥托马尔代表最绝望的人。他并非幽默人物，却在假死、蜡像馆和其他不重要的特征中展示断裂的幽默。这些特征非但没有使他摆脱生存恐惧，反而更强化了他诚惶诚恐的心理。为了摆脱自我折磨，他遁入自我欺骗，这使他最终鲁莽地与至高和至圣者游戏，视该游戏为更高的意识，最终失败。其人生的巨大能量只好消弭于欺骗性的虚假世界中。

真正的幽默人物冯克能看破假象，识破幻觉和欺骗，因而是真正的智者。他也看到尘世的琐碎渺小，但他装作把假象当真，幽默否认并嘲笑严肃和悲剧。人生的严肃隐藏在大笑中。超越现实人生的冯克在世人眼里是滑稽的怪人。其幽默正源于能洞悉人的缺陷这种能力。他通过幽默摆脱内心的绝望。乐子越可笑，就越矛盾而荒诞地朝外发挥作用。他甚至视死亡为嘲讽对象。这些消极的嘲讽和挖苦蕴藏更深刻的严肃。嘲讽和挖苦并非自我目的，而是带刺的铠甲，里面包裹着柔软的心。

虽然冯克是奥托马尔的对立面，却与他有亲缘关系。奥托马尔濒临疯癫；冯克却通过幽默克服疯癫。他获悉奥托马尔死讯时情绪波动，这表明，幽默人物冯克是“崇高的人”。就像柏拉图《会饮篇》中的苏格拉底一样，冯克是开怀大笑的哲学家系列中第一位可以通过丑陋的外表被识别的幽默人物。冯克想避免像古斯塔夫和奥托马尔那样通过持久斗争陷入无法得到挽救的危险中。

我们可以归纳三种“崇高的人”：天才、绝望的理想主义者和幽默人物。作为处于核心的幽默人物，冯克介于现实主义与理想主义、崇高的人与更低的生命之间。其幽默的反光投射到凡夫俗子头上。

对于凡俗者而言，幽默没有深度，是表面的滑稽，必须被颠倒成崇高者的反面。例如，霍普蒂策尔教授出于纯粹的恶意和粗俗，允许自己面对同类人做毫无鉴赏力的事。这会产生荒诞而滑稽的效果，与善解人意的冯克细腻而讽刺的方式形成反差。让·保尔使幽默朝最赤裸裸的玩世不恭方向发展，变得平淡无奇。而在奥托马尔身上，幽默又过度转向相反方向。

该小说的突出特点就是黑白对照的描写。幽默的原则被打断，进入极端状态，变成荒诞无意义的滑稽和无法消解的悲剧。他此时笔下的人物还不是栩栩如生的鲜活个体。尽管他们有自己的个性特征，但他们更多典型性地代表让·保尔理解的广泛的人类世界的某些群体特征。这些人物都有范式特点：古斯塔夫游离于想象和感性之间；奥托马尔在天职使命和真正的命运之间摇摆。就连幽默人物冯克都缺乏最后的统一。冯克的幽默并非和谐，而是追求尚未实现的和谐。

让·保尔塑造人物时以身边的朋友为原型。例如，古斯塔夫以朋友厄伊特尔为蓝本。他因与世隔绝而卷入罪责。赫尔曼是奥托马尔和冯克的原型。让·保尔认为，赫尔曼是支离破碎者，体现人生的矛盾。作家要在文学世界中找到对赫尔曼的解读。他将奥托马尔纳入文学创作的整体计划中，让他鲜活地体现世界弊端：它导致朋友自愿死亡。但冯克也有赫尔曼的影子。唯独幽默成为他的朋友赫尔曼与他塑造的人物冯克的区分标志。他通过幽默移开真实的原型，并在所有人物形象中最清晰地揭示作家战胜人生这一艺术意图。

让·保尔认为，幽默与一本正经的严肃格格不入。古斯塔夫曾说："可怜的魔鬼有幽默。"（I/1，123）冯克博士心软乐观，富有美德。只有面对不人道时，他才会产生仇恨情感和辛辣。他有幽默的自由空间，以其特殊方式表达幽默。他宁愿用书面而非口头方式表达柔情。他致信古斯塔夫谈及其养子阿曼杜斯的棺材，表示相信不朽，但其视角非常细微："一朵裂成两半儿的玫瑰，一个满身是眼儿的玩偶，一只蝴蝶把那个玩偶当成一条虫子咬碎，所有这些被画在棺材玩偶上，与其两个原始画面一起被埋到地下。"（I/1，285）冯克害怕表达激昂的情感。这种表达细枝末节的能力从反面证明他没有能力表达严肃问题。冯克懂得幽默的热情："有种诗艺的疯癫，也有斯特恩拥有的幽默的疯癫。但只有具备完美鉴赏力的读者，才不会视最高的紧张为过度。"（I/1，91–92）

幽默人物惩罚一切在有限中自以为是者，搁置他觉得渺小可笑的和被低估的事。他探究世界的方法在于，并非消极地直接鄙视世界，然后退隐到更高的理想空间，而是间接地积极把握世界。该把握可被提升到幽默的疯癫。

幽默具有讽刺的特殊特征。讽刺挖苦与幽默的关系是：讽刺挖苦是幽默人物的工具。幽默人物完全运用所有讽刺手段，反对一切尘世和有限。当然，他也对抗身处有限中的自己。幽默的讽刺通过更接近理智、更多冷静清醒和更大程度的

直接而有别于幽默的热情。

叙事者“让·保尔”在“冯克之书”中解释，冯克的幽默受欢迎的原因在于人性的温暖及其乐观主义的态度：“为什么这本书的绝大多数居民是冯克的朋友？第一，这源自他的内心，除了其心脏的温暖外，闪耀的幽默的水银最容易与所有人物联合。第二，冯克是道德乐观主义者”（I/1，228）。冯克貌似荒诞不经的话其实强调情感的重要性，有些亵渎理智。作为爱开玩笑的幽默人物，冯克“并不完美”，“在他身上，美德变成了错误。”（I/1，151）但让·保尔还依据冯克在报纸上刊登的讽刺挖苦的文章，批评小王侯国谢劳代表的封建制度。这充分说明，冯克是嬉笑怒骂皆成文章的幽默人物。

4.2　幽默的短篇小说《在奥恩塔尔的快乐教师马利亚·武茨的生平》

4.2.1 《武茨》的核心内容

1793 年，短篇小说《在奥恩塔尔的快乐教师马利亚·武茨的生平，一种牧歌式的滑稽故事》（*Das Leben des vergnügten Schulmeisterlein Maria Wutz in Auenthal. Eine Art Idylle*）（简称《武茨》）作为《看不见的共济会》的附录出版。《武茨》标志其作品的精神转折点。

让·保尔不落窠臼地为牧歌式滑稽故事注入全新内容。米勒描写的乡村教师以超级博学自居，其可笑的矫揉造作与周围农民的朴实形成强烈反差。《武茨》与之截然不同，且接近福斯的《露易丝》，因为两位作家都描写和睦幸福、与世无争、质朴的乡村田园氛围。但二者的差别在于，让·保尔追求极端的唯一性，故将武茨束缚在与世隔绝的狭隘、封闭的氛围中，让他过着没有需求的乡村教师生活。《武茨》聚集了牧歌式滑稽故事这一体裁的所有特征：简单质朴、知足常乐、乡村气息和包围万有的宁静和睦。

小武茨度过愉快的童年后就读于小王侯国谢劳一所免费的寄宿学校。作家用“监狱”比喻充斥清规戒律的学校。但学校严苛的秩序反而练就了武茨乐天的特性：毕竟“知足常乐的人是最有条理的。”（I/1，429）他无法抵御 15 岁的姑娘尤丝蒂娜及其红手帕散发的魅力。父亲过世后，武茨就像一只花蝴蝶，从黑色的寄宿学校玩偶中破茧而出。他从教堂唱诗班来到野外。聪明的武茨在体会八周的恋爱快乐后与姑娘结婚。

后来，武茨当上教会学校的乡村教师。他掌握始终“快乐的技巧”（I/1，431）：

> 他整天都为即将发生的事和正在发生的事感到高兴。他在“起床前”说，“我为早餐感到高兴，整个上午高兴地盼着午餐，晚上祷告时高兴地盼着晚祷面包”。就这样，武茨总是专注于某件事。他大口喝水后说：“我的武茨觉得真好喝”。然后，他抚摸自己的胃部。他打喷嚏后会说：“上帝帮助你，武茨！”每逢11月结霜的天气，他都站在巷子里，脑子想着温暖的火炉。（I/1，430）

武茨结婚43年后大限临近。他混淆漫长的人生之梦与“快乐”。他死去时嘴角还挂着微笑。

与作家笔下许多主人公一样，武茨也爱写作。他博览群书，读过康德的《纯粹理性批判》、席勒的《强盗》和歌德的《少年维特的烦恼》，了解莱布尼茨的“前定和谐”和英国库克船长的旅行，喜欢看旅游杂志（I/1，427）。其书写内容无所不包。他写作时摹仿卢梭的《漫步遐思录》和《忏悔录》。他还谙熟“共济会成员的秘密言说”（I/1，428）。

武茨只在妻子面前会“吹牛”，为自己成为作家感到自豪。他面对“第二个自我”时可以“真正毫无顾虑地赞美自己。”他还向叙事者介绍创作体会，这显然反映出让·保尔本人的心声：“我孩提时是真正的愚人。但作家的本能欲望当时就已凸显，只是尚处于不成熟而可笑的形态中。”（I/1，457）

在让·保尔的作品中，可亲而受局限的特殊人物武茨“偏离中心的”故事构成其早年讽刺与中后期长篇小说的分水岭。从塑造真正的幽默人物而言，《武茨》标志着让·保尔向幽默长篇小说的实质性转变。

其早年辛辣无情的讽刺风格变成《武茨》中牧歌式的滑稽故事，描写了乐天而忧郁的武茨。该作的局限性在于：作家描写主人公的古怪性格时毫无讽刺性的潜台词。有学者认为，武茨有市侩庸人的特征。其实，其想象力更多在引人深思的程度上接近自我臆断的主观性，导致让·保尔晚期小说《菲伯尔》和《彗星》

中的愚人无法辨识现实，最后伤害自身。在《武茨》中，让·保尔首次展现主人公新的幽默态度。

虽然让·保尔与武茨可笑的古怪特征保持距离，但他让武茨滑稽的幸福发挥作用："我感到我们所有人的虚无，并发誓，鄙视、赢得并享受这如此不重要的人生。"（Ⅰ/1，461）渴望幸福是叙事者与武茨的共性。但叙事者与武茨相反，采取听天由命的态度，知道人类永远都不会完全获得快乐。明智的洞见区分叙事者和单纯的主人公武茨。

从文学历史角度看，"牧歌式的滑稽故事类型"应被视为人物与牧歌式滑稽故事的联系。受 18 世纪道德周报启发，让·保尔描述简短的道德讽刺。他将人物类型扩展到个体人物上。在描绘同时代乡村教师的社会环境的瞬间，他赋予 18 世纪农村的田园风光现实意义。

《武茨》影响了无数后来的文学塑造。许多文学作品效仿《武茨》，其中包括让·保尔的作品《菲克斯莱恩》、《少不更事的岁月》和《菲伯尔》以及凯勒和拉伯的作品。这种效仿经比德迈耶尔时期，进入 20 世纪。尼采对让·保尔影响持久的不利评价涉及其完全非古典文学的文体风格。尼采还依据《武茨》和《菲克斯莱恩》的前言，视之为病理学的道德学家，称他受启蒙意义上理性、美德和幸福思想决定性的影响。

让·保尔在《武茨》中展示的幽默态度远离可笑古怪。他让主人公面对每个人都无法逃脱的死亡，享受滑稽的幸运即无足轻重的人生。虽然作家和主人公都在贫瘠的世界中渴望幸福，但以下洞见截然区分作家与主人公："当他在世时，他比我们所有人都更快乐地享受人生。"（Ⅰ/1，462）

让·保尔在《看不见的共济会》中提及里希滕贝格对他的影响。"幸运的是，这种浪漫的艺术狂想诙谐并不局限于哭泣，而是还延伸到大笑，人们也称之为幽默或者情绪。"（Ⅰ/1，18）他还提到，霍夫曼与蒂克的作品有幽默达到的狂想诙谐。他认为，霍夫曼善于"把幽默人物""提升到浪漫的高度，使幽默达到真正的狂想诙谐。"（Bd.Ⅰ/1，19）

4.2.2 让·保尔塑造的第一个幽默人物“快乐的乡村教师武茨”

《武茨》是让·保尔颇具魔力的想象收获的第一个硕果，它是作家早期的杰作，至今魅力不衰。幽默的牧歌式滑稽故事《武茨》描写快乐的乡村教师武茨的人生，包括武茨虔诚的生与死。作家开篇就用感叹句概括主人公的生平特征：“你这快乐的乡村教师，你的生与死多么和缓，大海般平静啊！”他还指出武茨快乐的性格特征：他“有些游戏和幼稚的特征，但并非在忧愁中，而是在快乐中。”（I/1，422）

《武茨》也是让·保尔处于幽默发展过程中的第一个重要作品。它从日常生活现实中截取真实的片段。这不啻于通过赋予万有灵魂的爱，从紧密交织的生存现状截取一段微型的完整。这种爱在心智单纯的人身上鲜活生动。作家得以在该作中让植根于丰富情感中的幽默取代建立在唯理主义基础上的讽刺挖苦。作家拥有幽默的建造力量，它排斥肢解性的嘲讽意愿，致使他能以优越感看待狭窄的区域。作家通过幽默克服愿望与现实的鸿沟。让·保尔视幽默为世界和解的多种可能性之一。幽默既是目的，也是克服人生渺小的手段。

武茨的乐天精神源于其更深刻的思想。他担心世界嘲讽造成混乱，想在现世寻求解脱。“断裂的幽默”是短篇小说《武茨》的标志。让·保尔逐渐从拥护消极的世界观过渡到赞同仁爱，所以能从讽刺过渡到幽默。其晚期幽默的特点是自由而浪漫的。

在《武茨》这个呈现“断裂的幽默”的牧歌式滑稽故事中，单纯而滑稽的人物武茨处于生存空间的中心。该空间虽受限制，却能发展到无限的深度。《武茨》中的幽默是矛盾的。幽默人物武茨通过断念才赢得纯粹的内心性与外在世界的和谐。其牧歌式的生存不完美地反映世界。这个小世界面临消解成魔幻的来世喜悦或讽刺的危险，倘若想象和现实的平衡在单纯的情志中受干扰，倘若受限制的人知道其局限。魔力和讽刺、心灵的喜悦和绝望只能在它们上方的幽默中被粘合在一起。隐形的矛盾并未被克服。

小武茨白天在学校受尽折磨后，晚上就寝前会自我安慰，搞好心理平衡：“尽管你们白天随意折磨我，催赶我。可到了晚上，我无论如何会躺在温暖的被窝里，

把我的鼻子按在枕头上，躺八个小时。”于是，他就在“这痛苦的一天的最后时辰，钻到他的被窝里，双膝蜷缩到肚脐处，然后对自己说：‘武茨，你瞧，这一天就过去了嘛’。”（I/1，431）武茨的“两个心房和耳朵上都充满快乐。”（I/1，443）娶妻后，武茨更为尘世的幸福歌唱：“上帝的尘世多么美好 / 值得在尘世感到快乐！/ 所以我愿意为这美好的尘世感到快乐，/ 直到我变成灰烬。”（I/1，445）

让 · 保尔仿佛放映了关于武茨生平的小短片，描述其短暂而快乐的一生。婚后多年，“时间的河流将他和所有闪光的日子挤压并埋葬到沉积物的第四层和第五层内。”武茨享受过“很多快乐”，诸如“圣诞快乐、教堂落成纪念日的快乐和学校的快乐。”“我们最后一次看到快乐的武茨活着，然后死去。”（I/1，454）让 · 保尔喜欢安排主人公热爱写作：“当他向我介绍他年轻时的作家创作时，他特别指出：‘人们在孩提时是真正的愚人；可当时写作凸显，当然仅处于不成熟和可笑的状态中。’”（I/1，457）

武茨在人生尽头放下面具，福乐的死亡美化其单纯者宁静的人生。作家描写武茨在快乐中死去的情形：“清晨快四点时，他再也看不到我们了”，“他的脸一阵紧似一阵地抽搐。他的嘴角露出喜悦，越发微笑着咧开。此生不会经历、来生不会拥有的春天的想象与这沉降的灵魂游戏，死亡天使将惨白的裹尸面纱扔到他脸上。”（I/1，461）第一叙事者提到，去寻觅武茨“杂草丛生的坟墓。”作家最后强调武茨的快乐人生：“当他拥有人生时，他比我们所有人都更快乐地享受人生。”（I/1，462）武茨的灵魂飞向自由的国度。

让 · 保尔让叙事者同情并亲切地从高处俯瞰武茨，恰似天使俯瞰深陷泥淖的人类。处于微缩世界的武茨回到其孩提时期的田园牧歌状态：在寒冷的冬天，“大风用飞雪构成的帷幕将他的窗户变暗，炉火透过炉子的裂缝照着他。”他“闭上双眼”想象春天温暖的景象，“让早已发霉的春天冰消雪融地降临到冰冻的草地上”，回忆儿时与妹妹在“干草垛上”玩耍（I/1，409–410）。作家以微缩形式直观展现无限扩大的阶段。武茨滑稽的幻境在更高的空间内建造扩大的田园风光。他在田园牧歌和幻境这种直观形式中尝试“事后塑造其唤醒行为。”[1]

1　Miller 1975，46。

《武茨》是让·保尔文学创作的转折点，标志他从青年时期的讽刺向长篇小说的过渡。其想象力接近自我臆断的主观性。《武茨》首次展示作家对主人公新的幽默态度，虽然它远离主人公的可笑古怪。让·保尔使该作沉入小世界，将宇宙压缩成一个人的小世界。武茨夹在无限梦幻和生命的扭曲之间，最后在单纯中建构由小事和快乐组成的幸福宇宙。

武茨意识到自己与世界的矛盾。但他用快乐的技巧克服人生困难。面对困境时，他闭上双眼，在情感深处改写现实为幸福和快乐。作为心智单纯者，武茨透过神化的光线看世界。他用崇高的意义填满自己渺小却有限的存在。武茨未在不尽如人意的现实中迷失自己，而是试图以深邃的智慧与平和的乐天精神确定自己的存在意义。其波澜不惊的处世态度源于作家赋予他的神性意义。作家设定个体为“神性事件的宣告者”[1]，追求普遍性。

武茨用幽默的方法虚构自己完美的尘世人生，以拯救自我。该幽默方式很接近斯多亚学派的处世哲学。但同时该幽默又是其反面，因为它在必须否认的地方赞成。它消除所有否认，变悲剧为快乐，化局限为无限的丰富，变小为大，化轻贱为崇高。

武茨在人生中得到幽默的恩赐。他通过单纯将不幸逆转为幸福。孩提时，他就在淋雨的瞬间欣喜地想到暖床。他在不幸中自我安慰地想到熬过不幸瞬间。他写的书是全部智慧的总称。作家在武茨死时才揭示这个崇高者的背景。对立的生与死在万有之爱中和解，“万有之爱孕育幽默。”[2] 在断裂的幽默中，崇高与滑稽的矛盾是作家能想到的最大矛盾。

《武茨》是让·保尔长篇小说的胚胎，标志其全新创作时期的开端。乐天的武茨在其情志中承载整个世界，所有活动和对立在其身上趋于平静。其外在世界都被纳入其生平即牧歌式的滑稽故事中。作家尽力向读者描绘尘世可怜的、丰富而又令人压抑的世界。武茨描绘的微观世界和平静的统一按照创作的内在法则，在创作世界中充分发展。

1 Küppe 1928，24。

2 Berger 1939，315。

让·保尔脱离牧歌式滑稽故事的内心世界，走向长篇小说之路，开启创作的新时期。世界幽默转变成心灵幽默，因为他在创作后期贴近浪漫派的、注重心理描写的幽默。

4.3　成名长篇小说《黑斯佩鲁斯或 45 个狗邮日》

4.3.1　《黑斯佩鲁斯或 45 个狗邮日》的核心内容

让·保尔的成名长篇小说《黑斯佩鲁斯或 45 个狗邮日，一部传记》（*Hesperus oder 45 Hundposttage. Eine Biographie*）于 1795 年出版。它主要受四部小说启发：维兰德的德国首部成长小说《阿伽通的故事》和莫里茨重视人物心理描写的长篇小说《安东·莱泽》。还有迈耶尔（Wilhelm Friedrich von Meyer）的小说《狄亚纳索尔或漫游者，译自梵文的故事》（*Dya-Na-Sore oder: Die Wanderer. Eine Geschichte aus dem Sanskritt übersetzt*），描写一位父亲在印度教育四个儿子憎恨暴君的故事。他们最后解放国家，建立民主。但让·保尔更喜欢该小说烘托的异域风情和神秘气息。福斯特（Georg Forster）翻译了印度戏剧家迦梨陀裟（Kalidasa）的古典梵语戏剧《沙恭达罗》（*Sakondala*）。让·保尔很钦佩福斯特投身共和制的政治勇气和创作。女主人公的养父兼老师是远离凡尘的祭司，这启发他塑造男女主人公的印度老师。小说展现维克多由单纯的学生到崇高之人的心路历程。

叙事者“让·保尔”住在东印度洋的圣约翰尼斯岛上。一条专门运送邮件的狗在“45 个狗邮日”内给他带来家族历史资料：王侯亚努阿尔及其失散多年的五个儿子团聚，实现世界主义的愿望。小说标题“狗邮日”（Hundposttag）中的“狗”是叙事者的传记能源。他向“狗”承诺，填充“狗”的标本并在公共图书馆中展出，让狗与重要学者平起平坐。“狗”比喻书写者的灵感。“狗邮日”是小说章节标志，作家将“闰日”（Schalttag）章回插入其中，旨在增强读者的阅读兴趣。这属于小说“在效果美学方面反思的系列”[1]，作家想简短描述对未来可描述性的综合反思。“每四个狗邮日后有一个闰日”，闰日的“内容有按首字母排列

1　Schinkel 1986，102。

的词条，也有与情节无关的议论，打破整体结构。”[1]

他在前言中解释“黑斯佩鲁斯”的含义：“长庚星”或“启明星”（I/1，489），即金星（Venus）。作为超脱凡尘的标志，喻指尘世的兴衰，也喻指唤醒人们迎接新的光明时代：“在另一个光明的时代，人们高贵地从梦中觉醒”（I/1，490）。叙事者在小说结尾再次强调，“黑斯佩鲁斯”是其“人生的清晨上空的启明星”，也是“给所有平静者宁静的长庚星”（I/1，1221）。长庚星应使痛苦者和绝望者获得内心宁静。启明星可在得到安慰者面前充满希望地升起。对于主人公及其恋人克洛蒂尔德而言，“黑斯佩鲁斯”意指“现世与来世的和解之星”[2]。

作家创作时善于运用所有想象的素材。他 1793 年 3 月 26 日致信奥托时说：对作家而言，主要素材“只是工具、包裹药片的银囊和讲台，为了在其中谈论所有其他内容。”（*JP Briefe*，1，395）这部描写政治信念的小说是作家诗艺想象的产物，使人以梦幻方式超越尘世的恐惧飞升。

维克多在牧师艾曼家长大，后当医生。在小说开头，他返回温泉镇，给义父霍利翁勋爵做白内障手术。他借机与牧师之子弗拉民重叙旧情。勋爵痊愈后回英国寻觅王侯亚努阿尔失踪的第五个儿子。维克多作为御用医生返回宫廷；弗拉民被王侯任命为政府顾问。他俩同时爱上宫廷侍从总管勒鲍的女儿——清纯乐天的克洛蒂尔德，友谊因此蒙上阴影。勋爵回英国前告诉维克多，弗拉民是王侯失踪的儿子，克洛蒂尔德的哥哥。维克多身处宫廷，目睹廷臣尔虞我诈，利欲熏心，道德沦丧，因单纯而未抵住王侯夫人的色诱。但他未丧失美德，而是主动离开恋人，以示自罚。小说借此批评封建宫廷的腐朽与冷酷，歌颂懂爱情专一、珍视友谊、崇尚美德的维克多。

主人公经受爱情与友谊的洗礼。他与恋人克洛蒂尔德在迈恩塔尔公园与智慧而伟大的印度老师度过愉快的四天，直到妒火中烧的弗拉民来干扰。老师崇尚神性，其观点远离现实政治和尘世生活。他相信，人们可通过思想克服时空界限和物质方面的限制。

1　贾涵斐 2019，125。

2　Berger 1939，341。

弗拉民沦为密谋团体的牺牲品，因涉嫌杀人被拘留。印度老师临终前告诉维克多，他是牧师艾曼之子。维克多想因自己的市民出身放弃贵族阶层的恋人。为了救弗拉民，他甘愿献出生命。霍利翁勋爵澄清所有误解，让维克多和弗拉民和解。维克多与女友结婚。最后，所有参与者齐聚“统一岛”。三个英国人实为王侯之子。叙事者“让·保尔”乃“王侯第五个长期被寻觅的儿子。”勋爵因操纵所有阴谋而自尽。

作为宫廷的眼科医生，维克多目睹封建官场各种道德败坏的厚黑术。他谈及宫廷世界给他留下的糟糕印象，批评宫廷“充满眩晕的、空洞的圈子。”（I/1，739）宫廷缺乏“时间打造美德”。他讽刺廷臣“无所事事”（I/1，740），巧舌如簧，目光短浅，空虚无为。维克多延续让·保尔早年对宫廷人物和所谓大世界的讽刺，嘲讽佞臣热衷于闲扯、逗乐和虚伪的表现。他揭露宫廷生活不屑“伪装”，暴露赤裸裸的不道德。“每个人都**以计取胜**，人们只醉心于理智而非情感。”（I/1，741）他还“憎恨王侯将人当成工具的不良习气”（I/1，983），以此与其沦为启蒙工具理性牺牲品的义父霍利翁勋爵划清界限。在小说结尾，叙事者的真实身份是王子；主人公的真实身份是牧师之子，两个人合二为一。让·保尔假借叙事者之口道出他对封建等级制度的批评、对王子身份的不屑、对诗人天赋异禀的赞美：“我认为，有修养的牧师之子从根本上说比完全没有修养的王子更好。况且王子并非像诗人那样是与生俱来的，而是培养的。”（I/1，1232）让·保尔流露柏拉图的教育理念：王位属于有哲学素养的智者，故主张塑造王子。他否认世袭制，并不认为王子是天之骄子，充分展示平民意识和理想的教育理念。

诡计多端的宫廷药剂师佐伊泽尔甚至觉得维克多“很傻，只因他善良、幽默且对所有人都亲切”。让·保尔一语道破，揭示维克多与药剂师的差别在于追求完美人性的“人”与“市民”的区别：“有才华的人与有才华的市民格格不入。”（I/1，906）他致信印度老师时强调世界的破碎性，强调人类掌握知识的有限性（I/1，982）。他有女性特征：爱哭，心肠太软，但他心高气傲，恪守美德，其正反面的性格特征保持平衡。他恰似古希腊神话中的海神普罗透斯，有变形能力和多方面才华。

维克多抚今追昔，慨叹“贪念”阻止人追求“幸福”和“智慧”。他总结自己的人生感受："最完美的状态折弯并夹断我在尘世之根或者我在以太中的枝干，以至于它即便什么都不做，也不会持续一个小时，更不用说一辈子了。"他洞悉世界丧失统一的破碎性："我们是一种断裂，而非统一"。（I/1，982）

受启蒙目的论的历史观和工具理性影响，霍利翁勋爵以其"冷酷的原则"（I/1，1152）操纵他人的人生，视之为工具。他"根据所有政治家和国家机器大师的不良习气操纵人们，仅视之为肉体而非精神，只是国家大厦的女像柱，而非仆人。"（I/1，1170）他"将维克多当成美德的工具使用。"（I/1，1171）启蒙的历史观使他从乐观地满怀希望到万念俱灰。印度老师致信安慰霍利翁："渺小的尘世烦恼和渺小的尘世想法此刻逃离霍利翁的心灵。他朝敞开的、布满群星的天空投去祷告的一瞥。然后，他牵着睡眠之手，踏进梦幻王国。"（I/1，892）最后，他鄙视人类、世界、天才、时代和各民族。他慨叹人徒为"渺小之辈"，人生乃"微不足道的、空洞的游戏"（I/1，1179）。一切都变得平庸而狭隘。勋爵的悲剧人生归因于其为人处世之道。他徒有才华和财富，却不谙幸福、平静等泰然处事之道，激情燃尽后油尽灯枯："他是那些不幸的大人物之一：他们有太多才华、太多财富、却太少平静和学识，无法保留幸福的状态。他们追逐快乐而非美德，最后失去快乐和美德。"勋爵这类人的"雄心壮志一般通过计划掩饰富贵人生的空虚，而这样的雄心壮志无法足够强大地面对他们在这种空虚中凋零枯萎的心。他们因骄傲而行善，却缺乏对行善的爱。"（I/1，670）勋爵这种人脆弱，缺乏强大的内心："一旦死亡和巨大的痛苦攫住他们不幸的内心，他们就会以心灵的夜间冰霜呆立，外表微笑而冷漠，内心过度炽热，没有希望、恐惧和信仰。"（I/1，671）作家以勋爵为例，透彻地剖析贵族精神空虚的原因：只看重理性，却不以美德为人生原则，缺乏爱心，太冷酷。他万念俱灰时慨叹："人生是种空虚的小游戏"，"没有任何值得钦佩的东西。"（I/1，1179）他最终因未实现人生抱负而自戕，预示《泰坦神》中在舞台上自杀的罗克瓦艾洛尔的命运。

受斯特恩、菲尔丁和维兰德启发，让·保尔结合通俗小说描写狡诈图谋的形式与成长小说的"崇高"形式。由阴谋诡计酿成的危机构成主体架构。主人公的本质在该危机中发展。于其成长而言，关键是因敌意和密谋产生的危机情境。常见的荒诞事件迷惑人的多样性源于主人公的内心混乱。

情感充沛的语言契合重感特征。这种情感密度和强度首次出现于让·保尔的作品中，这是该小说获得轰动性成功、博得广大读者青睐的主要原因。自从歌德的小说《少年维特的烦恼》1774 年在世界范围成功以来，尚无任何文学作品能与《黑斯佩鲁斯》相媲美。歌德、席勒、维兰德与赫尔德都喜欢它。格莱姆高度评价让·保尔"让所有长篇小说作家相形见绌。"[1] 19 世纪的豪夫、早年的黑贝尔、施蒂福特和凯勒都受该小说影响。格奥尔格竭力重新唤醒人们对让·保尔的新兴趣。维尔舒伦（Harry Verschuren）重申该作的道德教化功能，称之为"修身之书"，促使读者探讨"重要的人生问题。"[2]

4.3.2 《黑斯佩鲁斯或 45 个狗邮日》中的幽默

《黑斯佩鲁斯》中的幽默人物首先是集作家、医生和哲学家多角色于一身的维克多。他融合感伤、幽默和哲学，有"感伤的、幽默的和哲学的心灵"（I/1.590）。他掌握善感、讽刺和幽默的写作手法，体现诗艺与科学的联盟。叙事者"让·保尔"统一以下所有角色的身份认同："他是讽刺人物和幽默人物、进行哲学思考的抱怨者。他还是成问题者，因为自我反思而屈服，并让人看向"自我的深渊"。他是因田园风光而幸福快乐的乡村牧师之子，也是重感的热情洋溢者。"[3]

让·保尔塑造维克多时，运用大量人物心理描写细节、逸闻趣事和自言自语，包括叙事者对他的分析以及他与读者的对话。他想以此展现维克多心灵的幽默侧面、幽默力量以及幽默与其他力量的关系。

在维克多作为幽默人物出场前，读者可通过其身边人的对话了解他的性格：向弗拉民打探其坦诚和想当作家的初衷；向他母亲了解其重感特征；向他妹妹了解其幽默。那些幽默的细节说明，维克多从小就喜欢拿自己寻开心，让自己显得很可笑。

在小说"第一个狗邮日"中，让·保尔大致勾勒幽默人物维克多的特征：

> 维克多这种人属于英国幽默人物的修士会舌头，因为在幽默人

1　Jens 1998，676。

2　Verschuren 1979，76。

3　Wölfel 1997，376。

物和宫廷佞臣那里，诙谐就已是情绪（Laune）。女人从不允许而只有男人允许这一点：维克多与斯威夫特和许多英国人一样，乐意向下屈尊到（heruntersteigt）车夫、小丑傻瓜和水手中间。而法国人宁愿趋炎附势地向上高攀（*hinaufkriecht*）说话有分量的人。因为那些女人一向更看重他，作为市民而非作为人。她们也看不出，这位幽默人物自欺欺人。他给没有教养的粗俗人提台词，告诉他们所有该说的话。她们也没发现，他有意尊重地提升并非随意的滑稽（Komisch），使之获得艺术特征。他将愚蠢提升到智慧，将尘世的疯人院提升到国家剧院。（I/1，494–495）

让·保尔将维克多归入英国幽默小说中幽默人物系列。其幽默特点是，乐意“向下屈尊”到社会底层人中间，旨在向粗俗者提台词。他以此发挥幽默角色的重要作用：提升滑稽、愚蠢和尘世的疯人院，使之升华到艺术特征、智慧和国家剧院。让·保尔重申，自己的幽默写作与英国幽默小说家一脉相承。他想表明，他塑造的幽默人物更接近英国小说中的人物，因为他厌恶法国文学中幽默人物高攀和谄媚的做派。

他指出，维克多通过摘录书中精髓汲取讽刺素材：他“常痛苦地挑选过去的前言、纲领、游记作家的布告，又怀着难以名状的喜悦通读所有内容。只因他想象精神意义上的饲料袋”，“由他自己制作并填满，因为他顾及讽刺挖苦。”他暗示自己运用大量书摘的创作方法。他重申，德国人对讽刺缺乏理解：“因为德国人很少理解并书写讽刺，所以人们被迫为许多严肃的书和书评人捏造恶意的讽刺，只为凑点儿东西。”（I/1，495）

作家还让叙事者“让·保尔”讲述他想象的喜剧剧院。这对我们理解其幽默理念颇有启发：他想“提升法庭为喜剧剧院，提升法律界朋友为司法界的该隐和卡斯佩尔，提升整个庭审为古希腊的喜剧。”他想象自己是“编剧和剧院经理”。“我思维活跃地扛着我那沉默不语的脑袋，把它当成德国人滑稽的袖珍剧院，穿越大学和政府等德国人最高贵的场所，并在脸部皮肤垂下的窗帘后面，将自然的滑稽完全平静地提升到艺术的滑稽。”叙事者收放自如，马上结束这段针对讽刺和滑稽写作的离题，说了句“我现在回来，言归正传。”（I/1，495）

叙事者表明维克多与滑稽剧的关系。维克多并非让·保尔在创作成熟期塑造的地道幽默人物，因为他此时还在探究幽默人物的特点。作为幽默人物，维克多并不鄙视人类，他只在头脑中创造滑稽剧，因为他不想真正嘲讽和耻笑人们。让·保尔关于滑稽的论述为他后来在《美学预备学校》中论述可笑、崇高与滑稽做好前期准备。滑稽通过混合主体的两个层面产生："滑稽和崇高一样，从不寓于客体，而是寓于主体。"（I/5，110）

维克多起初并未提升自然的滑稽为艺术的滑稽，他只通过有意无意的主观活动创建并确立滑稽。该幽默人物通过间离效果即陌生化技巧，将愚蠢提升为智慧，将自然升华为艺术。在其头脑里，下里巴人愚蠢的谈话演变成喜剧对话发出的回声。在喜剧中，作家以敏锐揭露人类的愚蠢。可见，上面引文中叙事者提及的"国家剧院"应具备以下前提：幽默人物拥有将愚蠢变成智慧的魔棒。作家想象人们表演他创作的戏剧。为了维克多，他化日常生活琐事为喜剧。除车夫和国务大臣等喜剧演员外，幽默作家还看到另一种与空泛的日常活动构成反差的东西。这种反差因素使幽默人物感觉自己是喜剧的作者。

总之，幽默人物维克多在第一人称叙事者"我"的帮助下，朝典型的幽默人物发展：化愚蠢为智慧，变自然为艺术。维克多幽默地偏爱人生的小舞台。他恰似牧歌式滑稽故事中的主人公，喜欢居家的快乐和乡村的田园生活。在其内心剧院中，人们在微观世界史中扮演角色。让·保尔从小处着眼，让乡村发生的事成为世界活动的缩影。他用比喻手法关联乡村教师的咖啡和烟草生意与东印度公司的商贸活动。在幽默人物看来，世界即乡村，乡村即世界。

作家认为，幽默人物的能力在于并不把自己当真。维克多作为真正的幽默人物"并不严肃地对待自己。"[1]其演讲和布道最能体现其幽默的爆发。可笑的琐碎真正幽默地与布道话语的沉重形成强烈反差。他为一只被《圣经》砸死的老鼠做幽默的祷告，他尤其旁敲侧击地调侃启蒙运动："《圣经》没有把你像葡萄牙的犹太人一样烧成灰烬，你就为此高兴吧。可你跌入犹太人只选择牧师职务的启蒙时代。""《圣经》一般会熄灭人们投入的火一般的热情。为什么就不可以也来一次

1　Oschatz 1985，105。

作家自焚书稿呢?”(I/1，561)

维克多与作家和小说叙事者“让·保尔”一样，由很多对立特征组成。

首先，他有消极悲观的特征。他发表“对自身尸体的演讲”。这明显有其1790年11月15日那篇著名日记的痕迹：他描写自己几十年后死去的场景，渲染对死亡的恐惧。他看到自己变成蜡像，成为一具没有血液的尸体。“这是黑夜尸体”，“在这些僵硬的躯块中，许多自我粘连在一起。”“我看见，一个幽灵飘浮在这具尸体的上方，这幽灵就是自我!”(I/1，939)

他还建构乐观主义哲学与悲观的死亡恐惧的对立。在其文章“自我与其器官的关系”中，在枯萎的肉体中，粘连在一起的自我获得解放。让·保尔通过维克多触及灵与肉的关系这一人类学主题。受普拉特纳启发，他在莱比锡大学读书时就开始探究灵与肉的关系问题。维克多开头涉及同时代人哈勒尔斯(Allbrecht von Hallers)的神经生理学。当时人类学探究肉体是否会影响心灵这个棘手问题。若回答“是”，则无异于物质主义。在该作中，让·保尔通过维克多巧妙地表达符合自己晚期思想的观点。维克多以乐观主义解释，感觉仅确定外在刺激的场所。他根据18世纪的唯心理论(Psychismus)认为，灵魂指挥肉体。

维克多称幽默为严肃的本质，并让该本质显得可笑。他称幽默人物的视角为：透过死亡的计时沙漏看世界，其实世界渺小而可笑。维克多“用原谅的眼睛看待我们的愚蠢，以幽默的想象、对普遍的人类愚蠢的永恒铭记以及忧郁的结论。”(I/1，905)

作家描写维克多站在镜子前时对自己镜像的恐惧状态。这酷似后来《泰坦神》中的幽默人物硕普。幽默无法减小并嘲笑对自我的恐惧。相反，恐惧抗拒幽默对它的改变，因为它涉及意识、内在的舞台即幽默本身。幽默人物唯一的“阿喀琉斯之踵”就是对自我的恐惧。幽默人物可在滑稽的舞台上否定一切有限性，使理智面临进入旋涡的威胁，但他无法否认舞台本身。

维克多有强烈的重感特征，这使他免遭自我摧毁。他最后赢得坦诚的勇气，甚至不惜揭露自我。他后来又逐渐意识到，揭露自我毫无鉴赏力，从而重新赢得幽默人物的自信。

印度智慧大师是重要人物。他以假死方式表达净化和升华后的深刻含义。他

是《泰坦神》中毁于自我的幽默人物硕普的先行者，象征人类对无限的渴望。他也至纯至高，引导很多年轻人成为“崇高的人”，唤醒其善良与高贵的品质。维克多致信大师，表达对崇高美好心灵的渴望：

> 更高的人生大树，我环抱你。我用数千种力量和枝干缠绕你，以便我飞升，脱离我周围被践踏的粪便！啊，但愿我被伟大的人治愈，满足愿望，变得清新，升华——我这可怜的人，只富有多种愿望——在我的梦想和意识之间被蹂躏。我在体系、眼泪和蠢事之间来回被折腾，遭受打击。我厌倦尘世，我又无法为自己取代尘世。我嘲笑单纯来自痛苦的哭哭啼啼的喜剧，最矛盾、最忧郁、最有趣的阴影置身于广袤的黑色中的阴影之下……啊！美的、善的灵魂之人，你爱我吧！（I/1，582）

维克多深知自己身处肮脏狭隘的尘世，可他不甘心在平庸中沉沦，而是渴望在大师的点化下灵魂升华，活得更有意义。他第一次感到，自我在精神面前扩大和神化。

维克多作为重感者、耽于幻想者和幽默角色都经历发展过程。与幽默密不可分，他反抗所有细小的弱点和期待。这种斗争使热爱生活的维克多对偏离中心的轨道兴味索然。让·保尔凸显维克多特殊的幽默种类，尤其展现他与年轻的自我的对峙。维克多有多种力量，对抗力量单一者、偏离中心者和另类奇葩。他与作家的亲缘关系将时间和发展维度纳入他作为幽默角色的发展过程中：他“从毛头小伙子更激进的幽默到青年男子温和适度的、在任何关系上都内化的幽默。前一种幽默建立在年轻人这个年龄的理想主义和不妥协的基础上，自身蕴含走向孤独的另类之萌芽。”[1]

幽默克服自我和无限的内在矛盾从维克多悲剧的深度发展而来。他作为幽默角色拒绝对抗人的弱点和期待。作为讽刺挖苦者，他最终也消除讽刺挖苦的不宽容。因为他在恋人的帮助下日趋成熟地认为，太辛辣的讽刺挖苦不利于美的心灵。他是有道德义务感的讽刺者。他有哲学倾向，有时受虚无主义侵害。他认可其本

1　Oschatz 1985，115。

质的其他分支力量。其本质将所有力量统一成整体，尽管它们彼此对立。他是内化的幽默角色，会成为幽默作家。他最后与叙事者拥抱，几乎合二为一，正如作家最后所言："我的维克多撕掉面纱，用温暖的心灵拥抱我的心灵，我们融化成一个炽热的点"（I/1，1231）。

维克多过度对立的性格特征有时使他显得很"不和谐"。他甚至偶尔暴露狂热倾向。"维克多消极的折中哲学与其积极的热情形成反差，二者中和的结果是幽默"（I/1，572）。他想同时得到所有快乐和世界，甚至超越世界。他因此产生矛盾心情和自我渺小感。但他本质上渴望和谐，其情绪在想象和平静的理智之间交融。幽默作为结果，超越认知和情感投入的汇合。他在人生中体验，各种极端因素在冲突后趋于和谐。

霍利翁是尘世生活的代表，是真正的幽默人物维克多的对立面，是对维克多而言至关重要的人物。维克多一度误以为勋爵是其父亲，被他引入宫廷生活。让·保尔写实地描写宫廷世界。维克多身处廷臣霍利翁和印度智慧大师之间，前者代表充斥阴谋诡计的现实世界；后者象征超脱凡俗、崇高的理想境界。

以人形出现的魔鬼玛丘将霍利翁身上的游戏特征扭曲为恶意和耻辱。但其诙谐方式使他成为幽默的创造物。玛丘讽刺挖苦的诙谐风格与维克多的深邃综合成很好的效果，赋予该小说真正意义上幽默的长篇小说的特征。

该著作为"不断破界、以幽默为根基的小说"可作为对"读者的诗学教育"[1]发挥作用。

4.4 德语文学首部婚姻长篇小说《齐本凯斯》中的幽默与诗艺

4.4.1 《齐本凯斯》的核心内容

幽默长篇小说《齐本凯斯》全名为：《花卉画[2]、果品画和荆棘画，或在帝国

1 贾涵斐 2019，117。

2 Blumenstück 本指"花卉画"，但此处指"描写美好事物的章节或片段"。

集市广场小地方库施纳普尔的穷律师 F. St.[1] 齐本凯斯的婚姻状况、死亡与婚礼》（*Blumen-, Frucht-und Dornenstücke oder Ehestand, Tod und Hochzeit des Armenadvokaten F. St. Siebenkäs im Reichsmarktflecken Kuhschnappel*）。它 1796 年首版，1818 年再版时，作家将准备续写的材料融入新版。它堪称“德语文学中首部现实主义与心理学的婚姻长篇小说。”[2]

让·保尔将荷兰绘画术语“花卉和水果作品”移入文学。在第一版前言中，他解释“花卉作品”为：“用鲜花和缪斯女神的方法艺术地组合的梦幻”，指小说中两个独立的作品：《从天而降的已故基督所作的“上帝不存在”的演说》和《D. 维克多致信年长的卡托，关于我变成你、他、你们和您》（*Brief des D. Viktor an Kato den ältern über die Verwandlung des Ich ins Du, Er, Ihr und Sie*）。他新杜撰的词“荆棘画”指“讽刺”和“特殊的故事”，标志小说的主要情节：“穷律师在其婚姻中的痛苦道路、他的假死、他的复活和新婚”[3]。“水果画”指“甜美的水果饭后甜点”（I/2，27），其实指文学作品。

该作涉及穷律师齐本凯斯的婚姻状况、死亡与婚礼。其顺序耐人寻味：排在最后的是“婚礼”而非“死亡”。小说开端的“婚礼”在书名中却标志结束。他颠倒顺序意在“指明死后重生、复活和持续生存的想法。”[4] 该作最典型地反映作家毕生探讨的两个主题：文学书写问题以及人的灵与肉双重属性问题。

小说反映 18 世纪末德国小市民的生活状况和喜怒哀乐。主人公菲尔米安·齐本凯斯是爱写作的穷律师。小说开头描写他与蕾奈特的婚礼。督学施蒂福尔陪她从奥古斯堡赶往齐本凯斯所在的小城。齐本凯斯的挚友海因里希·莱普盖伯也来道喜。主人公新婚燕尔，日子平淡幸福。他只求平安度日，正撰写的讽刺作品《魔鬼文件选读》实为让·保尔 1789 年出版的讽刺文集，被视为治愈主人公“忧郁而感伤态度的良方”[5]。但妻子不理解写作对他的意义，又不满窘困的生活，总以

1　F. St. 即 Firmian Stanislaus。

2　Jens（Ed.）1998，669。

3　Pfotenhauer 2013，169–170。

4　Pott 1988，44。

5　Bergengruen 2010，73。

打扫洗刷等家务打扰他写作。她单纯勤勉，与督学日久生情。新婚夫妇感情疏远，甚至只靠写信沟通。拮据的生活源于齐本凯斯与好友开的古怪玩笑：他与大学同窗好友莱普盖伯长相酷似，故出于友谊和恶作剧互换名字和身份，导致他无法继承母亲数目可观的遗产，只能靠写作贴补家用。掌管他母亲财产的监护人布莱泽借口两人名字不符，将齐本凯斯的遗产据为己有。

齐本凯斯从其幽默中汲取对金钱的鄙视态度。因其作品即将出版，莱普盖伯请他到拜罗伊特做客。他欣然前往，在那里首次获得作家殊荣，并结识秀外慧中的娜塔莉，对她产生爱慕之情。诗艺和爱情使他憧憬未来更美好的生活。为了实现新的人生目标，他首先得摆脱妻子。

他接受莱普盖伯的离奇建议：导演其假死和假葬礼的闹剧，让他得以脱身，同他真正心仪的娜塔莉结婚。在朋友的帮助下，他以假死欺骗世人。他还留下遗嘱，遗产归莱普盖伯所有。后者为他举行假葬礼，下葬空棺材，实则帮他逃往外地。莱普盖伯将其在瓦杜萨伯爵处当监察员的工作让给他，自己消失于人海，后来作为幽默人物硕普出现在小说《泰坦神》中。主人公通过假死开启全新的诗艺生活。蕾奈特嫁给督学，但因难产而死。主人公暗自返乡，在自己的假墓地旁发现常来吊唁他的娜塔莉，告诉她事情真相。两个情投意合的人终成眷属。

假死现象自 18 世纪中叶起日益引起医学界关注。作家想通过关键的假死情节设定，“消除人们给死亡确定的禁忌。这是战胜恐惧的策略。”[1] 他将主人公的假死演绎成讽刺和幽默的释放。能嘲笑死者至少可暂时消除对死亡的莫名恐惧。主人公的假死源于作家 1789 年写的讽刺草稿《我的活埋》（*Meine lebendige Begrabung*）。《齐本凯斯》的叙事过程将不同经历的空间联系限制到不同地点和社会学领域（库施纳普尔、拜罗伊特、瓦杜萨）。最后，主人公与娜塔莉结合，永远告别痛苦。这暗示其命运改变，旨在将他提升到更高的诗艺空间。该设置指明，《齐本凯斯》作为断篇有其内在原因。它描写人物对无限上帝可体验性的怀疑。在写《黑斯佩鲁斯》和《泰坦神》时，憧憬未来的让·保尔再次消除以幽默的现实主义呈现的怀疑。

1　Pott 1988，43–44。

独创作品《齐本凯斯》并未直接效仿文学先例。它与斯摩莱特的《佩瑞格瑞纳·皮克勒》(*Perigrine Pickle*)和穆骚伊斯(Musäus)的小说《街道羽毛》(*Straßenfieder*)有个别的素材关联。莱普盖伯似乎启发穆骚伊斯塑造《伯纳温图拉的守夜》(*Nachtwachen von Bonaventura*)中的更夫，它还影响蒂克的《丰富人生》和施蒂夫特的《原野之花》(*Feldblumen*)。

4.4.2 《齐本凯斯》独特的情节设置

莱普盖伯原为长篇小说《泰坦神》草稿中的人物，作家将他安插到该小说中[1]。他成功导演齐本凯斯的假死闹剧，使他摆脱潦倒平庸的生活和不幸的婚姻。主人公离开象征"小气、狭隘、目光短浅和陈旧"[2]的小城，在拜罗伊特安家，从此作为成熟的作家享受诗艺与真爱。这完全契合让·保尔 1804—1825 年在拜罗伊特的安稳生活。

该小说的情节设置有作家的自传色彩：与主人公一样，让·保尔经历母亲长期的遗产诉讼案。他在陋室忍饥挨饿，靠举债度日，还有"霍夫乡绅充满敌意的相互攻击"[3]。蕾奈特是让·保尔笔下复杂而负面的女性形象代表："女人依赖男人，更追求男人的经济潜力而非人格魅力。女人愚蠢，没有教养，畏惧人生，喋喋不休，虚荣……女人只知道在两性关系上刻板害羞……女人好吵架，专横霸道，喜欢卖弄风情。"作家通过蕾奈特"演绎他母亲的性格特征和行为方式"[4]。根据小说首稿的构思，蕾奈特对丈夫不忠。但他在第二稿中更符合逻辑地改变人物设计：他删除"不忠"这一"婚姻危机常演绎的导火索"，"让夫妻不协调的性格特征发生碰撞。"[5]

齐本凯斯在出书前不久应邀到拜罗伊特。他结识女伯爵娜塔莉，两人坠入爱河。他采纳朋友制造假死和假葬礼闹剧的建议，旨在获得重生。假死情节可

1　Dangel-Pelloqium 2002，33。

2　Kohlheim 2014，98。

3　Langner 2013，207。

4　Montigel 1987，229。

5　Dangel-Pelloqium 2002，34。

谓一石多鸟，惠及多人。首先，莱普盖伯会把监察员职位让给他："你不久就离世，这对你而言并非无所谓的事。因为这对你有好处，倘若你早些当上监察员。"（I/2，380）

齐本凯斯不久将开启新生活。因壮志未酬而心灰意冷的莱普盖伯可如愿当隐士："我会首先消失于茫茫人海中，每周用新名字浮出水面，只为了不让愚人们认出我。"（I/2，292）蕾奈特可与督学结婚。娜塔莉也能拿到养老金。朋友解释决定假死的另一要因："丧葬费不可能像离婚费那么高。"（I/2，379）

莱普盖伯把监察员聘书交给齐本凯斯，然后朝西跪下，他内心"处于庄重、有激情且幽默的兴奋中。"莱普盖伯祈求父亲的亡灵说出这番话："菲尔米安，你死吧！为了我的儿子，尽管是假死，请你放弃你的名字，并用他的名字。其实，这名字本来就是你的。你顶他的名字，去瓦杜茨当监察员。"（I/2，381）

齐本凯斯半夜悄悄爬出棺材，与莱普盖伯见面，两人互换衣服。他在瓦杜萨伯爵身边担任监察员。真莱普盖伯过上全新生活；假莱普盖伯全身而退。其实，小说的情节设置基础是两位主人公互换名字，这才导致后来假死和假葬礼的必要性。两个朋友将其名字看成"与其承载者没有重要关系的符号。"他们因此违背了"社会秩序规定的交换关系，通过消除并转让区分且保证其身份认同之物。"[1]

小说的内容和形式都以许多矛盾为特征：朋友互换名字，齐本凯斯假死，两个女性形象蕾奈特和娜塔莉形成强烈反差，"这些都构成自相矛盾的状况。"[2] 齐本凯斯的假死具有重生意义："这种哲学死亡与生物死亡相反，并不意味自我终结，而是焕发青春，是重生。"[3]

总之，该小说独特的情节设置充分展示作家丰富的想象力。而想象是诗艺的基础；情感是现实世界给作家的感悟。让·保尔一直努力维护"想象与情感的平衡"[4]。

---

1 Proß 1997，55–56。

2 Böschenstein 1974，44。

3 Langner 2013，211。

4 Lecke 1970，10。

4.4.3 《齐本凯斯》中两个幽默人物：齐本凯斯与莱普盖伯

幽默的长篇小说是现代浪漫文学的最高体裁。内心建构自我，解决与平庸的外在世界的矛盾。让·保尔从艺术哲学的角度提升诗艺活动的价值，使之高贵化。他从小处着眼演绎幽默。该作的幽默首先体现在齐本凯斯及其灵魂之友莱普盖伯这两个幽默人物的设置上。

这两个幽默人物构成该小说情节设定、结构布局和人物设置的特点。作家尝试很好地平衡美的心灵和怪诞的身体。他俩互换名字的经历、互补的性格特征及其友谊的丰富内涵都为作品增添幽默色彩。互换名字的更深层含义在于，“使世人混淆场景，从而保留在愚人状态中。”精神背景形象地反映他们的本质：“通过换名字突破其本性的隔绝，直接参与另一方的本质，互补地变成一颗心灵。”[1] 作家刻画时使之互补，以提高其外表的同一性。这颇有寓意地流露作家的目的：“看到这两个人物消解成更高层次的统一，且视实现情节统一为该小说的塑造原则。我们不应孤立地看待齐本凯斯和莱普盖伯，而应视其对立的行为举止为统一。”[2]

两个幽默人物长相酷似：“当莱普盖伯稍微直起身并朝向齐本凯斯时，他们看上去就足够相像。”他们是“寓于两个身体的一个灵魂”（I/2，12）。但其体貌特征仍有差异：莱普盖伯跛脚，这是幽默人物不完美的标志；齐本凯斯“在左耳旁有个金字塔形状的胎记。”（I/2，40）齐本凯斯个子更高，也显得更年轻；莱普盖伯的体格更敦实强壮，体态更前倾。其面相也迥异。莱普盖伯的脸露出罕见的严肃表情。他颇为嘲讽的自我描写特征说明，这种严肃并非后天形成，而是与本性有关，是与生俱来的。这种表情由怀疑、明智敏锐的清醒和悲观的人生态度决定。其前倾的身体姿势导致他朝大地说话，这暗示“他脚踏实地的写作风格，更接地气，更务实，毫无齐本凯斯理想的、耽于梦想的特征”[3]。

这对灵魂之友有更多精神上的亲缘关系。他们都厌恶世界的普遍愚蠢，鄙视人类的狭隘与自私：他们都轻视“儿童滑稽戏，都攻击小家子气，……都厌恶没

1　Durzak 1970，133。

2　同上书，127。

3　同上书，126。

有尊严的自私自利，都在尘世优美的疯人院中有嘲笑乐趣。”（I/2，39）但其讽刺和幽默风格有别于他们与诗艺的关系：“齐本凯斯更喜欢扭曲；莱普盖伯更喜欢惩罚。”齐本凯斯更多表现“贺拉斯的嘲讽”；莱普盖伯“更多表现阿里斯托芬式的街头流行小调，具有非诗艺的和诗艺的犀利”（I/2，40）。另外，让·保尔喜欢用形象的、画面感强的语言表达其诗学观。该文本呼应莱布尼茨前定和谐理论中万物存在镜像相互映照关系的观点。积极地确定镜像和映像，这表明内在的所属关系。齐本凯斯和莱普盖伯这两位个体“外表的相同和相互的映像关系恰恰表明他们的友谊和亲近关系。”[1]

悲观主义源于对世界和人本性的如下认识：世界乃疯人院，充满无序、纷扰和混乱。而人是自私狭隘的，应遭到摒弃。该悲观主义只能在淡化一切的大笑中得到解脱，超越一切。人们可以通过该方式消解世界的严酷性。世界就变成人可苟活的、“美的疯人院”。他俩都有对世界的基本认识，但其表达方式不同。莱普盖伯“贬低世界的幽默更具有攻击性。”与莱普盖伯的严苛相对，“齐本凯斯彰显青春朝气和理想特征。”[2]

莱普盖伯通过“亚当的婚礼致辞”（*Hochzeits Rede Adam*s）纵观人类发展史。源于亚当的人类历史怪诞地萎缩。让·保尔让莱普盖伯通过荒诞的视角看待人性的弱点，表明悲观的基本人生态度。他用三个排比句罗列“人类的主要错误”：第一，“他们有太多小错误”，“人的良心服务于人，”“只因仇恨身边的人和对他人的僭越而产生病态的情感”；第二，“人只有躺到死亡病榻上，才摒弃不道德的本质。”第三，人们“学习并热爱美德的语言，却同富有美德的人为敌。”（I/2，72）

莱普盖伯非常消极地看待人类的弱点，但他还是列举人类少数精英的名字：亚里士多德、柏拉图、莎士比亚、牛顿、歌德、康德和卢梭（I/2，73）。在这篇婚礼致辞中，莱普盖伯自比亚当，说自己会复活。他视齐本凯斯为其“精选的后代”即“诚实善良的儿子”（I/2，74）。齐本凯斯是善良人的理想形象。为了他，

1　Schmitz-Emans 2013，30–31。

2　Durzak 1970，128。

莱普盖伯甘愿忍受大多应摒弃的人。这种认明完全源自其友谊的极端主观性。正因如此，他才突破其悲观主义的基本人生态度。这说明，悲观主义作为其人生观的基本要素具有普遍性。

莱普盖伯的另一封信也证实他对人生的悲观态度。他揭露毫无意义的、沽名钓誉的行为："名誉不配赢得任何名誉"。他也曾怀有抱负："当大作家"、"选帝侯"、"大学副校长"和"系主任"。但他后来看破红尘，嘲讽自己原初的人生规划。他变得更宿命："我们的命运就该如此，既然有个神灵坐在苍穹中，看着我们所有人"（I/2，209–210）。其怀疑态度源自悲观主义的人生观。他寄希望于理想的现世，希望人凭思想自由超越世界的丑陋。人若一味否认世界，就面临虚无主义的危险。

与莱普盖伯的性格相反，齐本凯斯"给自己的美丽心灵戴上荒诞而滑稽的面具。"他"将其短暂的人生游戏变成玩闹的游戏和滑稽的英雄法庭。他出于更高的原因而非虚荣的原因跟踪荒诞的情节。"受"摆脱所有状况的自由心灵之感"和"讽刺特征"刺激，他扭曲"而非模仿人类的愚蠢。"（I/2，171）他认为，荒诞和滑稽只是隐藏在身后的面具。莱普盖伯好斗的情绪源自悲观主义。相反，齐本凯斯的荒诞和讽刺态度并非源自其内在的悲观主义。在人生的嬉闹游戏中，齐本凯斯让自己和他人变得可笑。他将人生整体理解为戏剧，他在其中自由活动，巧妙地隐藏意识即自我反思的高度。

尽管齐本凯斯也嘲讽世人的愚蠢，但爱和友谊是代表其本质核心的神圣情感。他赋予这些情感绝对意义。所以他在本质上有贺拉斯式更精细的特征，这使他宁愿原谅世人的愚蠢。更重要的是，他深知自己纯净的本质独具优势。他怀着更高意图发展与莱普盖伯的友谊：让莱普盖伯赞同自己本质的折中态度，让他也相信不朽。

他们的友谊在小说结构上起纽带作用。齐本凯斯希望人生在世能实现个人幸福。倘若没有挚友的帮助，他不可能摆脱妻子，让其诗艺获得认可，得到安身立命的良机和心仪的娜塔莉。但小说的人物设置自相矛盾，因为鄙视世界的莱普盖伯比宽容世界的齐本凯斯更精于处世之道。他最终安排好朋友的个人幸福。他俩都不能独自生活于世，只有联合才能完全实现真正的人性。莱普盖伯竭尽全力让齐本凯斯摆脱所有外在的困境；齐本凯斯则努力使莱普盖伯摆脱内心困境。不朽观念成为其友谊最高的关联点："倘若我们都腐朽，我们还怎么能互相爱对方呢?"（I/2，237）

其差异主要取决于他们对情感和理智的态度。齐本凯斯更多受情感支配。他"更易变，心更软，更偏女性，情爱方面更敏感。"莱普盖伯更多受理智支配。"他更坚强，更好斗，执行力更强，因此也就更辛辣，更尖锐。"[1] 该作的内在成就在于，情节为此目的效力：直观地展示两位有个性的人物致力追求的统一思想。其差异更多体现在性格、气质、情绪以及与幽默和诗艺的关系上。齐本凯斯更多愁善感，他比嬉笑怒骂的朋友更悲情。他确知，自己作为常写"诙谐有趣的讽刺"的嘲讽者，比爱开玩笑的朋友莱普盖伯"更悲伤"。（I/2，352）

让·保尔在几个地方细致诙谐地描写齐本凯斯接触手帕的细节，这既凸显齐本凯斯多愁善感的文人气质，也充分表现小说的幽默风格，甚至令读者忍俊不禁。正在创作的齐本凯斯忽听外面有带孩子的歌女抱着竖琴，反复吟唱"死去的已死去；过去的已过去"这首歌。虽然他囊中羞涩，但他仍善良地让妻子送钱接济歌女。他本以为妻子冷漠，可当他发现妻子被泪水浸湿的手帕时，又很自责。于是，他用力将她的湿手帕"按到他的眼珠上。"他想到新年只给他带来对时光消逝的伤感。"带着两颗泪珠的冰冷手帕放在炽热的脸颊上，起冷却作用。"（I/2，320–321）当齐本凯斯在瓦杜茨独处时，回忆过去难免悲伤。他每天只能在枕头上"倾听其柔软心灵的请求和愿望"。枕上的白手帕"正等待他那双湿润的眼睛"。"由泪水组成的大洪水位于整个旧世界之上。"他想起前妻和妻子："在大洪水中浮游上来的，只有那几天蔫枯的死亡花环。那是娜塔莉和蕾奈特提前插的花。"（I/2，548）作家用"大洪水"夸张地比喻主人公即将恣意流淌的泪水。他描写男人与手帕的细节，凸显齐本凯斯柔情似水的细腻温情。读者也能感受些许幽默和滑稽以及感伤文学的特点。齐本凯斯能设身处地为他人着想，彰显真挚情感。

莱普盖伯嬉笑怒骂，成为"诗艺幽默的化身。"[2] 他承认，他与齐本凯斯嘲笑

1 Durzak 1970，137。

2 Lindmann 1970，59。

整个世界的方法和难易程度不同：他自己动嘴皮子即可；齐本凯斯则要靠耍笔杆子。齐本凯斯遵循的艺术规则要经受考验，故难度更大：他自己“用双唇大声嘲笑整个世界，这要比用鹅毛笔、根据尝试过的艺术规则轻声地嘲笑世界更容易。”（I/2，368）。幽默人物莱普盖伯已习惯戏谑、调侃、开玩笑和善意的谎言：他“由于讽刺和幽默，如此愿意且频繁地撒谎”。他很“不宽容地敌视严肃的不正派和狡猾。”他不会真正撒谎：“他会说出一千个开玩笑的谎言，但他说不出两个应付人的谎言。”（I/2，497）虽然莱普盖伯爱开玩笑，喜欢幽默，但他本质上无法容忍不诚实和狡猾。他更向往心灵自由，是“谙于世故者。他寂寞，没有妻儿，”（I/2，543）只爱瓦杜茨伯爵的女儿。

莱普盖伯主要是“世界的谩骂者和嘲笑者”。按其标准，“一切都太渺小，因此活该遭到谩骂和嘲笑。”[1] 所以他鄙视并远离世界，成为隐士。他“在幽默中克服怀疑，”最后遁入人海，享受更多自由。对立的诗艺世界与现实世界毫无妥协余地。他选择诗艺世界，他是彻头彻尾幽默诙谐的人物，“用幽默的方式摧毁世界”[2]。在真正明智者看来，这颇令人费解。他还不愿受有限的时空限制，表现幽默人物追求无限的特点：他不愿在有限的时间段内定居在有限的地方。他要么生存在他从世界公民的视角看绝对这种空间内，要么生活在自由安排的小市民的舞台背景内。

让·保尔对比二人：“莱普盖伯的脾气有更浓的色彩、更自如的画风，因此有更诗艺、更具世界公民特征和更理想的规模。”（I/2，545）他在《美学预备学校》中指出，莱普盖伯描绘的世界幽默注重整体性；齐本凯斯更注重细节和局部。莱普盖伯描绘的世界幽默“从不指明并指责个别情况；而其朋友齐本凯斯更多这样做。因此，我更想给予齐本凯斯情绪而非幽默。”（I/5，126）他赋予莱普盖伯更多幽默。其实，莱普盖伯就是齐本凯斯的另一个自我，恰如梅菲斯特是浮士德的另一个自我。他们是同一幽默人物的不同侧面，综合构成个性突出的完整人物。

作家演绎贫穷主题时也充分展现其特有的幽默。齐本凯斯虽很清贫，但他因

1　Oschatz 1985，152。

2　Berger 1939，373。

幽默而鄙视金钱："他由传统观念和他的幽默打造对金钱不可否认的鄙视。"（I/2，34）他用深夜所谓好处自嘲地自我安慰："黑夜让人持续没有光，没有柴火，没有食物，没有衣服。一个人只需有一张床就好。一个穷人，只要他躺着，就是幸福快乐的。幸运的是，他在其一生中只有一半时间**站着**"（I/2，216）。因为他只在白天而非深夜面对贫穷的生活状况，所以其贫穷似可减半。引文中很多词以"没有"（frei）结尾，增强了自嘲式幽默效果。

该小说体现的幽默与作家本人具有哲学意义的人生观密切相关。幽默为其小说中的人物"化解矛盾"，用"对待生活难题"的方式[1]。在让·保尔的作品中，"幽默没有痛苦地接受世界的破碎脆弱"，而是"带来解决方案。"[2] 面对客观世界的易碎性，他把幽默变成诗艺地化解现实矛盾的手段，故成为德语文学诗意现实主义作家以幽默化解矛盾的先导。

让·保尔善于通过幽默描绘小人物在现实生活中遇到的问题，诗艺地化解矛盾。与现实世界和解的愿望隐藏在幽默背后，这预先展现德国文学诗意现实主义的特征。幽默昭示人类的局限。幽默人物以荒诞的幽默与现实保持距离，平衡内心的不同冲突。幽默成为其创造性原则及其作品的灵魂。其幽默被视为"世界观和创世的力量"[3]。在幽默中，生存摆脱所有矛盾，并返回内心世界原初的和谐中。

让·保尔熟练的艺术技巧与其贴近现实的关系在于，"不同艺术手段帮助他更敏锐并在更大程度上批评地洞察世界。"[4] 作为作家独特的表现手法，幽默是他揭示现实、与现实问题周旋的策略。虽然齐本凯斯的假死说明，怪诞的情感爆发更符合莱普盖伯的处世哲学，而并不符合齐本凯斯多愁善感的类型。但《齐本凯斯》确实是作家演绎幽默和诗艺精神的典范之作，主人公通过追求更高的诗艺精神对抗现实生活中的平庸，借助诗艺精神实现自我超越。

1　任卫东等 2007，208–209。

2　Dtv-Lexikon 1992，76。

3　Berger 1939，27。

4　Höllerer 1999，1208–1209。

4.4.4 幽默人物齐本凯斯对诗艺精神的追求

让·保尔崇尚诗艺，视平庸为诗艺的大敌。他安排主人公成长为诗人，享受诗艺的美好。他在《美学预备学校》中指出，幽默渴望“诗艺精神”。用哲学方式构成的幽默“带来更高的世界观”（I/5，146）。他强调幽默与诗艺精神的密切联系。诗艺“给予我们所有现实……永远丧失的至高。”（I/5，447）

孩童般单纯的齐本凯斯心性高洁，即便身处平庸的日常生活也努力追求诗艺精神。他假死后享受精神自由。幽默帮他走出绝望，因为幽默具有“减负作用，它可以在大笑中制止理性与非理性的对立。”[1] 让·保尔以幽默洞察现代弊端：“幽默带来解决方案，它毫无痛苦地接受世界的破碎性。”[2] 面对客观世界的易碎性，他运用幽默诗艺地解决现实问题。因此，他堪称用幽默解决现实问题的德国诗意现实主义作家的先驱。齐本凯斯通过幽默和诗艺超越日常的平庸，升华到有哲学高度的世界观。幽默是让·保尔的“艺术”与“世界观”之间的“衔接手段”和“分离手段”[3]。

齐本凯斯成为作家的历程体现幽默人物对诗艺精神的追求。他最终实现真正的诗艺精神。该作的诗艺精神主要体现在以下几方面：

首先，主人公渴望以诗艺精神克服平庸。作家齐本凯斯撰写优秀讽刺作品《魔鬼文件选读》，战胜贫困，在狭隘的社会环境中立足。莱普盖伯赞赏其成就，表达惊喜心情：他“在一座仅活跃着小商贩和律师的小城里……能靠讽刺，使自己提升到如此的艺术自由和纯洁”（I/2，368）。可见，现实生活的粗俗和平庸反而能促进诗艺的飞升。

其次，齐本凯斯情志单纯。艺术家的单纯气质最需要心灵自由：像他“这样自由的心灵，甚至在宫廷中都会因长期不熟悉各种状况而迷乱。它肯定不久就会通过超越所有偶然性重新找到自由。它还用不苛求的简约稍微取代高艺术性和高要求的世界。”（I/2，391）单纯的主人公热爱诗艺，其特质与现代人的冷静盘算

1 Krumme/Lindner 1974，72。

2 Dtv-Lexikon 1992，75。

3 Kommerell 1977，76。

和实用主义构成强烈反差。真与纯是让·保尔的诗学理想，是人类已逝黄金时代的血脉赓续。该理想与充斥弊端的现代分庭抗礼。

再次，齐本凯斯的精神快乐源于其文学的成功和诗艺的成熟。他在春光明媚时来到拜罗伊特，如释重负、怡然自得地享受全新的诗艺生活。他在新环境中感悟更大的心灵自由，更乐观地对待文学创作和世界。作家的诗艺世界远比穷律师的现实世界更美好。作家成功地刻画《齐本凯斯》中诗艺的情景：齐本凯斯来到浪漫的谐趣园“凡泰极”（Fantaisie）。这个词与“想象”（Phantasie）相似。想象显然是诗艺飞升的重要因素。齐本凯斯在凡泰极邂逅娜塔莉，这是小说中最细腻、最优美的情景，是作家用文学手法神化的最知名的地方。娜塔莉也是诗艺的象征，正如霍夫曼的艺术童话《金罐》中主人公爱恋的、象征诗艺的青蛇塞彭提娜。蕾奈特就像主人公偶尔爱恋的、象征庸常的维罗妮卡。瓦格纳在歌剧《唐豪塞》中让男主人公爱上两个有对立特征的女人：象征尘世之爱的维纳斯和象征宗教纯洁的伊丽莎白。在小说《大理石像》（*Das Marmorbild*）中，艾辛多夫让主人公弗洛里奥爱上截然相反的两个女性：维纳斯象征尘世欲望；比昂卡代表基督教尊崇的纯洁。总之，安排男主人公同时爱上两个有对立特征的女性，这属于德语文学中人物设置的传统。究其因，当时“对立观成为广为德国知识精英接受的思想。”[1]他们都视对立学说为重要的创作原则。

在凡泰极，幽默重新释放想象。而凡泰极只有作为想象发挥作用时，才是诗艺的。齐本凯斯在此终于获得“最高的幸福之星”（I/2，409）。他突然看到“眼前晃动凡泰极绿茵茵的圣殿峡谷，映衬晚霞染红的云朵和白色花朵的脂粉。”（I/2，451–452）富有田园气息的凡泰极堪比人间天堂。

幽默可帮主人公化解现实中的矛盾冲突。作家以幽默为桥梁和纽带，衔接人物所处的现实生活同他向往的理想状态，使他由平庸的日常生活升入有更高精神追求的诗艺世界。幽默连接较低的现实世界与更高美好的诗艺世界的作用：“由于幽默可以连接高低不同两个层面，狭窄和宽广两种范畴，所以日常生活中狭隘的、不愉快的、痛苦的事物就会被幽默的艺术手法转移到另一个宽广的、美好的

1　赵蕾莲 2014，53。

层面。”[1]

借助想象力达到的幽默效果可使人暂时与外在世界和解。尽管齐本凯斯不谙世事，但他能用幽默感解决现实生活中的棘手问题。幽默帮他克服人生窘境。他虽不是世故练达之人，但能以幽默感乐观地应对现实中的困窘。他乘着幻想的翅膀，借助诗人的想象力和淡定克服人生所有困难，因为幽默有缓解现实矛盾、减小锋芒的作用：“幽默在叙述的反射中接受比在尖锐的现实中更柔和的色彩。”[2] 主人公的幽默会帮他恢复冷静。有滑稽特点的主人公教育自己，要经过历练，方能达到斯多亚式的淡定。

《齐本凯斯》体现幽默对诗艺精神的追求。齐本凯斯配合挚友导演自己的假死，唯望在假死后过上诗艺的生活。作家以此将幽默手法演绎到极致。这两个幽默人物欺骗世人，旨在通过荒诞至极的手法使主人公超越平庸的世界，升入更高的诗艺世界。幽默和诗艺精神密切相关，使身处困境的齐本凯斯找到始料未及的解决办法，实现诗艺的救赎。

综上，让·保尔不愧为以幽默为创作原则的作家。《齐本凯斯》充分体现幽默对诗艺精神的渴望，幽默手法在该小说中达到巅峰。两个幽默人物用充满喜剧色彩的幽默手段欺骗世人，旨在通过超乎常理的安排实现诗艺的升华。假死和假葬礼闹剧后，主人公脱胎换骨，开启诗艺的人生。幽默与诗艺精神结合，为身处窘境的主人公提供出人意料的、诗艺的解决方案。

4.4.5　附录《从天而降的已故基督所作的“上帝不存在”的演说》的核心内容

《齐本凯斯》的附录《从天而降的已故基督所作的“上帝不存在”的演说》（*Rede des toten Christus vom Weltgebäude herab, dass kein Gott sei*）是描写梦境的作品，1796 年出版。1789 年的手稿标题是《对无神论的描写。他布道说，不存在上帝》（*Schilderung des Atheismus. Er predigt, es ist kein Gott*），不久后的标题为

1　谷裕 2007，55。

2　Oschatz 1985，293。

《莎士比亚的死者布道》，让·保尔最终将它扩充成《已故的莎士比亚向教堂中已故的听众抱怨，不存在上帝》，未刊印。1795 年，他决定出版 1790 年的定稿《天使在世界大厦旁的演讲》。

他多次更换标题的顺序，日益大胆地塑造，逐步扩展其无神论主题：首先，无神论自己说话。然后，莎翁作为近代悲剧性世界情感的首位代表说话。接下来，他将无神论的死者布道变成死者对众多死者的布道。天使取代了布道者莎翁。最后，已故的耶稣在无法再被超越的升华中宣布，“不存在上帝”。与该尖锐化相关，该作的场所从公墓小教堂中闹鬼般的深夜死者集会，扩展成分崩离析的万有世界的宇宙幻境。

该作描写某个人的一场梦。他在梦中听到已故的基督关于“上帝不存在”的演讲，吓得浑身发抖，猛然从梦中惊醒。弄清这只是梦魇后他感到万分庆幸。这说明，“上帝存在”是小人物的精神支柱，使他们得以克服生活困苦。作家也希望，“上帝不存在”只是梦魇。

让·保尔曾说明，他写这段“上帝不存在”的演说，描述有意义的情感极端负面的状况，旨在唤醒人们真正的信仰和情感。他觉得有义务在美学上演绎梦中经历的极端负面状况，于是将该演讲构思成“作家的梦中之梦”。作家在夏日夕阳中进入梦乡，发现自己夜里 11 点来到公墓。接下来的情景马上有滑稽特征：在“空旷的夜空下”，在迫近的“灰蒙蒙的雾霭”中，做梦者经历这番景象：教堂墓地和教堂的阴影世界陷入无法阻挡和难以理解的运动中。“两阵不停的噪声”使教堂摇晃。

在梦中出现的世界与现实世界不协调，太阳被逐出。这里只有“眼皮”，没有眼睛；只有表盘，没有数字，亦无指针。“一个崇高的、高贵的人物形象带着难以消逝的痛苦从高空沉降下来，”进入不和谐的世界。众死者问：“耶稣！不存在上帝吗？”沉降者回答：“没有上帝。”耶稣现在描述他在宇宙中对上帝的寻觅，可他在所有地方都获悉，“上帝并不存在”。“只有永恒在混沌之上，咬碎混沌，然后反刍。”（I/2，269）耶稣只好告诉纠缠他的已故臣民：“我们都是孤儿，我和你们都是没有父亲的孩子。”话毕，“教堂分崩离析，规模难以测量的整个世界大厦都坍塌了，”（I/2，269）就在耶稣和作家的身旁。

在悲剧性的寂寞和广袤中，在“虚无”面前，耶稣冲着坍塌的世界大厦发表辛辣的斥责演说。“僵硬呆板的、默不做声的虚无！冰冷的、永恒的必要性！癫狂的偶然性！”（I/2，269）它们取代整顿秩序的、仁爱的圣父。绝对的无意义在“已故的耶稣面前”也不停歇。耶稣却无威力，“成为他自己的天使。”在梦境开端，场所在扩大。现在场所受限的方式是，“永恒的巨蟒”把“分崩离析的世界”压缩成“教堂”（I/2，271）。而做梦者在应宣告最后一小时的钟声敲响后醒来。醒来的人重新发现温暖的夕阳。这时，他的灵魂重新赢得朝拜上帝和在“无限的圣父”面前生活的能力。

该演讲描写“上帝不存在”的梦境，典型地勾勒现代欧洲的虚无主义历程。法国宗教哲学家、物理学家和数学家帕斯卡（1623—1662）属于首批表达现代虚无主义者。自此，体验逃向无限的世界就关乎宣称自我的自主权。虚无主义者感觉世界毫无意义。在让・保尔、帕斯卡和后来的陀思妥耶夫斯基的作品中，这种“上帝不存在”的经历还在宗教和审美方面被束缚在整体直观中。

在浪漫文学和整个 19 世纪，让・保尔论及的“诗艺的虚无主义”衍变成攫住全部生存的虚无主义。格里尔帕策、毕希纳、海涅、克尔恺郭尔、缪塞、福楼拜、波德莱尔和尼采都演绎过这种对虚无主义的体验。

让・保尔这篇描写梦境的特殊文本无疑极大地影响现代精神史。德国表现主义画家和作家库宾（Alfred Kubin，1877–1959）以此著称：为让・保尔的作品画插图。他于 1909 年写下长篇小说《另一侧》（*Eine andere Seite*），尝试以该作为红线，将它编织到关于世界末日的文学主题中。他根据 20 世纪各种重大事件，强化世界末日主题。格拉斯 1986 年出版的长篇小说《母鼠》（*Die Rättin*）中有“从垃圾山向下发表的演说”（*Rede vom Müllgebirge herab*），以引用方式改写让・保尔这篇描写梦境的演说。

但以精神分析为视角的研究成果虽高度评价它的文学价值，却忽略它与小说《齐本凯斯》情节之间密切的内在联系，尤其与夜间谈话、教堂墓地谈话以及接下来的梦境之间的内在联系。

4.5　揶揄费希特自我哲学的弊端：幽默长篇小说《泰坦神》与两篇附录

4.5.1　序言

《泰坦神》是集大成之作。作家在此回应同时代哲学、美学和文学主流以及现实政治与历史哲学倾向。他塑造最具代表性的悲剧型幽默人物硕普，还在其两个“滑稽的附录”中安排兼具讽刺和幽默风格的离题内容：针对费希特哲学的檄文《理解费希特和莱普盖伯的关键》与《热气球乘坐者吉亚诺佐的航空日志》。

哲学造诣颇高的让·保尔研读费希特哲学精髓，熟悉其最高的基本原则，并通过阅读雅可比的相关著作加深理解。他与雅可比一样崇尚信仰、神性和情感，密切关注后者挑起的“泛神论之争”[1]及其对费希特哲学“虚无主义”倾向的批评。他觉得有必要以形而上为纠正措施，对抗理性的绝对主义。他想以信仰约束理性，旨在避免理性潜在的自我破坏力。在《卡姆帕纳峡谷》（*Das Kampagner Tal*）一文中，他视信仰为“第二生命”。人若无信仰，就会丧失所有“希望”（I/6，608）。人不能单靠理性生存，他在《塞利娜》中视“思想高尚的信仰”为“真正的人生需要。”（I/6，1114）他1798年10月13日致信雅可比，自称是德国批判哲学“之敌”（*JP Biefe*，3，116），意欲同他和赫尔德结成反先验联盟，以抗衡缺乏神性的先验哲学。

受雅可比《致费希特的公开信》启发，他敏锐洞悉费希特哲学潜在的危险。他将1799年写毕的最重要的讽刺作品《理解费希特和莱普盖伯的关键》（*Clavis Fichtiana seu Leibgeberiana*[2]）作为反驳费希特《知识学》的著作献给雅可比。他揶揄费希特哲学，以此建立该作与幽默长篇小说《泰坦神》的内在联系。《泰坦神》是其具象和延伸。让·保尔描写幽默人物硕普的悲惨命运，形象地勾勒费希特哲学的弊端。

1　详见赵蕾莲2017，86–89。

2　德语译为 *Schlüssel zu Fichte und Leibgeber*。

4.5.2 《泰坦神》的核心内容

幽默长篇小说《泰坦神》(*Titan*) 1800—1803 年出版，让·保尔称之为其最好的作品。他本想写成长小说，描绘出身市民的主人公阿尔巴诺经过历练成为在各方面都优秀的理想天才，但他最终改变构思方案，决定写以宫廷社会为社会背景的长篇小说。他将故事情节放在贵族社会而非市民世界，让主人公先作为隐匿的王子出场。《泰坦神》的两个附录有大量滑稽且重感的离题描写：《理解费希特和莱普盖伯的关键》以杂志连载的形式汇集作家的讽刺离题；《乘热气球飞行者吉亚诺佐的航空日志》以在全德国上空飞行的吉亚诺佐的俯瞰视角抨击时弊。

荷尔德林、诺瓦利斯、让·保尔、蒂克和霍夫曼等文坛新秀都想借鉴并超越歌德的经典成长小说《威廉·迈斯特的学习时代》(*Wilhelm Meisters Lehrjahre*)。让·保尔有三部“反迈斯特”(Anti-Meister) 小说：《泰坦神》、《菲克斯莱恩》和《齐本凯斯》[1]。他想描写阿尔巴诺走向政治成熟的心路历程，使之成为“超越迈斯特的人物”(Über-Meister)[2]。这种超越应体现在，新王侯阿尔巴诺能比献身戏剧艺术的迈斯特更好地践行政治理念，实现人生抱负。与迈斯特一样，“阿尔巴诺的成长过程也遵循秘密计划。”他们“在自我培养时都通过更换不同的教育者和人生的多种偶然境况抵抗异质的现实。”但不同的是，阿尔巴诺通过“自然”而非“理性”“实现目标。”[3]

1798 年 8 月 3 日，让·保尔致信雅可比时挑明《泰坦神》的创作意图为“对抗本世纪普遍的放纵”这一时代通病，对抗“天才的偏狭”以及“在美学和哲学上割裂自我和世界”(*JP Briefe*, 3, 129)，矛头指向割裂自我与世界的浪漫文学和费希特哲学。他 1803 年 9 月 8 日致信雅可比时直言，《泰坦神》有“反泰坦神”(Anti-Titan) 特征，强调其反抗骄横的泰坦神族的基调，并提出重要的诗艺概念“单一强壮的发展力量”(Einkräftigkeit)：“《泰坦神》应叫《反泰坦神》；每个冒犯天庭者都下地狱……硕普只好因单一的强壮力量而沦落。”(*JP Briefe*, 4, 264–266)

1　Pfotenhauer 2013，152。

2　同上书，239。

3　Ueding 1993，140。

“单一强壮的发展力量”指天才人物“情感、想象、理智、反思和意志独立性方面”[1]的片面发展。它是理解让·保尔诗艺构想的关键概念，因为小说中这类人物如莱安娜、罗克瓦艾洛尔、加斯帕德、硕普和琳达都违背多种力量均衡发展的艺术理想。他们接受对其罪责的宣判，注定失败。只有理想人物阿尔巴诺是“多种力量全面发展者”，随着小说情节的发展日益高大。

考梅莱尔解读“单一强壮的发展力量”概念时主张，作家针对同时代多个思潮与知识精英：此乃让·保尔“对古典文学和浪漫文学的指责。他以此概括非常冷僻零散的内涵：理性主义和天才时代的余波，包括具有单一强壮的发展力量的席勒和多种力量王国的歌德、康德和费希特，还有年轻学派的浪漫文学创作与艺术概念。”[2]

在第142回中，王侯夫人艾列奥诺勒给儿子阿尔巴诺写信，揭秘其身世：在封建小邦国霍恩弗里斯，王侯盼望已久的王储鲁伊吉很晚出生。与之有亲戚关系的邻国哈尔哈尔王室觊觎霸占霍国更多财产，便打算杀死该王位继承者。霍国的王侯夫妇获悉哈国阴谋。王侯夫人要临产时与女友塞萨拉侯爵夫人（她不久前生下女儿琳达）商定，若她生儿子，就和女友交换孩子抚养。可她生了龙凤胎：儿子阿尔巴诺和女儿尤里艾娜。王侯决定，让阿尔巴诺当塞萨拉伯爵的义子，实则由正直的市民维尔弗里茨养育。伯爵向王侯提出要求，让琳达和阿尔巴诺长大后成婚。阿尔巴诺的命运由神秘的陌生人操纵，可他实际上并未按父母商定与琳达成婚。

阿尔巴诺和琳达在伊索拉贝拉岛上度过三年。后来，他又在维尔弗里茨的家里，与其女儿拉贝特一起长到17岁。大臣弗洛莱让儿子罗克瓦洛艾尔以阿尔巴诺为楷模，后者与罗氏成为好友，并希望结识罗氏可爱的妹妹莱安娜。后来，图书馆名誉管理员硕普成为阿尔巴诺的三位新老师之一。阿尔巴诺和老师们一起在伊岛短暂停留。后来他首次来到官邸城市佩斯特提茨，结识了鲁伊吉、莱安娜和罗氏。他在里拉尔王侯花园赢得莱安娜的芳心。宫廷布道者施佩纳尔告诉莱安娜，阿尔巴诺实为王子。她顾及门当户对的联姻传统，因自己出身市民家庭而决定放

1　Wölfel 2001，357。

2　Kommerell 1977，206。

弃对他的爱。罗氏引诱阿尔巴诺的义妹拉贝特，导致其友谊中断。

莱安娜死后，阿尔巴诺发高烧，直到酷似莱安娜的伊多伊娜出现时，他才退烧。塞萨拉侯爵送阿尔巴诺到罗马开启艺术之旅。在伊西亚岛，阿尔巴诺邂逅琳达。但他不知道，琳达并非他的亲妹妹。由于琳达爱上阿尔巴诺，他俩的结婚计划反而落败。尤里艾娜声称自己是他的胞妹。阿尔巴诺回到霍国。琳达拒绝罗氏的追求，后者因嫉恨阿尔巴诺，就想欺骗琳达，同时报复她的拒绝。他模仿阿尔巴诺的手迹给琳达写信，约她到王侯花园。他还利用她弱视的缺陷模仿阿尔巴诺的声音，成功引诱她。琳达发现上当后出门远行。在《悲剧演员》中，他表演自己的人生，最后在舞台上饮弹自尽。阿尔巴诺的哥哥鲁伊吉与哈国王侯的大女儿结婚，但因天生羸弱，刚继承王位就病逝。

阿尔巴诺了解自己的身世后，决定顺应天意，放弃赴法参战的计划。他决定作为封建王侯实现人生抱负。他仰望苍天道："'你派遣和平——我不应该参加战争。那好吧，我有我的命运！我有人生快乐、新的力量和计划，并享受王位的快乐。而在王位上，唯独精神的努力发挥作用，正如在战场上，更多是肉体的力量发挥作用一样。'"（I/3，811）他最后当上霍国统治者，娶伊多伊娜为妻。

作家让阿尔巴诺经历与莱安娜、琳达和伊多伊娜的爱情，日渐成熟。病态的莱安娜纯洁无瑕，有不食人间烟火的仙气，可用"白色"形容。而琳达是有血有肉、有女性魅力的生动形象，属于男人眼里的"红色女人"[1]。正因琳达无条件地服从爱，渴望幸福，才使她遭遇不测：她希望委身于恋人阿尔巴诺，所以未抵制冒充阿尔巴诺的罗氏的色诱。琳达轻易上当，致使阿尔巴诺与她分道扬镳，她也悄无声息地离开小说。伊多伊娜不像完全躲藏到画像后面的莱安娜和富有朝气的琳达，而是"修女和妻子有魅力的中间产物。"（I/3，713）

阿尔巴诺早年规避了成人世界的堕落危险。他与母亲和妹妹在岛上度过人生最初几年，享受亲情。后来，他在乡村生活，住在符合市民理想的家庭中，直到20岁。与卢梭的爱弥尔一样，他童年接受重视自然熏陶的教育，因而有健康的性格。他生活在岛上和村子的田园风光中，享受家庭的亲密氛围，这确保他免遭

1　Koller 1986，27。

现代文明和不良风气的危害，这是他内心自然发展的保障，但这同时人为地阻隔了他与现实的接触。

阿尔巴诺身边大多参与人生大戏的表演者都沉迷于滑稽可笑的泰坦精神。罗氏代表已死的内心性。硕普变成盲目的自我哲学的牺牲品，莱安娜是自我摧毁的重感特征的牺牲品，琳达则因过度要求自我解放而失败。所有人物都扮演意识角色，这是该小说个性主义构思的佐证。市民只把社会的人生理解为戏剧的人生。让·保尔 1797 年 7 月 23 日致信贝尔莱普施（Emilie von Berlepsch）时说："但愿我的《泰坦神》如此清晰地描述，一如在我的内心中一样，全部观念的世界只能被内在的人而非外在的人发觉并观测。"（*JP Briefe*，2，353）他勾勒只有内在的人才能发觉的观念世界。

但哈里希尝试将作家对现实世界的批评只解读为政治和社会宣言、对法国大革命的赞歌，这就难免偏颇。哈里希断定该作与法国大革命的密切联系和政治诉求；"在法国大革命岁月构思的《黑斯佩鲁斯》和《泰坦神》以此问题为核心：明确地关联法国政治事件，在德国消除封建主义。"[1] 他认为，作家从创作长篇小说起就打算，"为有自由思想的德国人塑造革命经历的象征，并在这种内在联系中指明用革命手段消除德国封建制度的可能的途径。"[2]

《泰坦神》敏锐地探讨魏玛古典文学和主观主义哲学体系即康德的先验唯心主义和费希特的唯我论。揶揄批评费希特哲学，这构成《泰坦神》与《理解费希特和莱普盖伯的关键》的内在联系，也是幽默人物硕普与热气球乘坐者吉亚诺佐的连接点。作家将幽默角色硕普塑造成片面发展的偏执狂。他想躲避王侯家族错综复杂的关系，后来被误导，进了疯人院，最后竟果真疯癫而亡。他由忍受世界和自我的人"变成费希特的追随者，其自我哲学的自私自利作为唯一的现实保留下来。"[3] 硕普质疑现存社会秩序，讽刺批评德国鄙陋社会的几乎所有问题：宫廷礼仪的可笑和帝国躯体悲惨怪诞的破碎性。因此他想培养学生阿尔巴诺独立思考的能力、市民的自豪感和面对位高权重者的男子汉气概。

1　Harich 1974，161。

2　同上书，165。

3　Wölfel 2001，316。

作家对贵族的讽刺超过对市民阶层的讽刺。他更多要求改变封建教育，而非社会状况。在《看不见的共济会》中，他让古斯塔夫的洞穴教育成为以卢梭的教育学说为标准的典范。当然，该教育还融合柏拉图的国家理念。他在《泰坦神》中结束了在《看不见的共济会》中开始的教育探索。阿尔巴诺从一开始就被设定为王位继承人。所有地下的和秘密的教育努力都服务于展示柏拉图《国家篇》中哲学王的理想，用 18 世纪末的术语说就是："让智者坐在王位上!"根据该阐释，《泰坦神》并非简单地赞美法国大革命，而是依据启蒙思想，对立地构想浪漫的乌托邦。这种对立构想与具体的法国现实分庭抗礼，因此《泰坦神》是对法国大革命的回应。主人公并非哈里希所称的雅各宾派党人，而是在《看不见的共济会》的额外文稿中就已发展的"崇高的人"，这是有柏拉图色彩的、反天才的总概念。

总之，《泰坦神》充满现实问题，形式上较集中，堪称让 · 保尔创作的顶峰。

4.5.3 《理解费希特和莱普盖伯的关键》揶揄费希特哲学的危险倾向

让 · 保尔认为，雅可比《致费希特的公开信》是反费希特主义的典范之作，费希特的存在无疑是"其时代最大的精神挑战之一"[1]。费希特哲学的魅力在于美化他也参与的构建现代。但他透过该哲学发觉其作家状态也潜藏虚无主义、自我中心主义和理性的自我神化等危险倾向，这令他心生惶恐。这表明其时代"过度的主观主义。"[2] 因而他在讽刺文集《理解费希特和莱普盖伯的关键》中关联费希特，探讨所有现代问题，讨伐其世纪的危险倾向。海涅在《论德国宗教与哲学的历史》中切中肯綮：称他在该作中"最无情地揶揄了费希特哲学。"[3]

文集标题中的"莱普盖伯"指"肉体给予者"（Leibgeber），隐喻人类原初角色亚当，因为亚当孕育人类，给人类肉身。他暗指《知识学》的真正作者费希特，以类似亚当的角色出现。在《知识学》中，整个世界都由"自我"杜撰。按让 · 保尔的写法，在幽默地鄙视先验的"自我"时，莱普盖伯是所有这一切的给予者："自我"、"非我"和世界。

1　Pfotenhauer 2013，219。

2　Chamberlain 1989，77。

3　Heine 1979，93。

雅可比批评费希特先验论的《公开信》启发他，比喻费希特的哲学体系为"先验的象棋游戏"，认为费希特忽略联系。他声称，在雅各比捍卫的情感和信仰世界中发现在"费希特作品中从未发现的……另一个世界。"（*JP Briefe*，3，218）他显然认同雅可比的情感和信仰世界，想用诗艺世界抗衡费希特的理性世界。他设定雅可比和费希特为对立面，比喻过度强调理性的时代为"朝生命抖动的肢解屠刀"（I/3，1018），使生命面临威胁。雅可比不愿接受理性自我神化的危险，因为他洞悉，唯心主义最后会陷入虚无主义的泥淖。

让·保尔亮出反费希特的态度，称莱普盖伯"在最完全、最自由的程度上是费希特的追随者。"（I/3，1029）他指出，费希特的"自我"无异于上帝："这个绝对的或纯粹的'自我'和无条件的现实以及内在固有的实体是上帝的同义词。"（I/3，1033）莱氏道出疯癫者的困惑在于无法平衡宏观和微观以及主客体：他们"调整好宏观宇宙，却搞砸自己的微观世界。……上帝为什么如此引人注目地、偏袒地赞同客体而反对主体呢?"（I/3，1048–1049）

他洞察费希特哲学片面强调绝对自我暗藏的危机：理性的自我神化导致理性自掘坟墓，因为该理性蕴藏虚无主义的危险，从而否定理性的存在，导致人疯癫，走向可怕的恶性循环而毁灭。

《知识学》是莱普盖伯神秘的讽刺意识的关键。受命运裹挟者没有清晰的历史意识。莱氏认为费希特"善于令人眩晕地考虑无限。"[1] 让·保尔形象地用"白色的无"和"黑色的无"分别比喻有限性和无限性：在康德之后必然出现"否定的莱普盖伯"即费希特，他留下"白色的无"，"假如人们拿走该理想的有限性，就只剩下黑色的无即无限性，理性就再也不用解释什么，因为它本身都不复存在。"（I/3，1022）

他形象地描写费希特哲学的虚无主义特征：

> 费希特通俗地说：我们的精神用"一口气息"就能把宇宙扔回无。在其体系的意义上：我们绝对的、无限的自我可以消除其限制即它对非我（宇宙）的设定，故也可以用客体消除主体或者有意识的自我，

1 Paulus 1998，222。

以此消除所有存在；因为自我本身就不存在，虽它不断变易或行动。（I/3. 1021，脚注 2）

他精辟指出费希特哲学自身的矛盾："绝对的自我"否定自身和非我的存在，即否定主客体的存在，结果必走向虚无。他竭力展示费希特哲学构想的界限，用雅可比的批评口吻描写虚无主义的后果。他认为，主观唯心主义否认的外在世界乃设定自我。物质世界丧失其实体性。"这种思想显然接近莱布尼茨关于世界现象特征的学说。他视莱布尼茨为由费希特带到顶峰的哲学发展的鼻祖之一"[1]。莱布尼茨的追随者"通过前定和谐，将单子当成宇宙的镜子。该宇宙由镜子组成；孤立的、被封闭的单子完全由自身发展非我。非我在单子之外，作为非我并非存在，而是又作为自我存在。"（I/3，1034）

他揭示晚期启蒙理性导致的后果。"普通的人类理性"总取笑"真正与生俱来的哲学家"，因为这种哲学家会将"知识大厦推移成疯人院"（I/3，1022），哲学家构建的理性知识大厦会把人类集体变成疯人院。他形象地演绎费希特哲学的弊端给人造成的负面影响。

揶揄费希特哲学构成该文集与《泰坦神》的内在联系。他反对费希特哲学中"绝对自我"的体系，因为他主张，费希特思想分离并限制"自我"。所谓"绝对自我""没有知性、理性、意志、意识"这种有限性（I/3，1036）。莱普盖伯的自嘲暴露"绝对自我"的虚无主义倾向："我是万有和宇宙"，"在世界中，人们不可能变成多于世界本身，……多于上帝……而且多于精灵世界的东西。""我的绝对的自我""孕育并生下一切，打破一切，摒弃一切，设定一切，这撇除了自身的自我是怎样的本质呢！"（I/3，1037）

让·保尔认为，费希特的"非我和自我或客体和主体是变换更迭的概念。"主体不复存在，主体与客体即"这个世界无法彼此容忍一分钟地存活。"最后，对于费希特而言，主体即"我的精神"会随着客体而"消逝"。"剩余的是费希特纯粹的自我，但在自我那里……根本谈不上长久或存在。"（I/3，1034–1035）

按照费希特的"自我"哲学，世界终将只剩下"自我"即"无"。"自我作为

1　Schmitz-Emans 1985，82。

超验的自我意识，不仅是现象世界的造物主，还是其自己的造物主。如此被绝对化的自我在他的体系中构成最高的点。”因为费希特将自我而非神当成哲学原则，所以莱普盖伯得出结论，在费希特演绎的世界中，“人必须没有神和其他人地生存。”[1] 该文集反映费希特在《知识学》中表达的要求：“依据超验的主体即绝对的自我的统一和原则，演绎人的整个世界知识。”莱氏嘲笑费希特的《知识学》为“本体论的唯我论，他突出展现《知识学》与认知理论的唯我论的亲近，且视之为将‘自我神化’为哲学无法被欺骗的原则的结果。”[2]

让·保尔把空虚和虚无主义的梦魇放到该作结尾。他还联系作家的状态，描写毫无信仰、情感和生命且孤苦无依的“自我”：

> 在我的周围是广袤的、石化的人类——在昏暗的、无人居住的寂静中，没有爱、钦佩、祷告、希望和目的在炽热燃烧。在任何地方都感受不到一下脉搏。没有生命，我的周围什么都没有，没有自我，只有无……我完全孑然一身……我就这样走出永恒，我就这样走进永恒……现在谁会听到哀怨并认识我呢？——自我。在永恒之后，谁又会倾听它并了解我呢？——自我。（I/3，1056）

他慨叹费希特哲学撇下的毫无希望、爱和崇敬等崇高境界的虚空，揭露唯我论的弊端：“无论是什么生命，其最高境界就是希望，能爱或崇敬什么。费希特的莱普盖伯主义却不给我留下任何相关内容。”（I/3，1054）只有其他生命和神的存在才赋予人类生存意义。莱氏向其他人和众神否认不依赖其想象的生存，故只好忍受“无聊、无目的性和隔绝孤独之苦。”（I/3，1034–1054）

费希特读过该文集。他在1804年版《知识学》第三章中肯定让·保尔的犀利，称他在此“尤其抱怨自我的孤独。我曾无法理解，他在多大程度上洞见这个理由。无论他是否洞见，他却通过预料，比思辨的否认者更好地击中要害。”[3]

该文集出版后遭到诟病：批评作者误解了费希特哲学，错误地解读其《知识学》。诟病者并未读出该作讽刺挖苦的含义。让·保尔后来为此修改润色之。叙

1 Hesse S. 2005，119。

2 同上书，125。

3 同上书，135。

事者即莱普盖伯的主编“让·保尔”“擦拭掉该作的讽刺挖苦内容，”[1] 重新调整顺序，增加评论内容。让·保尔请其代言人负责澄清该作造成的误会。他让虚构的代言人拓展对费希特《知识学》的批评，批评同时代的倾向。在此，“费希特哲学既是打上狂妄的主观主义烙印的精神态度的来源，又是征兆”。他让“哲学的费希特追随者现象”伴随“诗艺的费希特追随者现象”。叙事者“让·保尔”系统地重新调整该作顺序，并“让其形式将反费希特的内容逆转为费希特追随者的内容，让其作者从幽默人物变成疯癫者”。叙事者还“杀死”素材，旨在重新孕育素材，作为其自我诗艺力量的产物。“叙事者‘让·保尔’将《理解费希特和莱普盖伯的关键》改写成关于《知识学》危险的小说，他用叙事的费希特追随者的手法进攻哲学上的费希特主义。”[2]

让·保尔致信友人时称费希特哲学为“空中楼阁”，并质疑其高度：“我现在完全稳固地坐在费希特主义的巴别塔中，充满对建筑师的钦佩，完全不相信他想建造的高度。我现在视哲学知识大厦的空中楼阁为真正泼皮无赖的小客栈和硫黄精炼厂。”（*JP Briefe*，3，282）他又称它是“进行反驳的讽刺。”（*JP Briefe*，3，297）

总之，让·保尔在该作中演绎他对费希特哲学中理性的自我神化和虚无主义等危险倾向的想象：人的疯癫状况与上述危险倾向密不可分。

4.5.4　“绝对自我”导致《泰坦神》中幽默人物硕普自我分裂、疯癫和死亡

让·保尔在《泰坦神》中批评“费希特的唯我论学说”[3]，因为他读出《知识学》中极端的主观唯心主义，并演绎它为硕普疯癫的主要原因。他通过幽默人物硕普具体呈现颇具悲剧色彩的过程：无节制的主观主义、虚无主义、理性的自我神化等危险哲学倾向，会导致人自我分裂、疯癫和毁灭。

1　Hesse S. 2005，133。

2　同上书，148。

3　Oschatz 1985，688。

《泰坦神》的重头戏是：演绎硕普在费希特哲学思维影响下，逐步经历对自我的极度恐惧、自我分裂和多重生成、疯癫直至死亡。硕普病态地神化自我。他因受费希特“绝对自我”影响厌恶并惧怕自我，最后陷入自我分裂、疯癫和死亡。上述讽刺文集对理解硕普的疯癫至关重要。虚无主义和理性的偏差是硕普疯癫的主要原因，因此其“生平也是一部理性的疾病史。”[1] 让·保尔在诗艺世界中形象地演绎费希特哲学中虚无主义和理性自我神化的弊端。根据费希特的自我哲学，在被设定为“绝对的自我”之外没有对象世界和上帝，这不啻为否认作家珍视的神性。硕普忐忑地体验导致疯癫的自我神化。但作家洞见，作为创造性的主体，他可在文学创作上大展宏图。

德国浪漫派作家常演绎的主题有“疯癫、疾病、狂热、情欲和闲情逸致。”[2] 在蒂克的艺术童话《金发艾克贝特》（*Der blonde Eckbert*）和 E.T.A 霍夫曼的艺术童话《睡魔》（*Der Sandmann*）中，主人公都因疑心重而陷入疯癫。让·保尔在《美学预备学校》中论及疯癫时特意提及硕普：“疯癫使人片面、冷酷、特别、独立且不容忍。”（I/5，400）他将世人的疯癫归因于唯心主义：“否定的哲学唯心主义把不由自主的清醒和不由自主的梦消解成更高的、无变化的、不由自主的梦。”（I/5，401）

让·保尔塑造硕普，建立理性与疯癫的密切联系。理性乃衡量疯癫的尺度。福柯在博士论文《古典时代疯狂史》（*Histore de la folie à l'âge classique*）中以理性为重要标准，衡量疯癫的程度：“痴愚是理性的减低；激情是理性的肤浅败坏；癫狂和忧郁症则是理性的深度败坏；最后，躁狂、狂乱和各种病态的昏睡则把理性完全消除”[3]。罗兰·巴特指出，福柯笔下的疯癫并非“疾病”，而是“随时间而变的异己感”，“它纯粹是理性与非理性、观看者与被观看者相互结合的效应。”[4] 这启发我们以理性为背景解读硕普的疯癫。

嘲笑整个世界的硕普有一切幽默人物的敏锐目光和预见性。作为无节制的、

1 Wiethölter 1979，235。

2 Beutin et al. 2013，207。

3 福柯 2016，264。

4 罗兰·巴特 2016，封底。

悲剧型的幽默人物，他只能受命运摆布，最终毁于丑陋而愚蠢的世界。预言硕普会发疯的秃子揭示了疯癫的特点："疯癫就像癫痫一样，更多给予观众而非当事人痛苦。因为疯癫不过是早期死亡，一场更长的梦。"（I/3，521）

硕普身居有限却妄想追求无限。但他并不知晓何为无限，只能在有限中反复看到有限与无限的反差，只好因有限而无休止地辛劳工作。倘若用无限衡量，那么他认为，一切都是虚无。因此他嘲讽一切，蔑视有限人生，这契合他在《美学预备学校》中对幽默的界定。硕普就"像幽默那样，用小世界测量并联系无限世界。"（I/5，125）自我分裂令硕普倍感痛苦："自我分裂成有限的和无限的因素。"（I/5，132）幽默的基础正是有限与无限的反差。硕普鄙视有限性，觊觎无限性，在疯癫和死亡中结束一生。作家通过硕普演绎泰坦神族代表的普遍放纵精神的悲剧结局。

颇具讽刺意味的是，一向酷爱自由的硕普却被阿尔巴诺的义父诱逼进疯人院，这个所谓"更和缓的地方"（I/3，782），丧失自由。院长认定，硕普"可能是费希特的追随者，我从他的'自我'得出结论，他也是幽默人物。"（I/3，776）

费希特用自我的想象力建构世界。受该哲学思维影响，硕普经历自我的疲惫、分裂、多重复制和世界的疯癫。他发疯前就害怕幽灵般的"自我"，这是畸形且绝对化的"自我"。他最终毁于"自我"之谜的无解状态："对他自己的多重复制令他生厌：'你们这些自我，你们非要打扰我吗？'他说完向前屈身弯腰，""仿佛他的'自我'必须让他消失，就像被模仿的、玻璃的'自我'到处游走一样。"与阿尔巴诺一样，硕普很抗拒通过镜像对自己"多重复制"（I/3，546）。他更频繁地与想象中自身的对立面即镜像交流。他觉得，镜像构成绝对的威胁：他害怕"自我会到来，"（I/3，766）恐惧迫使他打碎所有镜子。

硕普真正的疯癫始于他陪阿尔巴诺在西班牙游学时的经历：在蜡像馆里，陌生的秃头男人突然预言，他将在"15 个月内发疯。"（I/3，520）硕普开始害怕幽灵般的"自我"，因为"自我"将自己置于绝对。他最终毁于"自我"之谜的无解状态："他厌烦对自身的多重复制"，仿佛其自我"必须让他消失"（I/3，546）一样。

硕普发疯后行为怪异：他"喜欢坐在镜子前长篇大论地自言自语。"（I/3，

689）他对着镜子说话，持续表现精神病症。“他在镜子反射的多面镜中看到，一个由‘自我’组成的民族在看着他。”（I/3，796）该细节预示其厄运，也呼应讽刺文集中的判断：费希特的“自我”“假定多个自我”（I/3，1039）。硕普重申，唯独不能忍受“纯粹的、智性的自我。”为了摆脱自我，他每年都改名字，想成为“另一个硕普”（I/3，767）。他提及费希特“自我哲学”时诅咒：“该死，存在经验的‘自我’和纯粹的‘自我’”（I/3，766–767）。

硕普最后因看到自己的双影人齐本凯斯而死。后者体现硕普镜像的威胁性（I/3，800）他与其镜像关系独特。他向阿尔巴诺解释，其“自我”令他恐惧，因为它代表世界的破碎性：“自我设定自身和自我连同许多人称之为世界的残余部分”，哲学家源自“残余的宇宙。”（I/3，766）

《泰坦神》中的镜像意义非凡。在与自身镜像的关系上，硕普酷似阿尔巴诺。硕普首先假设，镜像（即自我）就像整个世界，是自主的自我拥有的单纯产物。镜像中自我的出现最后会导致硕普死亡。阿尔巴诺自幼就很抗拒镜像或蜡像。为了激励他，身边的人制作他成人后的蜡像，可他一边嘴里叨咕“为什么做两次”（I/3，671），一边捏碎自己蜡像上的脸。

作为虔诚的助理牧师，硕普在教堂中以“基督徒的苦与乐”为题即兴布道，倾诉内心的寂寞和心理疾病。他以表面的亵渎方式表达回归上帝怀抱的愿望。其他人物报告硕普的愚蠢行为。这种间接描述用意更深。作为个体，硕普揭示人类整体的普遍愚蠢。让·保尔在《美学预备学校》中谈及幽默的整体性时指出：“不存在个别的愚蠢和傻瓜，而只有愚蠢和愚蠢的世界。”（I/5，129）硕普“用愚人可笑的方式和语言，却用《圣经》中的名言简要概括世界困境。”[1]硕普的言行怪诞而幽默，他居然问“教堂地下王侯墓穴中”的死者，“是否有什么可抱怨的。”他告诉假设已复活的死者：“你们坐到椅子上，睁开眼睛，倘若眼睛是湿润的。可眼睛比你们的尘埃还要干。”（I/3，690）

让·保尔设定幽默人物硕普大多承袭了斯威夫特的精神遗产，受晚年孤独的斯氏之讽刺传统启发。硕普深情缅怀老年疯癫的斯威夫特，感觉与他同病相怜，

1 Oschatz 1985，688。

竟“哭起来”：“你的‘自我’，在人生的炽热泪水中终于被腐蚀和融化。”硕普最后请求上帝，让斯威夫特有尊严地终了一生：“万一他失去健康、理智或类似的东西，请上帝让他像个男人一样死去。”（I/3，690）硕普看到其双影人齐本凯斯后突然崩溃，倒地而亡。

硕普感觉尘世的一切都太渺小甚至虚无。他不顾自身的有限性，向往无限，这正是他成为幽默人物的前提。他以幽默为媒介，联系对超凡脱俗、无限性、永恒事物、美德、真、神性和上帝的爱。这种暗示几乎贯穿让 · 保尔全部作品的对神性和诗艺的追求。他 1802 年 8 月 16 日致信雅可比，强调神性的重要意义：“我在意的是超脱凡尘的王国……神和不朽的王国。倘若没有这样的王国，在人生的荒芜中就只有叹息和死亡。”（*JP Briefe*，4，187–188）让 · 保尔描绘硕普的疯癫，以此很好地诠释费希特哲学潜藏的危险。

在费希特的理性哲学同雅可比的情感和信仰哲学的博弈中，让 · 保尔站到后者一边，并通过创作上述两部作品阐明其选择的目的：消弭费希特哲学中虚无主义和理性自我神化的缺陷，为他珍视的情感、信仰和诗艺争得一席之地。

贝尔根格鲁恩（Bergengruen）称硕普为“倾向于深渊特性的幽默人物。”[1] 其实不然，硕普还撰写幽默加讽刺挖苦的作品，他在文体风格和内容上表达其“偏离中心的幽默”[2]。

4.5.5 《泰坦神》中两个理性世纪的牺牲品：罗克瓦艾洛尔与硕普

《泰坦神》在演绎理性失败的背景下应运而生。他尤反思启蒙理性，洞察晚期启蒙过度强调理性的弊端，并通过塑造悲剧型幽默人物硕普和戏剧天才罗克瓦艾洛尔这两个自我瓦解者，成功演绎他们沦为理性时代牺牲品的过程，具象地呈现他对理性弊端的深度思索。

作家对“工具理性”的演绎“丰富多样，”不限于硕普和罗氏。例如，施菲克斯医生“以暴君方式对待其环境，旨在独裁地延续医学试验。”其凸显工具理

1　Bergengruen 2003，200–227。

2　Schmitz-Emans 2019，50。

性和异化的医学试验狂的行为影响后世，启发毕希纳塑造悲剧《沃伊采克》中拿主人公做医学实验的博士形象。弗洛莱大臣“是木偶提线人”[1]，在充斥阴谋诡计的氛围内玩弄他人于股掌之间。

泰坦神族式人物硕普和罗氏的共性是“自我瓦解和鄙视世界”[2]。作家将他俩设置成新王侯阿尔巴诺的对立面。他主张，天才人物应摒弃自我神化的极端行为，成为强大个体。纯正的阿氏成为两个王侯国的统治者和“崇高的人”的代表，从正面诠释强大个体的理念。

主要受雅可比的信仰哲学和文学启迪，以其小说《爱德华·阿尔维尔的文件》为蓝本，让·保尔刻画了内心分裂的罗氏。阿氏以自我为中心，认为“一切都应自私自利。”[3] 他轻视美德，鄙夷道德束缚。他认为恪守美德就会毁灭，后悔以往的向善行为，视“友好、宽容与高贵”为“乞讨”[4]。罗氏有“天才人物所有成问题的特征：自恋，自私，玩世不恭，纵情享乐，虚伪浮夸，缺乏严肃的生活态度。”[5] 但让·保尔逆转阿氏的谬论，让罗氏自毁于无视美德和“自我撕碎”（*JP Briefe*, 3, 129）。

维特霍伊尔特（Wiethölter）[6] 颇具启迪地剖析罗氏和硕普作为理性失败的案例。但他总体上忽略了费希特强调绝对自我的理性哲学和雅可比强调信仰与感性的哲学对让·保尔塑造两个理性世纪牺牲品的影响。普弗滕豪尔虽弥补该不足，但他弱化了康德理性的影响力[7]。下文借鉴维氏和普氏的阐释成果，探析过度强调理性对两个人物的戕害，探究作家理性批评的根源。

4.5.5.1 罗克瓦艾洛尔

热爱戏剧表演的罗氏内心分裂，最终在舞台上开枪自杀。让·保尔称他为

---

1 Fohrmann 1985，14。

2 Oschatz 1985，227。

3 Jacobi 2006，51–52。

4 同上书，44–45。

5 Pfotenhauer 2013，239–240。

6 Wiethölter 1979，229–246。

7 Pfotenhauer 2013，219–226；237–248。

“本世纪的孩子和牺牲品”。罗氏自幼接受启蒙理性教育，太早“被灌满知识果实”（I/3，262），却因满脑子理性知识而毁灭。理性与自然的异化、理性与情感的悖谬害了他。

在理性高歌猛进的时代，过多认知理论和体系使罗氏切断与自然的联系。他自幼博览群书，但他用书本知识替代人生感悟和真实体会蕴含危险：丧失获得幸福的机会和有意义的行动，也破坏自己和他人的生活。他以读书“体验人类所有美好状况以及爱、友情和自然将心升华的所有内心活动。”但他缺乏人生挫败实践对人格的塑造：“他经历这一切，在诗歌中早于在人生中，作为演员和编剧早于作为人，在想象的积极方面早于在真实的消极方面。”（I/3，263）面对爱情、友情和自然，罗氏无法产生真情实感。其内心缺乏直接感受的能力。作家批评只片面读书本而无人生体验的弊端。他通过阅读上瘾、缺乏行动能力的罗氏警示人们，不要丧失直接感受和行动的机会。

相反，阿尔巴诺在接受教育时就得到强调行动意义的思想灌输：古希腊罗马人“更多通过其壮举而非著述影响我们。”（I/3，102）他 20 岁时就树立人生目标：成为“王位上的腓特烈二世，”至少成为“大臣”，“顺便成为伟大的诗人和世界的智者。”（I/3，137）阿氏更偏爱政治家的有为生活而非书籍世界。他和罗氏的对立支撑小说的主要情节架构。

罗氏笃信的情感理想主义已出离人类自然属性中的真情实感，蜕变成理性操纵下缺乏信仰、悲观厌世、充满矛盾冲突的怪胎。他形象地呈现理性与自然的异化：“想象之火挖空并烧焦”其“生命之树”（I/3，468）。理性已渗透所有生活领域。他与自然异化，面对“高傲、厌世、无信仰和矛盾。”（I/3，262）

他戏仿歌德的维特，设定理性致命的异化结局。他参加化装舞会时感觉琳达颇具“绿蒂的魅力”（I/3，97），这让他如痴如醉。他急忙跑回家取“维特的制服和手枪”，在她面前挥舞手枪威胁说：“她一旦拒绝他，他就在大厅击毙自己。”她的拒绝让他陷入维特式痛苦中无法自拔。他“拔枪瞄准自己，扣动扳机。但他所幸只伤及左侧耳垂……侧脑擦伤”（I/3，97–98）。他身穿维特的服装出现并饮弹自尽。与歌德《维特》的互文性安排表明，罗氏与维特均有自杀倾向。维特因无度的自然欲望走上绝路：“人的自然天性……有其界限，它可以在一定程度上承受快乐、痛苦和疼痛。一旦该程度被超越，自然天性就毁灭。”痛苦变成“通向死亡的疾病”[1]。歌德渲染维特的主观欲求“冲破市民道德规约的限制”[2]。罗氏的反思交织悖谬：疏远却认同维特。他上演维特自杀的戏码时，内心冲突超越维特无度的自然欲求。歌德侧重演绎人的自然欲求过度膨胀后酿成的悲剧；让·保尔则主要探讨理性与自然异化导致的恶果。精于理性盘算的罗氏甚至想利用自杀未遂的闹剧博得所有女性的芳心，使自己变被动为主动，“由献祭品变成祭司。”（I/3，107）

罗氏求爱不成，就遏制爱欲。他称爱是“谋杀”和“死亡”（I/3，738）。他坦言，自己的心“很难为爱振作。”（I/3，265）他承认自己“憎恨感性欲望”的反自然倾向。其自然本性已蜕变为充满威胁的“毒物”和“地狱河流”（I/3，730）。这表明，他已完全割断与自然的联系。他否认自然，自然却攫住并消耗他，令他憔悴不堪：“苍白凹陷的脸……因长久的内火而呆滞。”（I/3，228）其片面的精神导向招致“去自然”。其情感丧失自然的根源只是“感性与精神沉迷的有毒混合。”（I/3，491）自然制造违背理性的混乱无序，成为反抗理性精神的胜利者。

尽管罗氏作为优秀的戏剧演员能表演形色各异的角色，体会其内心情感，但他苦于无法表现自我。反思的强制很快消弭其自我迷惑。他厌倦于长期徒劳无益地展现他人的情感，变得麻木。他在表演生涯中迷失自我，体验自我异化，成为别人眼中的“一切”和自我本真意义上的“无”（I/3，261）即虚无。罗氏异化的根源在于，“自然与理性分道扬镳。”[3]他体现理性与自然的割裂，变得充满恶意。他模仿阿尔巴诺的声音来迷惑琳达：“他像蛇一样蔑视人类最初的天堂乐园。他欣然意识到，他能递给他们智慧树上的苹果，那苹果又马上将他们逐出天堂乐园。”（I/3，744）

让·保尔援引《圣经》中蛇、智慧树和原罪的比喻，旨在召唤恶的神话。罗氏体现整个理性时期的谬误，即理性走向自己的反面。维特霍伊尔德透彻地分析：“理性没有用批评的态度为自身设置界限，而是好斗地转向自己”。康德期待

1 Goethe 1994，98。

2 Wiethölter 1994，956。

3 Wiethölter 1979，231。

的理性批评自由具有“恐怖主义甚至逆来顺受的特征”[1]。对于罗氏而言，宇宙的统一业已丧失。地球蜕变成“有毒的球体”（I/3，486）。他认为，地球“只被工具理性统治。”[2] 地球是“动物的泥巴，柔软的河流世界和流淌世界跳跃的点。”（I/3，487）地球的统治告别伦理，将统治权交给自我确立的原则。

张狂的理性引导罗氏谈论“愚蠢的余生。”（I/3，489）理性的厄运在于，空泛的反思导致理性远离自然。过度强调理性和难以被征服的自然迫使罗氏走向绝路：“他的鲜花沿着理想那油漆过的花茎向上攀爬，可这花茎却毫无色彩地在土壤中腐烂。”（I/3，264）启蒙理性之光诱使罗氏产生错觉：主宰自然本性。其实，自然最终脱离他，“狂风仿佛要把他切开。”（I/3，271）

最后，败给理性的罗氏留下临终遗言：“我甚至连美丽的自然都不喜欢。”（I/3，747）这表明，面对自然，启蒙理性完全败北。他作为戏剧演员在宫廷剧院的舞台上开枪自尽。该情节设置暗示让·保尔对宫廷剧院的偏见：“宫廷虚荣的剧院是人性变态和退化以及玩偶游戏的场所。”[3]

施密茨–艾曼斯从过度强调自主美学的角度解读该角色：罗氏这种“审美者在艺术被错误阐释的自主美学符号中献出生命，其方式是：仅仅将人生视为艺术的素材，而让鲜活的生命本身屈从于其书写计划。其生活插曲是自我文学化的产物”[4]。

4.5.5.2　硕普

让·保尔笔下最成功的幽默人物硕普也是理性世纪的牺牲品。“硕普首先运用确保自身和世界透明这种毫无希望的启蒙计划”[5] 对抗世界的假象。其多舛命运书写了西方“理性的疾病史”。他因恪守理性而被称为“启蒙运动最不妥协的检察官。”他“以绝对方式接受理性，”[6] 他与自我争执，导致其“精神与肉体如

1　Wiethölter 1979，232。

2　Fohrmann 1985，16。

3　Pfotenhauer 2001，5。

4　Schmitz-Emans 2019，48。

5　Fohrmann 1985，27。

6　Wiethölter 1979，235。

此异化。”[1]

他和罗氏的人生观与性格迥异，但他俩都因经历理性与自然的异化走上绝路：罗氏自杀；硕普疯癫而亡。其本质差别在于：硕普奢望理性的绝对自由，力图消除肉体，消弭自然。他僭越理性内在固有的限制与自然本身的界限。硕普的根本问题更抽象；罗氏以自杀的极端方式结束生命，后果更残酷。

作家描写硕普的人生经历，将几大步骤巧妙连缀成清晰的逻辑链：他惧怕自然属性，去自然，僭越理性与自然的界限，理性与自然异化，理性神化自我并失败。他经历摧毁身份认同的自我瓦解过程。硕普觊觎理性的绝对自由。他慨叹，理性的失败导致世界支离破碎：“我感觉，宇宙颤抖着分崩离析。”（I/3，784）他鄙夷人的一切自然属性：人有肉身和七情六欲，人终有一死。因此他竭力对抗人的自然属性和自然条件的限制，他妄想消除肉体和情感欲求，这不啻为对自然的僭越。他害怕自己的自然天性，因为自然意味着其理性的终结。他臆想去除肉身，在自身实现去自然，成为完全自由的精神的化身。恰似《理解费希特和莱普盖伯的关键》中的莱普盖伯，他想“将肉体蒸馏成精神，将肉体向上驱赶到精神。”（I/3，1025）这表明，硕普与自然异化的程度很大。

绝对精神迷惑性地寓于肉体中。但他不想用暴力消除肉体：“绝对谈不上用维特的火药愚蠢地消除肉体。”（I/3，705）。在《理解费希特和莱普盖伯的关键》中，硕普以莱普盖伯的形象出现。他想摆脱包含自然在内的客观世界即“非我”这个“过于强大的巨人”，因为“非我”“束缚、削弱并罢免”精神。作家称“非我”为“上帝的影子”、世界和精神的物质对象，“非我”使“自我变得昏暗阴沉，真正变冷到冻僵的程度。”（I/3，1053）

硕普渴望爱，却遏制爱欲，使爱异化。情感欲望作为自然需求威胁理性的自主性。所以他担心，爱会终结自由，构成最大伤害。站在心仪的琳达面前，他很清楚，这时“自由只好从他身旁消失。”（I/3，546）他强迫自己“远离爱恋对象”（I/3，234），与她“理性地谈话。”（*Titan*，Bd.I/3.517）他爱的女性为“地狱女神”（I/3，518）。他担心自然本性的诱惑力会麻痹其批评精神。

1 Preaux 1986，104。

硕普惧怕自然的可消逝性，故在很多生活细节中联想死亡的纠缠：在王侯的葬礼上，他感觉死神逼近自己："这头盖骨就像狭隘的先生……死亡将他放置在我面前。"（I/3，229）他想象自己成为启蒙理性的化身，消解自然，以凸显理性。但他并未意识到，人一旦消除肉身，理性就丧失存在意义。他临死前还想与齐本凯斯交换身份认同，以忽略自然的束缚，实现"去自然"的理念。

人作为有限生命无法达到无限。硕普罔顾人作为自然生命的条件限制：他想突破有限人生，化为永恒的上帝。叙事者为硕普写的讣告充分诠释了该特点："对你而言，地球寰宇和构成易逝人生的一切尘世特征都太渺小，太轻微。因为你在寻觅人死后比人生更崇高的内涵，你……在寻觅永恒者、万有之首——上帝。"（I/3，801）理性需洞悉自身和自然的界限，方可避免失败。

让·保尔诟病硕普僭越理性和自然界限的狂妄。《齐本凯斯》中主人公的婚礼感言也类似硕普对自然的僭越。齐本凯斯妄想成为"独一无二的亚当"即"宇宙第一位和最后一位君主。"（I/2，120）他想象通过无限的孕育达到永生不死的抽象境况，妄想成为全知全能者，僭越绝对知识和无限的理性反思。他自诩为创世的上帝，想携带"所有民族的种子。"（I/2，120）硕普酷爱自由："自由与所有神性一样……与生俱来。"（I/3，693）但颇讽刺的是，面对阿尔巴诺义父的引诱，他幼稚地选择疯人院，以避免身陷囹圄。他为自由之故选择疯人院，虽然他此时并未发疯。他告诉阿尔巴诺：自己的大限"日益临近"（I/3，692），"我的体弱会逐步加剧，以至于我……只需要棺材。"（I/3，698）他期待自己在疯癫中进入取消时间概念的梦境，因为梦境会消弭人们清醒时的时间概念"过去"和"未来"（I/3，699–700）。

有学者将硕普的疯癫归咎于理性的理想与鄙陋的政治状况导致的悲观主义的矛盾[1]。这种政治化解读值得商榷，因为它忽略了更深层的理性危机。批判理性受制于人会死亡这个自然条件，并因此而失败。这并非现实政治的条件所致。理性应慎重考虑"人终有一死"这个事实，否则就会酿成悲剧。硕普坚决捍卫理性的绝对自由，最终沦为"疯癫者"，反而丧失理性，这实为理性的悲哀。

1　参见 Widhammer 1968，88–89。

另外,《泰坦神》第50回中硕普表演的玩偶游戏也典范地展现理性的失败。首句颇有深意地确定玩偶游戏的基调，指出它与死亡的共性:“阿尔巴诺第一次走进化装舞会颠倒的玩偶世界，仿佛进入舞动的死人王国。”(I/3，242)作家暗示，理性和自然的界限都是死亡。

硕普胸前挂个大玻璃箱，展示玩偶游戏。里面的“机械师”想通过“语言机器向世人展示，单纯的机械论能在多大程度上酷似玩偶的人生。”让·保尔批评启蒙理性主导下的机械论。他还利用重要意象“镜墙”(Spiegelwand)映射玩偶游戏代表的理性，凸显理性的无能:“镜墙迷惑人地摹仿箱子的生动场景，致使每个人都视这些画面为真正的玩偶。”(I/3，243)硕普用玻璃箱里套叠的多层面具喻指自己临近死亡。他只想暴露自我，抽掉肉体，使关于自我的玩偶游戏变得荒诞。这揭示出他面对自然的绝望。模仿古希腊医学家希波克拉底的脸制作的“惨白面具”套叠多层面具:硕普“取下面具”，再“继续摘面具，直到第五层”。最后，硕普那张垂死者的脸在多层面具的最里层“露出来”，它“微笑地扭曲变形。”多层面具象征理性无限激增的反思过程。

在化装舞会上，阿尔巴诺看到窗外“送葬马车”时感慨生命无常:“无法阻止的死亡以冰川的空气如此凌厉地穿越人生温暖的场景。”(I/3，245)作家多次强调的“惨白面具”、硕普的黑衣和阿尔巴诺看到的“送葬马车”都象征生命的有限性和死亡。面对死亡，硕普意欲代表无限。而在无限的视角下，批评理性再无意义。

玩偶游戏和揭露自我的多层面具这两个抽象且并置的情节说明:理性不愿承认其自然本性，批判理性被引向荒唐，必然招致失败。硕普悲剧性的死亡和他操纵的玩偶游戏证明，成为启蒙理性的化身这个荒谬的要求只是疯癫者的痴人说梦。作家描绘硕普的前世今生，成功演绎理性的惨败。他还强调，启蒙理性之光颇具欺骗性。米勒的结论符合让·保尔对主观主义哲学的批评:“硕普展示了理性的昏厥无能。”[1]

总之，让·保尔在《泰坦神》中剖析罗氏和硕普自我瓦解的深层原因，形象

---

1 Müller 1974，466–468。

地演绎了晚期启蒙理性的失败。他认可启蒙理性在反封建迷信和启迪心智上的历史意义。但他也洞悉启蒙理性的弊端，故用信仰哲学、本体论和形而上等武器对抗启蒙理性的强权和缺陷。他提供的非理性解决方案面临逻辑疑难："启蒙竭力指出，理性是获得幸福的唯一途径。他合理地批评启蒙的努力。但他提供的方案成问题，因为它旨在以同样非理性的生存意识形态取代非理性的理性意识形态。"[1] 他批评的启蒙理性已走向自身的反面，呈现非理性特征。他敏锐洞察启蒙理性及其继承者德国唯心主义哲学暴露的弊端：理性与自然异化，僭越理性与自然的界限，为追求精神而"去自然"，鄙视有限生命，追求无限。他用信仰和情感哲学、本体论、形而上等非理性手段反击理性的强权，尽管他抗衡蜕变为非理性的理性意识形态时面临逻辑疑难。他在庞大的诗艺世界中开具诊疗处方，虽不能奢望药到病除，但毕竟展现其真诚的求索。

4.5.6　滑稽的附录：《热气球乘坐者吉亚诺佐的航空日志》的核心内容

《热气球乘坐者吉亚诺佐的航空日志》(*Des Luftschiffers Giannozzo Seebuch*)是《泰坦神》的"滑稽的附录"，写于 1801 年。

该文本多元而复杂，内涵不固定，基调不断变换，从讽刺和反讽到重感。它描写空泛的日常生活特征，或提出形而上的问题。其语言摹仿多个体裁类别：日记、布道、讽刺和揶揄。1783 年，人类首次成功乘坐热气球，该事实启发作家虚构主人公 14 天的热气球空中飞行，热气球旅行常关联政治和关于精神的讨论。

让 · 保尔视热气球为现存欧洲图片档案的一部分，他将热气球应用到戏剧性的事件和象征性的含义中。热气球当时象征继法国大革命后文化与政治的进步。但在革命恐怖统治后，人们怀疑进步说，因而有关热气球的积极联想突然变成消极联想："热气球成为人类精神闻所未闻的'垂直'进步的集体象征"，但"二元对立的话语态度强调冒险"和"跌落危险"[2]。弗尔曼指出《吉亚诺佐》关于"启

1　Wiethölter 1979，266。

2　Esselborn 2017，100。

蒙卸任”的特点：“让·保尔解剖式地肢解启蒙计划和实施理性的尝试，”“借助反讽的、虚构的手段”，应付乘坐热气球的“飘浮状态。”[1]

《吉亚诺佐》明确指出无神论和虚无主义危险。他以乌托邦的方式对抗庸俗的人生。市侩的生存在该作中作为错误的启蒙结果出现。他让出版商尼考莱的“追随者”（I/3，906）标记错误的启蒙。“启蒙的18世纪”这个称谓遭到贬低：人们“完全拥护腓特烈二世，支持适度的自由”，“坚决反对精神现象、狂热和极端。”（I/3，950）

从人性角度看，主体成为“被简化者”（I/3，949），致使启蒙思想原本的目标即理性和乌托邦违反常态。他几乎从浪漫的角度描写启蒙思想终结于物质主义和“平庸与日常生活特征”（I/3，927）体现的空泛。在第10章中，主人公拜访现代资本主义城市乌尔里希施拉克。与贵族的寄生虫生活相反，作家将务实活动和有用等启蒙目标描写成错误的：“这座沉闷的、搅动的、在劳作的水车中蒸腾的城市”“如一匹驽马，对快乐充耳不闻，浑身冒着热气地奔跑下去。人们把一个圆球压进驽马的耳朵里，进入一个脑室里。”（I/3，983）

该讽刺手法以错综复杂和隐匿的方式贯穿全文：内部的启蒙辩证法违反常态地追求启蒙目标。该作的主要基调是：理性和乐观主义突然逆转成物质主义和空泛。吉亚诺佐是有革命意识和自由精神的局外人。热气球象征激进、挖苦和反讽批评。作家通过他展示启蒙的内在矛盾和自我消解，凸显启蒙的失败：启蒙理想突然由积极变消极。吉亚诺佐关联三个领域：法国大革命范围内的政治领域、与崇高相联的形而上领域、通过讽刺标记的哲学和文学领域。作家以多元手法让他关联法国大革命，描写他以无政府主义的方式追求自由，展示法国大革命的后果：热气球在欧洲战争中被用于军事目的。在雅各宾党人中间和拿破仑的麾下，本来要通过反抗君主政体的斗争赢得的自由，突然变成德国自由战争反对的暴力和强制。吉亚诺佐一直忠于自由理想，但他实为被战胜的和平主义者。

在让·保尔早期的小篇幅文章《卡姆帕纳峡谷》中，乘坐热气球上升在宗教意义上象征灵魂不朽。相反，乘坐热气球的吉亚诺佐体验的天空是空的，其掠过

1 Fohrmann 1985，13。

大地的飞行上下沉浮。他大多毫无方向地掠过德国上空的不同地方，直到热气球在暴风雨中坠落。作家一再提及崇高感作为宗教和形而上的主观感受，但未赋予主体任何安宁和自信。

吉亚诺佐运用启蒙运动偏爱的讽刺风格，其前提是：乐观地相信实现更美好的未来。他仅提供娱乐性的事件而非有效的批评，面对讽刺的洞见和改善意图，他表现无所谓的态度。他具有启蒙前期特征地希望宗教给予惩罚：“几次大洪水或最后审判，或适度的硫黄池。”（I/3，932）

作家以居高临下的俯瞰视角象征启蒙理性。他首次让主人公乘坐热气球飞行，感知与启蒙理性的主导地位密切相联的俯视角。他描写乘坐热气球飞行的后果。在 1800 年前后，启蒙理性与科学技术联盟。吉亚诺佐从高空纵览大地，感觉自己优于地面上的人。但他迷失在偶然的细节中，致使他无法客观地认识世界，而是通过同时无序发生的事件体会到，现代让人毫无安全感。

《吉亚诺佐》全篇影射法国大革命、封建专制政体和大革命后的革命战争。第 2 章讽刺宫廷，批评封建社会。传统的无聊主题在拜访的封建王侯国中占主导地位。吉亚诺佐挖苦地提醒浪迹于马赛妓院的王侯。王侯的臣仆却在家里为他的健康祷告（I/3，936–937）。第 13 章讽刺腐化堕落的贵族社会。贵族乔装成农民，举办假婚礼。

作家尤通过自由观念创建热气球飞行与法国大革命之间更密切的联系。完美的热气球允许主人公拥有全部个人自由，这是大革命宣告的人权的核心成就。他成功地逃离监禁（I/3，979），毫无阻碍地飞越德国众多小王侯国的无数城墙和边界。“我不久就飞掠关闭的城门。”（I/3，930）热气球升入空中，其不受约束性和无法被触及的特征暗示法国大革命的积极成果：“与下面监狱中的混浊空气相反，这里有多么流通的自由空气啊！”（I/3，942）这也契合他飞越帝国堡垒的细节：吉亚诺佐在那儿吹着革命的《马赛进行曲》口哨。他自诩是想攻破堡垒的“公民头领”（I/3，989），而守城人企图击中他（I/3，981），以嘲讽军队，也显示革命的矛盾性。用热气球搞军事观察乃负面效应，就像解放突然变成对内的恐怖和对外的战争一样。作家通过主人公揭露革命的暴力性：“他们用火药无所不作，只有这样，他们才清洁各国的监狱空气：他们以此制造愤怒的恶习咬下的伤口，然后愈合。”和平主义者吉亚诺佐看到革命战争的战场景象时大喊：“可怕！现在我可以真正憎恨那些人了，那些在光天化日下可笑的怪物和智慧鸟，只要它们获得一丝黑暗，它们马上就变成拔毛的猛禽。”（I/3，1006）这显然影射启蒙的和平思想，比如康德的《论永久和平》（*Vom ewigen Frieden*）。在战役中，高空的观察者也失去意识。他干涉战争，以展示理想的反常变化。“现在我也怒不可遏，因为我也是下面人中的一员。我愤怒地投掷我的所有石头，投向那些在争斗的人群，他们被恶毒精神的地震动摇成相互的战斗疯癫。”（I/3，1007）

该作中的法国大革命作为启蒙的政治平行事件和精神后果具有双重含义。它虽确保个人自由到不受约束的程度，但也暂时导致破坏性的军事暴力。在第13章中，瑞士成为自由的和平场所的相反模式。总之，热气球象征革命和启蒙。热气球的飞行关联作为越界的自由追求、作为谋杀事件的战争和吉亚诺佐针对所有人的斗争。

吉氏乘热气球飞升到大地上空，呈现崇高状态。这种飞升还允许全景式地感知无限的自然。该作常用“崇高”的概念：在传统意义上，作家提及“崇高的暴风雨”（I/3，978）或用“崇高的国度”（I/3，1009）指瑞士。作家描写从大海那种无限的震撼景象向自我确认的突然转换：“空洞的大海在空洞的天空下作为宁静而辽阔的心灵的国度矗立……崇高的沙漠！”“这个巨大而继续延伸的庞然大物活动成数以千计的肢体，皱眉。在它面前，任何事物都没有它的父亲的天空伟大。”（I/3，991）消除幻觉的自我像魔鬼一样“冷酷而崇高”（I/3，965）。显然，崇高被当成问题演绎，无法再自我确认主体。

吉亚诺佐想从高空向正在争斗的人类投掷石头，希望不要击中无辜的马。作家用这番话点醒他：“吉亚诺佐，你帮助时因疯癫而受伤，疯癫恰恰是可怕的，它让各民族彼此争斗。”（I/3，1006）不仅仇恨使吉亚诺佐成为参与者和观察者，他的死也成为他所憎恨的生存的最后一部分，将他写入人类社会。让·保尔的《吉亚诺佐》“作为观察者超越18世纪的人。”[1] 该作许多地方流露这种文化传统的痕迹：土星萨图恩象征忧郁。因此作家强调主人公“没有家乡、没有关联和局外人

1 Fohrmann 1985，12。

状态"[1] 等特征。

综上，吉亚诺佐指向其更有批判性的启蒙要求，但其跌落也证实蕴含于飞行中内在固有的危害。其形而上的理由是："热气球并非固定场所，无法对世界采取并不存在的静止态度。"[2]

4.6　长篇小说《少不更事的岁月》的幽默诗艺

4.6.1 《少不更事的岁月》的核心内容与写作风格

小说残篇《少不更事的岁月，一部传记》(*Flegeljahre. Eine Biographie*) 1805 年出版完毕，它与《泰坦神》和《美学预备学校》都被誉为让·保尔"文学创作的巅峰。"[3] 幽默被称为让·保尔叙事作品的"灵魂"[4]。其幽默写作风格在该作中趋于成熟和丰富。它是 1800 年前后德语文学以漫游为主题的重要著作。主人公目标不明确的漫游呼应浪漫派作家蒂克的长篇小说《弗兰茨·施特恩巴德》中主人公的漫游方式，成为艾辛多夫的中篇小说《无用人的生涯》中漫游的先导。毛勒(Maurer)认为，它将"成长小说带到荒唐地步。瓦尔特果断地破坏了目标性的、以目的为准的行动。"[5] 它在内容和语言方面综合以下特征：牧歌式滑稽故事的幽默、"崇高"的长篇小说定义的伟大和讽刺文集中的敏锐机智。

让·保尔 1798 年 10 月 2 日致信奥托时透露，该作品是"与泰坦神相对的、菲克斯莱恩式……虚构的冒险故事"(*JP Briefe*，3，112)。主人公的冒险故事是其外在的诗艺形式。他对比该小说与《泰坦神》和《菲克斯莱恩》的写作风格，声明它与《泰坦神》的风格相对，但与后者风格相近。他暗示奥托，新作《少不更事的岁月》与《菲克斯莱恩》都聚焦小人物。

小说的两个主人公是孪生兄弟：哥哥瓦尔特·哈尼施与弟弟伏尔特·哈尼施。

1　Völk 2012，65。

2　Schmitz-Emans 2013，31。

3　Wölfel 1997，387。

4　Schmidt 1998，2。

5　Mauer 1981，160。

让·保尔设置了堪称德语文学最奇特、最讽刺的小说经典开篇。幽默且喜欢搞恶作剧的富商卡伯尔是作家隐匿的形象。瓦尔特是小城哈斯劳法律专业的大学生。已故的卡伯尔生前立下遗嘱，指定跟他毫无血缘关系的瓦尔特为其潜在的“全面继承人”，倘若瓦尔特能满足十个继承条件，就可继承其除一栋房子外的全部财产。富商在其远亲中选定房子的七位准继承人：玩世不恭的督察员哈尔普莱希特、自负的教会顾问格兰茨、宫廷代理人瑙伊彼得、宫廷检察官克诺尔、书商帕斯沃格尔、清晨布道者和画家菲特。继承房产的前提很讽刺：七个远亲中，能在听闻富翁的死讯半个小时内先流泪者可继承其房产：

> 它应属于我提到的七位亲戚中的一位：他能在半个小时内（从宣读这项条款时算起），在值得称道的、负责记录的市政官员面前，为了我这个已仙逝的舅舅，比其他六个竞争对手先流出一滴或几滴眼泪。倘若大家都没流泪，这栋房子就得马上落到那位全面继承人的名下。（I/2，584）

结果最穷的弗拉克斯最先流泪，得以继承那栋房子。作家用眼泪这一人的生理特征取代其心灵特点，故以独特的幽默写作方式修正哭泣的功能。该修正并未触及哭泣的真正可能性。格拉斯仿效让·保尔的写法，致力于通过滑稽的物化掩饰情感[1]。他在小说《铁皮鼓》中描写地下室酒馆里切洋葱的动作迫使人物流泪。身体的眼泪取代心灵的泪水，格拉斯意在反讽20世纪人们的冷漠，指出人业已丧失悲伤的能力。

瓦尔特继承富翁遗产的第一个条件是，用其原名“弗里德里希·里希特”即作家的本名。其他九个条件分别是：当“钢琴调琴师”、富翁花园的“园丁总管”、“公证员”、见习猎人、“校对员”。他还得“参加一周书展”，在七位准继承人家里各“住一周”并“满足其所有愿望”，到“乡村学校讲学几个星期”。最后条件是“当牧师”，他“可凭任命书获得财产”（I/2，589）。但在考验期内，他每次犯错都会失去部分遗产，转给七个准继承人，“扣除其部分遗产作为惩罚。”（I/2，590）

伏尔特14岁时跟随音乐人离家出走，十年后回家乡筹办笛子演奏会。他不

1 Böschenstein 1971，87。

想因回家看望父母而暴露身份，故躲在家门前的苹果树上“偷听公证员考试，偷看所有人。”（I/2，619）他听到，哥哥酷爱“神圣的诗艺”，“为了父母”才答应当“好律师”（I/2，639）。父亲本希望瓦尔特将来当牧师，伏尔特当法官。在弟弟走后，哥哥遂父亲心愿学法律。瓦尔特认为，富豪让他继承遗产之举“要归功于诗艺。”（I/2，643）哥哥的“纯洁无邪和诗艺”（I/2，645）即对诗艺的热爱打动了弟弟。他巧妙安排与哥哥在酒馆重逢。他们相拥而泣，讲述失散后各自的经历。弟弟决定留下来，帮哥哥完成富翁遗嘱上奇特的要求，暗中“支持瓦尔特与那七个准继承人斗”（I/2，663）。他还想与哥哥合作写长篇小说，建议标题为《少不更事的岁月》；哥哥建议更能体现合作特点的书名《霍普尔鲍普尔或者这颗心》（*Hoppelpoppel oder das Herz*）。哥哥喜欢重感叙事，热爱生活和理想（I/2，270 u. 397）；弟弟偏爱讽刺创作，在闯荡世界时积累了大量素材。他鄙视感伤的情感表达，但他深知，读者无法接受太犀利的讽刺风格。因而他想用讽刺点缀哥哥感伤且充满幻想的诗艺作品。他们合作才能双赢，孕育诗艺的整体：“我独自一人只会一事无成，但我和你一起合作，就会成就很多，即创作一部作品；一对孪生兄弟作为自己的对照，必须孕育一个整体，一本书，双人创作的优秀长篇小说。”（I/2，667）他俩组合成完整的让·保尔。作家通过两个主人公的双重视角看同一件事，从而赢得真正的书写维度，为了在哥俩的身上“将他的幽默客观化。”[1]

善良的瓦尔特费力地完成遗嘱规定的任务，因笨拙而损失部分遗产。作家主要描写瓦尔特对克洛塔尔伯爵的友谊及其后来对将军的女儿维娜的真爱。瓦尔特孩提时就因听到维娜美妙的声音而对她产生爱慕之情，虽一直未与她谋面。在伏尔特举办的笛子音乐会上，瓦尔特第一次看到维娜，产生爱她的冲动，但她当时正在与克洛塔尔谈恋爱。瓦尔特胸怀柏拉图的友谊理念，视伯爵为理想的朋友。瓦尔特只能放弃对维娜的爱。况且这对恋人都是贵族，门当户对，市民出身的瓦尔特虽想“颠覆等级关系”（I/2，246–247），也只能在梦幻式的想象中抒发对维娜的爱慕之情。他深夜伫立在她家门前，在内心吟唱道：“倘若我是一颗星，我想将你照耀，”他的感情继而升华：“但愿我只是一场梦，我想走进你的微睡中，

1　Lohmann 1990，115。

我想成为星辰、玫瑰、爱与一切，当她醒来时，我愿意消失。”于是，“他回家真睡着了。他希望，或许梦想着，他就是梦。”（I/2，246–247）他捡到伯爵给维娜的信，却错把信交给将军，导致伯爵与维娜的爱出现波折，伯爵因此与瓦尔特闹僵。从第13回开始，瓦尔特开始漫游，希望能以漫游的快乐冲淡友谊危机的烦恼。他恰好收到弟弟预设好其漫游乃至人生的来信。他想自由徜徉，却借助弟弟信中用文学方式预想的内容游历。

他在旅行中邂逅将军和维娜。诗艺使他和维娜幸福地结合（I/2，436–437）。瓦尔特已无法再区分诗艺与人生。对他而言，诗艺即人生；人生乃诗艺。这使他忘却人生一切苦恼。他超越一切，以想象安慰自己。让·保尔有意安排，让道德水准高的哥哥得到人生好运，机缘巧合地偶然得到弟弟煞费苦心也未得到的爱。

伏尔特渴望得到爱和友谊，视哥哥为朋友，但他不愿为友谊和爱多付出。他傲慢地以为自己可凭借见多识广、世故圆滑的优势低估哥哥。他无法领悟哥哥纯洁的内心蕴藏的真正力量和丰富的爱。他暗恋维娜，因得不到她的爱而怨恨哥哥。在溜冰场上，他得知哥哥也爱维娜，马上受嫉恨蒙蔽。他在日记中愤然写上：“我真没想到，那个傻子会如此虚伪、阴森可怕、厚颜无耻，如此高攀。”（I/2，1067）在假面舞会上，他换上哥哥的衣服，在维娜面前惟妙惟肖地模仿哥哥的声音和情绪。他还谎称自己就是瓦尔特（I/2，1078）。他想用计探明，维娜是否也爱哥哥。他得知哥哥与维娜彼此真心相爱的真相后，顿时妒火中烧，决定与哥哥分道扬镳。他在告别信中责怪哥哥破坏手足情，“要为这一切负责。”（I/2，1082）他的笛子演奏使幸福的哥哥进入梦境。哥哥并未发觉，不辞而别的弟弟已伴随渐弱的笛声远去，小说戛然而止。

在小说的情节铺展中，诗艺与爱相互影响。诗艺和爱使大智若愚的瓦尔特内心丰盈。其漫无目的旅行启发艾辛多夫创作通向童话般结局的小说《无用人的生涯》。作家在《美学预备学校》中列举一些本小说成为残篇的理由：主人公“不接受意大利学派人物形象的崇高和相反的荷兰学派严肃的深度，”他应“在两个方向上是浪漫的”（I/5，255）。

瓦尔特写的一些诗歌属于让·保尔写的最有诗艺的内容。舒曼格外喜欢让·保尔，从该作获得灵感，1829年创作套曲曲式《蝴蝶》（*Papillons*）。

4.6.2 《少不更事的岁月》中两个幽默主人公的对立统一

1800 年 10 月，让·保尔致信奥托时再次披露该作的写作风格，称它是“更大的《齐本凯斯》和《菲克斯莱恩》”。他说明，这三部小说的内在联系在于幽默的写作风格：书中“很多地方会令读者捧腹大笑。”（*JP Briefe*，4，14）

主人公伏尔特和瓦尔特分别展现幽默鄙视世界和迷恋世界的两种不同特点，而这两种不同的幽默后来在《美学预备学校》中作为“幽默”概念形成，也构成他擅长的长篇小说的创作特色。伏尔特体现让·保尔笔下幽默人物的崭新特征，欧莎茨称之为“新幽默类型的范例”[1]。

该作幽默的独特性在于：伏尔特不再是毫无瑕疵的幽默人物，而是有很多缺点甚至人格缺失。作为典型的幽默人物，他与让·保尔塑造的最成功的幽默人物硕普遥相呼应。瓦尔特微笑地包容世界，并不嘲笑而是迷恋世界。但与所有幽默人物一样，当今世界无法令他满足，他只好在漫游徜徉中寻觅精神满足。

让·保尔形成幽默、多线条的叙事风格经历动态的发展过程。他毕生寻求更恰当的叙事方式。从小说《齐本凯斯》起，他就努力避免早期作品中线性发展的、单一的讽刺线条。他力求保留经验主义者观察生活的公正态度和幽默小说家的同情心，具体分析各种生活境遇。

该作被誉为让·保尔的“最佳作品”，因为它“遵循最本真的内容”。两个主人公是“两个对立、却有亲缘关系的人物，”让·保尔“由这两个人物统一组成。”[2]

兄弟俩肤色、发色、身材等外在体貌特征迥异，他们的脾气秉性、气质修养、价值取向和精神追求等内在因素也截然不同，甚至完全对立。其最大的对立体现在道德上。瓦尔特的“人道主义思想和高尚品德”与伏尔特的“金钱至上的拜金主义和自私自利的个人主义互不相容。”[3]

其对立统一主要体现在三个层面：首先，他们在让·保尔的诗艺世界中展现多样性的完整与统一。其次，他们凸显纷繁复杂的世界中人们迥异的道德观。对

1　Oschatz 1985，291。

2　Höllerer 1999，1220。

3　任卫东等 2007，215。

立的道德观作为红线贯穿小说的整个诗艺世界，对作家建构诗艺的对立统一大有裨益。再次，他们都不追求稳定的市民生活。而其最大的共性在于热爱写作，这表明，他们除血缘关系外还有精神亲缘性。让·保尔将其诗艺的创造力分给兄弟俩，最广泛地将其创作特点客观化。

伏尔特在幕后更清晰地纵览瓦尔特经历的漫游。哥哥不谙世事，无法触及现实生活，与他仰视的世界和社会没有直接联系。弟弟作为精湛的笛子演奏家很早脱离家庭，学习自立。他看透世人的普遍自私，可他也陷入自我迷途中，无法摆脱自私导致的心胸狭隘和小肚鸡肠。他又要求自身达到至高，其人生与艺术建立在此基础上：他从幽默的否定理念出发俯视自我，并期待在文学创作中超越自我。

但让·保尔显然更青睐单纯善良、乐天豁达、崇尚神圣诗艺的瓦尔特，因为他道德高尚，本质更高贵。伏尔特只在讽刺作家的角色功能上契合让·保尔早期的讽刺手法。总之，兄弟俩感受世界的对立方式在让·保尔的文学作品中达到平衡，但在其人生中从未获得平衡。

让·保尔也娴熟运用1800年左右“广为德国知识精英接受的”“对立观”[1]。瓦尔特与伏尔特的对立设置是该作最鲜明的特点，其内在特质、外貌与性格特征截然相反，代表不同类型的幽默人物。

让·保尔笔下主要有两种类型的幽默人物：其一，贯穿其作品的狭义幽默人物，指有限而狭隘的愚人。他们仅感知自己及其狭小的世界，鄙视并嘲讽世界。其二，《泰坦神》中硕普那种身处有限却追求无限、没有节制的幽默人物。伏尔特延续狭义的幽默人物系列，并非像硕普那样达到无节制的程度。他践行“否定的和听天由命的幽默。”[2] 肉体和精神分裂的主题在硕普身上升华到悲剧程度，但这在伏尔特身上只有反讽和戏仿的回音，因为他克服了哲学唯心主义的危险。他嘲讽整个世界，没有委曲求全地适应伯爵代表的宫廷世界和自己的市民世界。他是该作中典型的幽默人物，是与让·保尔塑造的最成功的幽默人物硕普“有远亲的后继者”[3]。瓦尔特介于上述两种类型的幽默人物中间。其实他并非严格意义上

1 赵蕾莲 2014，53。

2 Kommerell 1977，361。

3 Oschatz 1985，9。

的幽默人物，而是仅稍有幽默人物的特点。他代表的幽默人物类型说明，让・保尔的幽默在该作中趋于成熟和丰富。瓦尔特包容和接纳世界的微笑与伏尔特鄙视世界的辛辣嘲笑并存。

该小说富有幽默特征的多面性，其真正的幽默人物是让・保尔，幽默变成他对早期创作的自我反思，他深邃而隐匿地分配幽默。他信任地赋予单纯的愚人瓦尔特无限理念，并与他一起面对有别于瓦尔特精神世界的日常现实世界。伏尔特是袖珍版的、难以辨认的幽默人物，他常站在有限世界一端否定无限的理念，并以此泄露否认世界的幽默精神。作为真正的幽默角色，让・保尔一直将自己纳入诗艺的戏剧中。他也一直尝试在描绘中消解身为作家的自己，其所有幽默角色都是作家。随着作家写作技艺日益精湛，他越发巧妙地将思想隐藏到虚构中。

让・保尔让兄弟俩分别代表正反两方面的道德观。

瓦尔特"纯洁无邪、单纯、敏感细腻"，是"非常虔诚"、"可亲的金发"小伙子。他乐天豁达，心性高洁。他喜欢写诗，"痴迷于诗艺"（I/2.645），自幼彰显诗人潜质："过于敏感、博学、耽于幻想"（I/2，612）。他崇尚神性与诗艺，珍视爱与友情，堪称道德典范。在让・保尔笔下有能力获得幸福的人物中（古斯塔夫和齐本凯斯），瓦尔特是"最单纯的人"。他"最有文学特点、最细嫩、最温柔、最有个性，"但他"不谙世事，不善于深思熟虑，表面上似乎很笨。泰坦神风格中的自我强制使他在滑稽风格方面变得成熟。"（*JP Briefe*，4，216）

叙事者通过讽刺和幽默手法弥合该作相互排斥的裂痕：他善于通过《美学预备学校》在幽默概念下归纳的讽刺调节保存内在联系，"通过那份遗嘱取得幽默效果，"在其中，"卡伯尔 - 里希特幽默地构思具有不断冲突的情节走势。"[1]

让・保尔青睐道德情操高尚的瓦尔特，故借助富翁的奇特遗嘱褒奖他，鼓励他恪守美德，坚守信仰，呵护诗艺。但他毕竟社会阅历浅，作家有意安排奇特的继承条件，旨在以纷繁复杂的外部世界历练他。

伏尔特的体貌特征和性格与瓦尔特迥异：他是"黑发、有麻子点儿、结实的调皮鬼。他和半个村子的人打过架，总到处游手好闲……模仿每个表情和声音，"

1　Köpke 1990，48。

他“嘴上叼着笛子到处走”，“搞了许多恶作剧”（I/2，612）。他鄙视世界，“在长篇小说的幽默中成为另一极，是孩童般、女人气的瓦尔特的万有之爱的男性的对立面。”[1] 让·保尔更多用滑稽而非反讽手法渲染市民社会环境。伏尔特只是“行动的幽默人物”，在写讽刺作品。瓦尔特是“被动的幽默人物”[2]，他给人滑稽感，尤其当伏尔特在现场充当观众或秘密的评论员时。借助他的帮助，瓦尔特才获得继承富翁遗产的权利，没给读者留下遗憾。

幽默作家让·保尔讽刺地淡化主人公的意图，正如塞万提斯和斯特恩以来所有幽默作家指出的那样：世界的全部只是被杜撰的。瓦尔特是让·保尔的幽默宇宙中完全自主的创作，他被看成本质高贵的、幽默的痴儿。

漂泊多年的伏尔特颇享受哥哥无尽的漫游兴致，欣赏他产生不竭快乐的能力。自负使伏尔特喜欢操纵别人。因此在哥哥漫游期间，他充当骗术不断的幕后操纵者和导演，他戴上不同面具陪伴哥哥。他还不断更换面具，旨在戏弄别人、更好地隐匿自己。他以面具俯视他鄙视的周遭世界。他密切跟踪哥哥，操纵其漫游路线，似乎完全掌控其旅行奇遇。他幕后操控的目的在于：让哥哥误将欺骗性的幻觉看成奇迹，误以为身处蒂克笔下的魔幻童话或诺瓦利斯擅长描写的浪漫梦幻中。

该作的幽默含蓄地讽刺浪漫派作家。在瓦尔特快结束漫游时，伏尔特向他展示道具和制造舞台效果的装置，揭开魔术谜底。他影射浪漫派反讽作家自负地施魔法、再祛除魔法。他纵览并操纵一切，俨然扮演上帝的角色。他以优越感充当哥哥所有反应和步骤的安排者和盘算者。

从哲学角度看，让·保尔参与伏尔特以上帝姿态发挥作用的行动。他认为，内心性与外在世界的关系是人生问题。此外，作家谙熟启蒙运动晚期过分强调理性的弊端，所以担心人们祛除魔幻，按理性标准对待神奇特征，演绎超验时会祛除神话。瓦尔特在漫游时偶然重逢维娜，他和心仪的维娜站在瀑布下沐浴朝霞，体会卓越而神秘的幸福瞬间，完全陶醉于对维娜的爱，沉浸于面对自然奇迹时升

1 Lohmann 1990，111。

2 同上书，113。

华的宗教感受。瓦尔特此刻冲破个人腼腆性格的限制，积极发展与维娜的爱情，其精神得到升华。而伏尔特的戏剧机关根本无法操控这具有宗教意义的瞬间。伏尔特在外表上最自由，却因妒忌、自私、狭隘等人性弱点成为内心最不自由且最狭隘的人。他多年闯荡江湖，因长期缺乏家庭温暖而不懂高尚真挚的情感：爱与友情。他无法超越自身局限去操纵瓦尔特的人生，反而见证后者与维娜的真爱。

让·保尔让兄弟俩对立的人生运势构成小说的主体结构，他还以兄弟俩共同的写作爱好为纽带，使两个对立的人物形成诗艺的统一。而其不同命运的内在根源是：道德水准的高低和幽默风格的差异形成内涵与形式上的两个张力，成功地组合成清晰可辨的伦理线，增添了小说的魅力。

瓦尔特是堂吉诃德式的理想主义者，但他并不了解世事险恶和人性丑陋。因此，他表面上看是世俗人眼里的愚人，实为大智若愚的智者。他有两大优势：滋养诗艺的丰富想象力和仁爱力量。他以厚道的人品感化看似不可靠的弗里特："仁爱而温暖的禀性……笼罩瓦尔特。弗里特感觉这种禀性有新意和魅力。"（I/2，966）他为自己坚守诗艺和宗教而感到自豪和幸福："我居住在两个古老的、神圣的高峰上感到太幸福，在布道坛和缪斯女神山上。"（I/2，644）

单纯的诗人瓦尔特有产生无限快乐和爱的能力，他热爱万有和所有人，因丰富的诗艺想象而独具魅力。陪伴他的幽默变成绝无仅有的、诗艺的、奔涌不息的想象力。他内心充盈且有独立人格，对世界有独到见解。超强的想象力使他能不断将其社会环境理想化，其理想世界与充满弊端的现实世界构成强烈反差。

让·保尔描绘瓦尔特的外在旅行及其内在心路历程这两条漫游路线，充满幽默精神。他在春天这"最美的季节和最美的人生时光漫游徜徉"（I/2，860），心旷神怡。其想象驰骋，使幽默的无限变成普遍形而上的联系。他格外喜爱在旅途中看到的三个小姑娘，便在想象中希冀自己"是全能的和无限的"，"我只想创造一个特别的小世界球体，把它挂到最柔和的太阳下面，一个小世界，我在上面不放别的，只放所有这种可爱的小孩子。"（I/2，863）

瓦尔特的爱具有普遍意义，他热爱全部人生和一切自然。作家描绘其旅途时的大量比喻让其世界作为充满语言魔力的作品产生。他轻微地嘲讽瓦尔特热情洋溢的情感，现实地"阻止读者像瓦尔特一样，在高度迷醉的热情中迷失自我。"

让·保尔通过幽默消解小说中作家瓦尔特的崇高飞行，并将其飞行拉回现实。他让古希腊神话中的潘神迷醉“时刻的神秘特征与百科全书式迂腐者的理性思忖形成对照。”[1]

瓦尔特及其诗艺王国都代表无限。幽默勾连无限的诗艺世界和狭隘的市民与高傲的廷臣体现的有限的庸常世界。认可瓦尔特的无限诗艺和人性王国，就意味着否定市民和宫廷代表的日常世界。

瓦尔特完美体现无限的诗艺世界，代表人性王国即所有高尚的道德、优秀的人品。相反，作家批评伏尔特的人性弱点：欺骗成性、嗜赌、鄙视人类、报复心强等，这更能让人感受其真实性。作家也可利用其道德软肋更好地演绎他代表的幽默人物类型。

伏尔特爱用玩世不恭的态度观察和对待他人。他偏好折磨并纠缠别人，在这方面，让·保尔塑造的其他幽默人物无人能及。他幸灾乐祸地认为，让人陷入窘境只是雕虫小技而已，他肆无忌惮地游戏自己与他人的人生。他因长期缺少爱而不愿倾听哥哥的肺腑之言。但颇讽刺的是，尽管他倨傲地误以为能看透哥哥的全部，却未能看透哥哥对维娜的爱，无法轻易操纵哥哥。

颠沛流离的艰难生活导致浪荡子伏尔特内心贫瘠，他缺乏爱的温暖和仁爱力量，毫无产生喜悦、爱和信赖的情感能力，故而鄙视人类，自私自负，嗜赌，虚荣心、嫉妒心和报复心都强。

他有预言能力和艺术天分，擅长舞蹈、滑冰和戏剧表演。作为艺术精湛的笛子演奏家，他严肃对待艺术，是有艺术家身份的幽默人物，该特点使他有别于让·保尔早期塑造的幽默人物。他倾向唯美主义，指责人们搞佐餐音乐和宫廷音乐会的活动不啻为亵渎音乐，因为他主张，唯有艺术是神圣的，超越人类的艺术王国不应被贬低为庸俗的服务。他认为，人应在神圣的清醒状态中为艺术王国效力。艺术天分引诱他常略施小计行骗，用小伎俩摇摆于无目标的幽默行动和不太高尚的动机之间。

让·保尔并不赞同伏尔特视艺术高于一切的态度，因为艺术至上论与自我中

1　Böhler 1979，102。

心毫无二致，是“对人性的损害。”[1]

伏尔特常欺骗和愚弄人，认为“人们活该上当受骗”（I/2，100）。他勒索老师硕玛克，为取消音乐会而假装得眼病。他曾冒充瓦尔特，还假扮贵族。其行骗和歹意是他丧失道德水准的标志。他用幽默武器捍卫自己任性、偏离中心的不道德行为。他与让・保尔塑造的其他幽默人物迥然不同：“伏尔特是难以辨认的幽默人物。他不再仅仅在无目的的游戏中让他的幽默武器发光，而是有意识地为了自卫而使用幽默武器。”[2]

伏尔特自诩见多识广。他向乞讨的犹太男孩教唆大都市乞丐的秘诀：让市民胆怯，然后攫取其囊中钱财。乞讨成功的关键不是让人们动恻隐之心，而是触及他们脆弱的神经。

他是世故狡黠的社会人：他鄙视世人，但又生怕自己贻笑大方，就谎称自己是贵族。他以“哈尼施先生”这个贵族身份在周报上刊登假消息，欺骗缺乏社会经验的小市民观众，假托患眼病而推迟笛子独奏音乐会的时间。

伏尔特还是有预见性的、笔锋犀利的讽刺作家。他诙谐而尖锐地批评贵族，抨击世袭贵族之根在全欧洲盘根错节，谴责贵族腐朽糜烂的生活作风，质疑贵族在军队、教会和国家中享有特权。作为局外人和尖锐的批评者，他洞察贵族的缺陷和自相矛盾。他怀疑地嘲笑，愤怒地旁观一切活动，其梅菲斯特式的辛辣讽刺和批评值得称道。

伏尔特能准确无误、颇有预见性地评价克洛塔尔伯爵，因为他在伯爵身上看到自己潜在的发展趋势，伯爵镜子般地反射出伏尔特的人性弱点。他揶揄伯爵的虚荣做派，识破伯爵代表的贵族的劣根性：自负倨傲且自私自利，只索取却不给予爱。他酣畅淋漓地痛批利己主义者，把世界看成“独一无二的、可怜的自我的侍者用房”。他将自私自利比喻为“被自我吞噬、持续吮吸的臭虫。”人本来有两个心室，但“自私自利者就像蠕虫和昆虫一样，只有一个心室”。他表达对自私者的深恶痛绝：“我会镇定地、毫无预警地打死并草草掩埋这种人”（I/2，713）。

1　Lohmann 1990，118。

2　Oschatz 1985，292。

他假扮贵族之举属于幽默人物的恶作剧，针对贵族的自负和市民的奴颜婢膝，展示他这个假贵族对社会鄙陋状况的批评和抗议。

与心肠柔软的瓦尔特相反，伏尔特不懂亲情，对父母都铁石心肠。在拜金主义影响下，他学会市侩庸人的拜金标准，声称自己只有拿着一根长长的金条，才敢站在父母面前。他还谎称自己曾靠赌博赢一笔钱，本想寄给父母，却被快递邮局消耗。他是善于自嘲的幽默人物，说话前后矛盾。“如此看重金钱和在意人们评价的幽默人物几乎不配有幽默人物的名称。伏尔特如此纠缠于他鄙视的事物中，以至于其自尊陷入严重的冲突。”[1]

他缺乏正确的恋爱观，“吸引女人是为了排斥她们”（I/2，112）。他折磨自己和恋人，几乎怀疑所有人，不轻易袒露心扉。他比《泰坦神》中的罗克艾洛尔更强烈地集“魔性的所有本质性特征于一身”[2]。

综上，该小说更多渲染诗艺与道德的彼此交融和影响。让·保尔向来重视通过诗艺世界呈现道德观。科伊普克（Köpke）的如下解读有失偏颇：在该小说中，“诗艺、哲学、幽默和宗教分崩离析，它们使诗艺毫无影响力。”[3]恰恰是诗艺的单纯与善良的人性才打造瓦尔特赢得诗艺与爱情的幸福人生。

该作是特殊的作家小说。两位主人公都是作家。其差异仅在于，瓦尔特更倾向于让·保尔在《美学预备学校》中提及的“诗艺虚无主义”；伏尔特则更接近“诗艺现实主义”。他们作为小说人物在文本层面上有内在联系，故涉及“双影人主题”；但他们也关联分裂和对立。因此，让·保尔将他们构思成“对立的人物和互补的人物，代表人生和艺术的两个不同视角。”[4]瓦尔特将情感内涵和文学对象视为同一，所以他无法区分想象的和实际的爱情与友谊，不惜用文学方式转换情感。但伏尔特认为，艺术一旦服务于自我享乐，就不是纯洁的艺术。为秉持艺术自主，他坚持区别艺术与人生。

让·保尔运用对立观设置对立人物，虚构孪生兄弟的道德冲突，塑造玩世不

1 Oschatz 1985，294。

2 Lohmann 1990，118。

3 Köpke 1990，59。

4 Schmitz-Emans 2012，160–161。

恭的幽默人物伏尔特和几乎完美无瑕的幽默人物瓦尔特。他们作为善和恶的代表有机结合，展现人性的丰富多元，因为善在恶的反衬下才更显伟大，正如浮士德和梅菲斯特结伴而行才成就伟大的《浮士德》一样。作家用幽默手法描写两个主人公的道德冲突，展现自己的人性理想，颂扬美德和至善。兄弟俩虽道德水准不同，幽默类型迥异，但作家以其共同的写作爱好为衔接点，让他们展现不同水准的道德和互补的写作风格，形成诗艺的完整和统一。

4.7　长篇小说《卡岑贝格博士的温泉之旅》中自然科学之丑与诗艺之美的对立

让·保尔处于自然科学飞速发展的现代。他洞悉，片面强调科学理性导致异化、冷酷、对自然与人祛魅等违背人类情感和诗艺理想的弊端。与诺瓦利斯主张诗化世界的理念不同，他主要在幽默长篇小说《卡岑贝格博士的温泉之旅》中将自然科学作为丑的代表、不完美甚至缺陷的象征纳入艺术，使审丑与追求完美和美的诗艺理想的审美构成对立。

上述美学演绎主要归因于三个重要启示：首先，莱辛在美学著作《拉奥孔》（*Laookon*）中探究丑，确立“滑稽和恶心”的合法地位。其次，斯威夫特在小说《格列佛游记》（*Gulliver's travels*）中夸张地将人们平素眼中的美写成丑。这种化美为丑的颠覆性美学观博得让·保尔的青睐，他还试图模仿斯威夫特创新性的写作风格。再则，莱比锡大学普拉特纳教授的人类学观点强调，人的肉体和心灵相互作用，这对让·保尔的美学影响很大，因为普氏的观点摒弃康德的《实用人类学》（*Anthropologie in pragmatischer Hinsicht*）将人的自然部分排除在外的弊端。

《美学预备学校》和该著前言中论述的“滑稽的玩世不恭”确立小说主人公卡岑贝格博士的美学特征。

4.7.1　《卡岑贝格博士的温泉之旅》的核心内容

幽默长篇小说《卡岑贝格博士的温泉之旅，连同一份对已润色的小篇幅作品的选读》（*Dr. Katzenbergers Badereise, nebst einer Auswahl verbesserter Werkchen*）

1809年出版（下文简称《温泉之旅》）。它备受读者青睐，单行本再版24次。其附录是《已润色的小篇幅作品》。让·保尔或许继续传授取自英国作家斯摩莱特的《哈姆弗莱·克灵克尔的探险》（*The Expedition of Humphry Clinker*）和《佩雷格里纳·皮克勒历险记》（*The Adventures of Peregrine Pickle*）中一些要素和特征。《少不更事的岁月》出版三年后，《温泉之旅》在形式上结束作家的中期创作；在内涵上，它已向其晚期作品过渡。小说主人公决定性地处于内容广泛的小说核心。卡岑贝格博士的人物原型可追溯到《泰坦神》中的斯菲克斯和《看不见的共济会》中的霍佩狄策尔教授，还有《魔鬼文件选读》中“自然科学家的信”里被讽刺评注的副校长。这些文献资料更多处于作家的叙事作品边缘。他们有特殊的人类特征，构成插曲式变化系列各自的主题。同时代人认为，该作令人惊讶，语言风格充满矛盾。歌德、蒂克和普拉滕（Platen）都不喜欢其非同寻常的特点。E.T.A霍夫曼却非常喜欢它。

解剖学教授卡岑贝格博士酷爱冒险和猎奇，偏爱畸形动物。他还喜欢创作，著有《怪异动物的使徒书》（*De monstris epistola*）。他丧妻多年，与女儿苔奥达一起生活。他打算和女儿前往毛尔布隆温泉，但他此行的目的不是温泉疗养，而是暴揍其著作的书评人即温泉中心的医生斯特律丘斯。作家尼斯愿意出钱搭乘博士的马车前往温泉镇。他在途中告诉这对父女，自己是笔名为“陶伊多巴赫”的著名编剧，他想以匿名身份在毛尔布隆宣介其作品，然后公布自己的真实身份，旨在给钦佩他的读者带来惊喜。苔奥达非常崇拜他。博士代表自然科学；作家代表诗艺，他们在共同的历险旅途中展示迥异观点。他们到达温泉疗养地后，苔奥达爱上一位真叫“陶伊多巴赫”的年轻的普鲁士上尉、工程师和数学家。作家赋予他正面形象，让他作为教授的对立面出现。教授因对畸形动物的癖好而招人厌恶。他果真殴打并制服了对手斯特律丘斯，因此被捕，在缴纳六位数的赎金后才获释。这位解剖学教授同意上尉与女儿结婚，因为上尉的庄园有个熊洞，里面的熊骨可满足他搜集畸形动物骨头的嗜好，让他得以探寻自然奥秘。

奇特的人类特征是统领整部小说人物形象的重要核心。幽默人物卡岑贝格博士的特征在于，他有变化的梦幻力量，有否定意志。他不仅寻觅令人厌恶的畸形物，还嫌弃司空见惯之事。他善用诗艺的方法修正世界。教授是自身缺点的牺牲

品，他作为愚人有更多内涵和意义。

在该作中，玩世不恭的态度不再像以往那样以激进的启蒙为义务，而是明显地突然变成后启蒙的意识。隐匿的作家描述自我生平。让·保尔在自从《少不更事的岁月》和《美学预备学校》以来的所有作品中都关联自我并以更大强度反思自我。这些审美问题呈现为已兑现的诗学。含蓄的美学讨论和故事并不通过旅行叙事描述，而是展现为作家的喜剧艺术。该作从形式结构上看是喜剧，处于对自我诗学的反思中。

4.7.2　让·保尔美学中自然科学作为丑的象征

该著是让·保尔直面自然科学对诗艺冲击的力作，在其美学建构中意义非凡。在科学理性引导下，自然科学在纲领上排除人的主体性和希望的空间，最大限度地消除自然和人自身的魔力，发挥祛魅功能。让·保尔杂糅崇高和低微构成极大反差的幽默风格，以展现该可能性：在自然科学祛魅的条件下，孕育不再使神话回归并得到修复的艺术。他不再像诺瓦利斯那样奢望将世界诗化和浪漫化，而是毫不回避地描述现代自然科学的空间，最终将其中暴露的美学意义上的丑和非诗艺的内容统一到艺术中，为辩证地演绎自然科学之丑和诗艺之美的对立奠定重要基础。

该作的基本主题是：对人和自然的科学兴趣同美学旨趣构成反差。作家有意切换对自然的美学和科学兴趣。主人公从自然科学角度出发，偏爱自然不完美、丑陋、畸形即有缺陷的一面；诗人尼斯与苔奥塔倾向重感表达，前者与后者形成对立。

苔奥达起初很崇拜尼斯，但她逐渐摆脱青春的躁动，恢复内心平静。她父亲执著甚至变态地偏爱怪胎和畸形物，这对她毫无影响。她是科学理性和诗艺的平衡点，难怪她会爱上年轻军官，因为他体现博士缺乏的理性与感性的联系。平衡科学理性与诗艺乃这对恋人的共性。

科学有疏离情感的作用，这是让·保尔一贯探讨的主题。《看不见的共济会》指出科学与情感的对立：“科学的对象就不再是感觉的对象了。”“每种认知都给我们的心脏罩上一层石头硬壳。”（I/1，290）在《泰坦神》中，医学博士斯菲克

斯想接济一个胖子，其目的居然是把胖子当成解剖对象。根据协议，在胖子死后，医学博士“可以解剖他。”（I/3，145）

让·保尔充分洞见自然科学的杀伤力，故在《卡姆帕纳峡谷》中将自然科学描述成人类情感的摧毁手段。他认为，自然科学摧毁他崇尚的诗艺世界即“第二个世界”。自然科学家与诗艺格格不入，他们甚至缺乏领悟诗艺的器官：“第二个世界每天日益发展的化学和物理的周期性牺牲和器械装置更好地摧毁或忽略。”“只有道学家、心理学家、诗人甚至艺术家更容易领悟我们的内心世界。但化学家、医生、测量专家缺乏领悟第二个世界的视听管道。随着时间的推移，他们还会缺乏领悟第二个世界的眼睛和耳朵。”（I/4，608）人是灵与肉的结合体，有自然属性与社会属性双重特征。让·保尔认为，自然科学是探究肉体的理论，会量化感性体验。因此自然科学将超验、人内在的和不可量化的世界排除在外。

总之，作家坚守主体的整体需求，故对抗德国唯心主义，讽刺法国的唯物主义，还诟病孔德的实证主义只强调感性经验、反对形而上。他在其诗艺世界中努力寻求对立因素的平衡点。下文着重探析，他如何将自然科学代表的丑融入诗艺世界，使这种丑与诗艺之美构成矛盾的统一体。

4.7.3 莱辛和斯威夫特确立丑的美学地位

在《温泉之旅》中，“滑稽”作为肢解和摧毁手段，使刻画主人公过度捍卫自然科学、夸大怪胎对自然科学发展的意义等“丑”的素材带给读者愉悦的阅读体验。

让·保尔美学中的重要概念“玩世不恭”（Zynismus）也是我们理解该著主人公的关键。他在《美学预备学校》中论述“幽默的感性”时谈及“玩世不恭”：“在诗人的内心中，愚蠢作为玩世不恭是如此自由的决定。”他赞同“没有危险的、滑稽的玩世不恭。”（I/5，138）“滑稽的玩世不恭”是主人公的真实写照。

作家在前言中概括博士涉及的四种玩世不恭：第一，“涉及性的粗俗的玩世不恭，”它“既不违背道德精神，也不违背鉴赏力和时代”。他暗示，无意排除这种玩世不恭代表的阿里斯多芬和拉伯雷等人的滑稽。第二，“理性学说接受的”“法国人细腻的”“圆滑而有剧毒的玩世不恭”，它“掩盖并唤醒罪孽”，“将

黑色的恶习描绘成闪光的罪孽。”（I/6，82）第三种玩世不恭“仅单纯地谈论自然但无性的事物”，体现“莎士比亚、斯威夫特、蒲柏、斯特恩和斯摩莱特”的倾向。第四种、他自己的玩世不恭，他自豪地称即之为“最好的”，“尤其在卡岑贝格的温泉故事中。”他模仿英国作家改良此种玩世不恭：“它只在最丰富的远处，踏着想到的英国足迹。”他还指出，“莱辛就已在《拉奥孔》中保护过滑稽－恶心特征。”（I/6，83）他由此与莱辛一样，确立艺术中“滑稽－恶心”（Komisch-Ekel）的合法地位。

莱辛在《拉奥孔》中专门论述“丑”，指出丑与可笑的关联：“因为丑是不完美，要显得可笑，就须有完美和不完美来对比或反衬。”[1] 他列举“最可笑的”例子，即刊登在英国幽默周刊《鉴赏家》上对霍屯督人婚俗的介绍。常人看到肮脏的霍屯督人时会颠覆美学观，其眼中的美会引起常人的厌恶：

> 他们奉为美丽、秀雅和神圣的东西对于我们都会引起嫌厌和呕吐。鼻子没有，只有一片平滑的软骨；一对疲软的奶垂到肚脐；周身涂着羊脂和煤烟，太阳晒着发亮；头发上涂的油往下直滴；手脚都用新宰的动物的肠子缠绕着：试想这样一个女人成为热烈的尊敬和爱戴的对象，还有人用严肃的惊赞的高贵语言向她表示爱情，看你是否忍得住笑！[2]

莱辛认为，“恶心”特征与爱的感受和婚礼的严肃庄严形成强烈反差。该反差会消除“厌恶”，酝酿大笑。莱辛还强调崇高与低微的反差。“可嫌厌性还可以加强到可笑性”，“尊严与礼仪的表象如果和可嫌厌的东西形成反衬，也就会变成可笑的。”[3]

莱辛想在《拉奥孔》中探讨的一个基本问题是：在著名雕塑《拉奥孔群像》中，拉奥孔及儿子呈现处于劣势的“丑”和引起恐惧的特征，约束性的描绘使这些特征变得具有艺术感染力。与之相似，上述婚礼体现的可笑反差对读者产生积极影响。相反，若无此反差，对象本身就只会引起不快和恶心。

1　莱辛 2015，143。

2　同上书，155。

3　同上书，154。

让·保尔在莱辛的基础上又给“丑”增加“引人发笑”的瞬间：“因为引人发笑使一切逐渐变成理性冰冷的王国，所以引人发笑（甚至还超越科学）是所有情感的畸胎（肢解和摧毁的手段），甚至是最温暖的畸胎；因此也是恶心的畸胎。”（I/6，85）

斯威夫特也启发让·保尔将“丑”纳入美学，他颠覆性地化美成丑。在《格列佛游记》中，船上医生“我”描写游历大人国时看到保姆喂奶一幕的恶心感受：那“怪异的”、“布满了黑点、丘疹和雀斑”的“乳房”让他感到非常“恶心”“作呕”。本来女人的酥胸是美的象征，但借助自然科学的工具“放大镜”，美的意象暴露其“丑”的面目：“我们做过试验，从放大镜里看，最光滑洁白的皮肤也是粗糙不平、颜色难堪的。”[1]

“我”还描写在大人国王宫里看到大臣“衣服上爬动的虱子”的感受：“我用肉眼就可以清清楚楚地看到那些害虫的腿，那比在显微镜底下看一只欧洲的虱子清楚多了。它们用来吸人血的嘴跟猪嘴一样。”“那情景实在太叫人恶心，我当时就反胃想吐。”[2]“我”看到侍候王后的未婚姑娘赤裸的身体时，“绝没有感到什么诱惑，除了恐惧和恶心，也绝没有引起我任何骚动。”因为她们的皮肤“极其粗糙，高低不平”[3]，浑身都是长毛的痣。

总之，莱辛的《拉奥孔》和斯威夫特的《格列佛游记》都探讨“丑”、恶心和令人厌恶的特征。让·保尔深受启发，在借鉴他们的基础上，主要在《温泉之旅》中演绎自然科学之丑与诗艺之美的对立。

4.7.4 普拉特纳人类学灵与肉相互作用的观点对让·保尔美学的启示

普拉特纳教授是让·保尔就读莱比锡大学的唯一记忆。他是“哲学医生”，即通俗哲学和人类学的代表。让·保尔听过其逻辑学、形而上学和美学讲座，认

1 斯威夫特 2016，59。

2 同上书，77。

3 同上书，82。

为他是博学深邃、健康理性的哲学家。普氏擅长思辨的基本假设，又有务实和经验哲学的特点。他以莱布尼茨有序世界中肉体与灵魂的和谐为出发点，认为人不能按唯物主义方式简化该和谐。他反对伏尔泰等人质疑莱布尼茨启蒙的乐观主义，并援引休谟的自然哲学保护宗教，对抗无神论。普氏重点研究感知起源中精神与物质的相互作用。他凭经验观察心灵与肉体的相互作用，但并非按哲学体系的方式。其人类学思想虽有基本轮廓，但都围绕基本事实而非体系思辨。其思想遵循经验的多样化，擅长纳新。

让·保尔当时正开始怀疑体系、思辨哲学和理性主义心理学，故受普氏的人类学影响很大，毕生探究精神与物质的变换关系。受之启发，他并非从哲学角度确定精神与物质问题，而是从文学角度，凭借诗艺的“万物有灵论”塑造。

人类学关联人身体的自然物理属性和道德精神特征。普氏人类学的出发点是人与物理学、医学和伦理学的张力关系。他详细划分人类学为解剖学和生理学、心理学、逻辑学、美学和道德哲学。他认为，倘若忽视人的自然部分即身体性，就无法理解理性学说、美学和道德哲学。反之，倘若将心灵、美学、道德感受和理性排除在对人的观察之外，就无法理解人的身体性。因此他定义人类学时强调综合观察人的肉体与灵魂的必要性：“人们能综合看待处于其对立、限制和关系中的身体性与人。我称之为人类学。”[1]

普氏 1790 年撰写《新人类学》(*Neue Anthopologie*)，将人类学的副标题标注为生理学、病理学、道德哲学和美学。它从身体解剖和神经系统的生理学开始，最后引向心灵与肉体的相互作用。他继而论述美学和道德哲学问题如感性、感受与欲望的能力。还有以下主题属于其人类学范畴：喜欢模仿，感受美、崇高、神奇、悲伤、同情和可笑。

普氏关于肉体与精神相互作用的观点在让·保尔美学中发挥积极作用。后者的人类学在方法上更接近普氏而非康德，因为康德的《实用人类学》在纲领上完全忽视人的双重特征。与普氏相反，康德主张将人的自然部分和自然限定排除在人类学之外。让·保尔的美学反对唯心主义和唯物主义。其人类学的核心是“完

1　Platner 1772，XV–XVII。

整”（Ganzheit）。其时代的学科都有片面性：生理学只探究肉体中的躯干和零散的器官；哲学和心理学只研究人的精神和心灵。这导致让·保尔明确反对实验性的自然科学，也反对哲学上源自莱布尼茨或柏拉图的形而上学的倾向。他认为，自然哲学家莱玛鲁斯和强调情感的信仰哲学家雅可比的直觉论向他提供他希望的联系点，因为直觉论决定人类对自然的依赖和精神自由之间的关联。哈曼与赫尔德侧重类比的思维方式反对蔑视肉体和心灵的相似性。受其影响，让·保尔也强调灵与肉、人与自然的相似。

人具有自然属性和精神属性双重特征：作为自然生命，人由物质世界确定；作为精神生命，人是自由的。作家在《美学预备学校》中用人类看向“两个相反的世界”的“亚努斯头”（I/5，66）比喻该矛盾特征。诗艺的天才“描述生命的完整”（I/5，64）。生命的完整和诗艺的整体彼此协调。

4.7.5 《卡岑贝格博士的温泉之旅》中自然科学之丑与诗艺之美的对立

让·保尔堪称德语文学中描写怪诞的楷模，引领文学中关于怪诞的讨论。解剖学教授病态地夸大科学理性。他喜欢发现自然的缺陷甚至丑陋，酷爱研究畸形怪胎，故代表自然科学之丑。丑是“真正的扭曲变形。”[1] 在让·保尔的美学观中，“丑”与“怪诞”是同义词。

黑格尔曾论及怪诞：“形式上的怪诞扭曲人物形象，为了显示被掩饰的心灵扭曲，还为了在怪诞的夸张中使之变得可笑。”[2] 教授偏爱的怪胎、畸形物等扭曲形象构成荒诞艺术的塑造原则：“扭曲、畸形、变形”等表现形态“在荒诞艺术中成为塑造原则。”[3] 最荒诞的塑造反对理性主义。“荒诞的艺术对唯理主义没有太多指望。它以极端的直接情绪更符合内容，符合心理的震惊。但荒诞艺术并不违背唯理主义，而是在广泛程度上符合唯理主义的意图。”[4] “荒诞”是“体验所见事

1 Best 1980，7。

2 Hegel 1964，303。

3 Heidsieck 1969，24。

4 同上书，27。

物的文体要素与表达方式。”[1]

在《温泉之旅》中，尼斯善于发现自然之美、崇高和完美，所以代表诗艺之美。这说明，作家渲染科学与艺术的反差。教授与作家的对立尤其体现在他们看问题的迥异视角和态度：教授高度评价显微镜展现的近视角；但尼斯认为，该近视角毁灭所有美的假象和美的明显和谐。器官的构造和精细结构仅从科学的近视角看是完美的。可从美学视角看，那个只能接近解剖刀或显微镜的自然科学空间丑陋且不完美。读者会明白，两者矛盾的视角构成滑稽的反差。

博士年轻时也曾渴望和欣赏美。但他越发陶醉于用自然科学的视角看世界，逐渐丧失憧憬和发现美的能力和欲望：“我现在不再是风华正茂、热情洋溢的青年。这青年会在每个美的形象或胸膛前忘乎所以地呐喊：女神的身躯！”他现在痴迷科学，更看重女神胸膛里安装的“精细的主软疣系统和病态的黏膜网以及感伤的神经线条！”I/6，198）

他极其欣赏怪胎，视之为“科学单独生长的树”，因为他主张，人们可通过“怪胎”“获得更多见解”（I/6，128）。他认为，可以在物种变异中最明确地发现身体的规律性。编剧尼斯寻求享受美的自然。教授勤读文学作品的目的只是搜寻“生理学与解剖学”（I/6，99）的病例。他顽固地鄙视美学规则，创立快乐和悲伤游戏的生理学理论（I/6，220–221）。

他在宴会上大谈舌头的功能、牙床、唾液腺、泪腺、夏日的腐尸和活剥动物，让人倒胃口和厌恶。他提及养丘鹬时恶心而残忍的经历：“我去年秋天养了一对丘鹬。我以难言的费力驯化它们，为了观察它们，也为了宰杀它们，做成填充好的标本。”“我向一些吃货展示丘鹬屎，与平常一样，用小圆面包上的奶油熏它。”“丘鹬的内脏没有被一同涂抹在面包片上。”（I/6，277）他讲解生理学，谈及的粗俗内容违背审美观。《看不见的共济会》中谢劳王子的首任道德老师霍普狄策尔教授与他臭味相投，也在宴会上当众恶心邻座：他品尝“死青蛙，”“从大学解剖室的动物尸体上，令人恶心地剪下膀胱结石”（I/1，94）。

让·保尔将素材之“丑”提升为艺术。他用严肃方式凸显他在《美学预备学

1　Sandig 1980，22。

校》中论及的有限与无限之间幽默的反差。他以“心”为例阐明该反差：

> 严肃在所有地方都提升普遍意义。而且，严肃如此赋予“心”精神意义，以至我们在面对解剖意义的心脏时更多想到诗艺的心，而非在面对诗艺的心时更多想到解剖意义上的心脏。那么，滑稽者就恰好让我们如此紧密地粘连在这个感官方面被确定的“心”上。他并非下跪，而是跪在两个髌骨上。是的，他甚至会使用腘窝（I/5，140）。

让·保尔允许教授说出非同寻常的比喻，作家尼斯已无法理解这种比喻的含义。尼斯问他：“您和您的恋人在月光下道别时，您的心肯定变得沉重吧？”博士的回答暴露其肤浅和科学视角的迂腐：“我的心和您的心一样，在月光和阳光下都有两磅重，分量是我皮肤的一半。”（I/6，119）他完全从科学理性的角度理解诗人的浪漫和诗艺之美，大伤风雅。让·保尔嘲讽教授缺乏仁爱，自我中心，对别人漠不关心：“他除了爱并照料自己，都不需要爱且关心任何人。”（I/6，118）

苔奥达和男友都代表灵与肉的和谐统一。在叙事者的笔下，上尉风华正茂，面颊红润，眼睛炯炯有神。该风采同他作为“战争技术和测量技术专家”（I/6，231）的职业活动截然相反。尽管其思维方式与教授非常相似，但让·保尔赋予他异常强大的感受力。与上尉相似，苔奥达也统一感性与理性。她起初十分崇拜名不见经传的编剧尼斯，后来逐渐恢复理智和平静，也未受父亲的错误情感和玩世不恭态度的误导。她指责父亲不懂感情，甚至铁石心肠：“基于这种考虑，卡岑贝格的心或许是有些天才的心，至少是某种道德意义上的空肠子。众所周知，这种空肠子只会在尸体中被发现是空的。”（I/6，235）“空肠子”比喻教授不懂人间冷暖，明显降低其地位。

自菲尔丁和斯特恩以降，幽默人物形象都兼具感人和崇高的典型特征，尽管其地位低微。倘若用此标准衡量，卡岑贝格就并非幽默人物，尽管他遵循《美学预备学校》中“幽默的感性”技巧，让诗艺的心与解剖的心相对。父女俩乘坐马车经过刑场时，目睹绞死窃贼的场面。教授开始在内心焦灼地渴望，“为他的解剖台”做“一笔交易”。他打算为了科学的利益研究刚被绞死者。“那个被绞死者简直就会成为他在前往卡尔布隆玫瑰峡谷的全程旅途中一枚插在胸前的玫瑰。”（I/6，188）让·保尔用完全诗化的语言描写冷酷麻木的教授痴迷解剖实验的心理

状态，淋漓尽致地体现低微与崇高之间反差很大的风格。

教授在药店看到“一只八条腿的连体兔子”标本。他如获至宝，马上兴奋异常：“他几乎用垂涎的眼睛看着这只兔子，要像猎杀兔子的秃鹫一样俯冲到它面前。”（I/6，129）他坐在马车里抱着这只畸形兔子，喜出望外。他竟能耐着性子听尼斯喋喋不休地讲述：从初恋到春天的礼拜，再到对女神的信仰。尼斯的每句话于他都“不啻为轻松和乐趣，因为他知道拥有什么。他幸福甜蜜地抚摸这只连体兔子，并想象着给它取出内脏。”（I/6，136）博士把他的爱全部寄托在这只畸形兔子上。他表面的温存难以掩饰科学实验违背美学原则的本质。作家用诗艺的语言描写教授对科学的执念，其嘲讽意图不言而喻。这也让读者产生滑稽的阅读体会。

与父亲相反，女儿以适度的方式赞美自然的伟大。自然的美与丑、女儿的重感观察和父亲对畸形动物病态的喜爱形成强烈反差：“苔奥达望着日薄西山的太阳；她父亲看着兔子。”（I/6，181）作家还刻意构思父女参观洞穴的相近结构和不同的演绎方法，进一步凸显其迥异的喜爱对象，渲染自然科学之丑与诗艺之美的对立。作家用低微而滑稽的文体风格描写“博士参观洞穴”情景。其目的是寻找年代久远的动物骨头（I/6，280）。在“苔奥达参观洞穴”那幕中，她完全从内心出发，以更强的重感态度体验洞穴。她以无法区分主观性和客观性的方式转变自然，表达悲哀、爱和喜悦的感受。

她与男友走进洞穴。她起初感觉像走进死亡的冰冷墓穴，恍惚听到感人的音乐，泪流满面。上尉却没听到音乐，他将站在岩石上的恋人揽入怀中。她面颊绯红，“这时两颗坚定而纯洁的心之间结下永恒的联盟。”她感觉“仿佛所有人都彼此重聚。”她陶醉于爱情，产生亦真亦幻的甜蜜幻觉：

> 那些声响说出使她欣喜的话：“人生穿上白色的婚纱”，就仿佛在月光映照的晚露中。在椴树花的芬芳中，在夕阳红霞中，幸福的苔奥达仿佛看到身穿白纱裙的姑娘走来。她打心底爱她们所有人。她觉得，所有观众都如此善良而温暖，致使她会当众仿佛在祭坛前一样，把手伸给恋人。（I/6，285）

男友突然打开山洞的大门，晚霞宛如一道金色的闪电照进整个地下洞穴，就像一根熊熊燃烧的火柱。她内心以为“只看到她的内心欣喜爆发，变成外在的闪耀，并迷惑地让她产生幻觉。”作家以迷惑人物的游戏再次强调创造画面想象的重要意义。叙事者以如下评价回应她：“倘若没有爱和被爱的心，山脉、灯光和原野究竟还有什么意义呢?”“爱就只是被缩小的宇宙。在每滴幸福的泪珠中都栖息一轮圆而亮的太阳，五颜六色，光彩夺目。”（I/6，285）她充满内心感动和欣喜地看待外部世界，由此赋予外在自然旺盛的生命力。这幕场景展现美学错综复杂的关系，呈现主体赋予自然的诗艺气象。她的诗艺情怀使平凡的山洞焕发勃勃生机。

教授不懂美学意义上美的自然和丑的自然。他反驳该观点：畸形动物违背自然。他偏爱自然演化进程中的畸形、变异甚至丑陋，以此逆转美、崇高和丑等美学范畴。他解释说：“我年轻时更理想化，徜徉于天空而非尘世。那时我欣赏梦想的、比我昨天买的那只昂贵却羸弱的兔子更高的畸形动物。”（I/6，285）他寻觅不完美的理念，仿佛理想主义艺术家寻觅完美之美。他认为在怪胎中能找到最高的完美，不断以奇怪的偏好对抗美的感性统一。

德国美学家菲舍尔在著作《美学或美的科学》中主张，将自然科学中的变异这种美学眼里的“丑”纳入现代艺术中。他建议“称丑为美的”，“美似乎也从丑那里赢得价值，倘若丑提供向崇高或美的过渡。但给人启迪的是，这完全是有别于自然科学走的另一条路。”[1] 他认为，人们应通过崇高和滑稽的美学形式，将自然科学与艺术异化的空间重新纳入艺术。

苔奥达代表的美学观察方式与她父亲代表的科学观察方式相抵牾，这导致博士滑稽地贬低女儿矫揉造作、不自然的重感姿态。她代表的崇高对应博士代表的滑稽的低俗。她父亲病态地偏爱怪胎等恶心主题；她却会毫不受干扰。她参观山洞的情景体现她的高贵。作家诗艺地美化她的爱，与博士科学的直白与低俗形成强烈反差。

作家杂糅情感崇高的文体风格与大量身体性。他完全从机械唯物主义出发阐释情感的产生。博士将人类的爱与鲑鱼产卵的本能相提并论。他解释，平静的泪水对消化有好处。他以此抽掉小说高雅文体风格的根基。但在另一叙事层面上，

1 Vischer 1975，17–18。

该作描写他女儿追求自然之美和人生之爱，描绘她与上尉严肃的爱情关系。父亲对自然缺陷即丑的偏爱与女儿对美的追求构成两个并列的叙事层面，但它们像两条平行线，互不相干，没有交叉：父亲并不参与女儿崇高的内心性；女儿也不受他代表的粗俗与滑稽风格影响。崇高和滑稽忽略对手。最后，完美的爱情统领小说结局。

作家有意演绎自然科学的玩世不恭。他成功塑造偏爱自然缺陷即丑的解剖学教授，并通过他允许自己在艺术中描写丑。该作的主题是：确定并重估美丑关系的价值。博士对自然过程的科学观察孕育丑，因为其评价使自然过程变丑了。

作家混合滑稽和幽默、崇高与低微的文体风格，以此传授描绘美学之丑的可能性。诚如《美学预备学校》所言，"更多崇高源于纯粹的低微。"（I/5，131）作为幽默的组成部分，"否定的或无限的理念"建立在崇高与渺小的反差基础上。崇高的维度战胜滑稽的低微。幽默风格的构想在于，将伟大与渺小、美与丑、人的无限渴望与有限性的反差纳入艺术。苔奥达参观山洞那部分保留让·保尔要求的崇高面对低微的优势。

该作最后转向作家很重视的田园风光。爱情作为更新手段渗透到人生，将人生的荒漠变成田园绿洲。作家在反思中补充道："为什么诗艺必须只展示你失灵的东西？为什么可怜的、没有繁盛的人们只回忆甜美的梦而非甜美的过去呢？哎，命运啊，请你自己更多进行文学创作吧！"（I/6，289）崇高只是永远无法实现的无限渴望之标志。文学创作通过摹仿美，将现实的素材变成田园牧歌。文学作品理想化的光将统一的光投射到现实的素材上。该作粗俗而滑稽地重新吸纳丑和缺陷。教授偏爱自然之丑和缺陷以及令人厌恶之事。这从反面证明，他与浪漫派作家一样，厌恶日常的平庸。他习惯俯视地看问题，却成为自己缺点的牺牲品。

雅普（Uwe Japp）指出，"幽默被放在高于反讽和挖苦之处，"因为这两种文体风格"孕育太片面的效果。""唯理主义且自私的"主人公与他"感伤且有爱的女儿"构成反差和"对立"[1]，分别代表"玩世不恭"与"重感"话语的"对立"。

1　Japp 2001，293–294。

作为玩世不恭的中心，父亲喜欢“恶心之事”和“怪物”，将爱理解为“物质主义的减少。”[1] 重感的女儿爱上现实主义的少尉。

让·保尔时代自然科学方兴未艾的趋势危及文学、美学、哲学等人文社科领域。科学理性处于后启蒙时期，已呈现异化、敌视艺术和人的主观感受、祛魅、去神话等诸多弊端。他身处庞杂思潮、精神源流大汇聚的时代。他面临一个重要课题：如何体现其人类学的整体论、美学的对立统一？如何反映自然科学与诗艺的理想统一？让·保尔更倾向于强调信仰、情感和统一的哲学支流，这也是其美学和诗学批评并揶揄德国先验哲学的主要原因。

面对自然科学与诗艺的交锋，让·保尔有别于诺瓦利斯，并非排斥自然科学于诗学之外，抨击其敌视诗艺的弊端，而是以包容姿态将自然科学代表的丑、招人厌恶甚至恶心等特征纳入美学。他让二者构成其美学的对立统一：自然科学盲目崇尚科学理性导致的丑代表低微和滑稽；诗艺地追求人生和自然完美代表美、崇高和幽默。

莱辛在《拉奥孔》中演绎丑，斯威夫特在《格列佛游记》中呈现化美为丑的颠覆性美学观，普拉特纳强调灵与肉相互作用的人类学观念。他们都为让·保尔在美学和文学著作中统一美与丑奠定坚实基础。他主要在《温泉之旅》中成功演绎科学之丑与诗艺之美的对立统一。他杂糅低微与崇高、玩世不恭与严肃风格的写作手法，确保该演绎的成功。

让·保尔让自然科学之丑反衬诗学之美。这无疑是高妙、成功且有创新性的策略，呼应《美学预备学校》中的艺术观。他主张，艺术应具有治愈功能，艺术应成为弥合自然科学给人造成创伤的重要手段。

4.8 最后一部幽默长篇小说《彗星》

4.8.1 《彗星》的核心内容

让·保尔的长篇小说残篇《彗星或者尼考劳斯·玛尔克格拉夫，一篇滑稽故事》（*Der Komet oder Nikolaus Markgraf. Eine komische Geschichte*）（下文简称《彗

1 Japp 2001，302。

星》）1820—1822 年出版。主人公名叫尼考劳斯・玛尔克格拉夫，其姓氏暗指柏林著名药剂师和化学家“玛尔克格拉夫”（Andreas Sigismund Markgraf，1709–1782）；其名字指涉中世纪的圣者，即商人和药剂师的保护神。主人公的名字建立在“自然与宗教对立的基础上。”[1] 另两个主要人物是主人公的朋友沃尔布勒和对手该隐即皮人。该隐是小说的焦点，是主人公“食人族般的对手及其镜像。”[2] 该著在情节、动机和准确清晰的人物设置方面超越其所有长篇小说。其语言表达更沉闷、压抑、简洁。第三卷有些段落属于让・保尔书写中“最令人信服和最完美的内容。”“许多细节和情节线、人物都可以被阐释为批评社会、艺术和宗教中的复辟倾向。”[3]《彗星》是“德国复辟时期讽刺的、社会批评的绘画”[4]，其创新之处在于演绎“心灵不朽”[5]。

关于小说标题“彗星”的含义，作家在前言中指出，主人公与彗星有很多相似性：“彗星在那个时代被视为谜一样的天体，迷惑人的星球，人们对该它知之甚少。”（I/6，725）尼考劳斯及其随从是“彗星”，“照耀宇宙中间区域中的‘无’”即令人恐惧的“虚无”，而这种“无”完全是“人自己酿成的。”主人公的对手皮人是“反彗星的”[6]，他是“撒旦式的存在”和“无法治愈的精神病患者。”自由运行的彗星与凡尘之事形成对照。作家指出，主人公有彗星的特质，“常服侍两个女主人和太阳，并从一个摇摆到另一个。”（I/6，568）他处于“理性与单纯肉体这两个极端之间”[7]。在情节铺展中，前文失败的市民生存与后文耽于梦幻的王侯生存构成反差。《彗星》最后并未和谐地消解诸多矛盾，而是使其对立存在。

主人公的生母临终前向他的继父艾里阿斯伯爵透露其身世秘密：她曾是意大利宫廷的女歌手，结识了信奉天主教的王侯后生下私生子尼考劳斯。其体貌特征有些奇特：鼻子上有 12 个小疤痕，脑袋好像被神圣的光环包围，尤其在他出汗时。

---

1 Dörries 1990，63。

2 Lutz 2005，87。

3 Schweikert 1975，141–142。

4 Harich 1974，285。

5 Eckenrodt 2001，285。

6 Reemtsma 2001，30。

7 同上书，18。

每当他讲述其保护神时，就感觉汗水涔涔的头会放射神圣光芒。很多荒诞的故事表明，尼考劳斯并不寻常。

继父将全部积蓄都遗赠给他，以确保他在莱比锡大学接受符合其贵族出身的教育。尼考劳斯和其养父一样当上药剂师，他有至交沃尔布勒和暗恋对象阿曼达公主。他很穷，不知道自己是王侯之子，不敢奢望娶公主为妻。他半夜到花园偷来公主的蜡制胸像，将它装在旧钟壳里，始终随身携带，仿佛它是活物。其实，他对公主蜡像玩偶的爱象征其人生谎言的诗艺代码。

他在神秘的炼金术实验中发现制作钻石的工艺，制成世上最大的钻石。他并非按现代科学的规则和冷静盘算获得成功。为了使作品成功，他在近乎假定的状态下召唤恋人和父亲，仿佛看见二人出现在眼前，他在半梦半醒中“融合外在与内在元素”（I/6，812）。让·保尔揭示欺骗性的幻觉：恋人只是蜡制的胸像；尼考劳斯以为在镜子中看到的父亲其实是他自己。他因制造钻石而“太富有了”（I/6，712），于是和朋友一起踏上寻父之旅，这隐喻求真过程。他寻觅的父亲象征原始起源。小说追问真正的本源及其可认知性。

《彗星》传达自然科学和政治社会层面寻觅自我的对立领域。主人公寻觅自我的道路由自然科学伴随。尼考劳斯因外部世界的强制和自由想象的自我迷惑遭受失败。作家感慨寻觅真正的自我并非易事：“人经历从仿造画像、原始画像到真正的自我多么遥远的道路！”（I/6，639）为方便寻父，主人公请16位卢卡城画家为他描绘31幅肖像画。每位画家凭自己的理解观察并阐释世界。这些肖像画“指明以主体为中心的、透视性认知模式的可协调性”，用“神学、哲学和科学的方式”“区分真和非真。”[1] 而皮人象征自我综合的失败。其“身份认同的危机”无异于“通过肢解解构个人的统一”[2]。尼考劳斯在雾中感觉被人跟踪，跟踪者皮人觊觎王子作为“世界王侯”的统治要求。永恒的犹太人皮人自认为是臭名昭著的魔鬼该隐，小说在此中断。

在小说结尾，催眠术士沃伊布勒暂时通过特定的操纵成功拯救魔鬼该隐，使他挣脱疯癫。内心发生转变的皮人解释疯癫的发展始末，他认明上帝，并为自己

1 Schmitz-Emans 2017，73。

2 Imboden 2019，178。

造孽深感懊悔。可皮人只是暂时回归充满爱的神之怀抱，他最终向魔王表达亵渎神灵的喜悦："天父魔王，我又回到你的身边。你为什么遗弃我呢?"《彗星》前所未有地在"震惊"（I/6，1004）中结束。该作发展了"催眠术和驱邪术"两个模式[1]。沃尔布勒用催眠术治愈皮人，又用驱邪术赶走皮人。皮人获悉自己就是魔鬼的嫡传后代，认为自己消解为不朽的该隐。

"钻石"是该作的重要母题，标志"物质财富和王侯的人生变迁"，同时象征主人公"用主观和臆测的方式阐释世界。"它在自身"增加了矛盾的意象"[2]，很重要的意象就是想象的假象与真正的现实对立。主人公父母手上的戒指融合成分纯的金子和含杂质的宝石，作家以此譬喻主人公充满矛盾对立的出身和人生，瑰丽的彩虹变成忧郁阴沉的阴雨天，比喻主人公多舛的命运：

> 这场婚姻始于非婚姻，因为这位药剂师想将两枚戒指中很多光彩夺目的宝石打造成其幸福的组成部分，可这些闪亮的宝石被证实为陨石，或者是假的。而他们手指上本来向他承诺晴朗干燥天气的明亮而多彩的彩虹，却可怜地变得昏暗，然后本身变成水。只有先前用金子做的戒指一直是真的。（I/6，577）

制作钻石关联主人公的心理变化过程。作家用钻石类比炼金术，并用该类比描写现代化学与自我哲学的现代状况。主人公制作的钻石改变药剂师对现实的理解。《彗星》中出现的炼金术强调促进含义的内在联系，具有现代自然科学无法替代的诗艺功能。因此"炼金术相当于让·保尔的诗学"[3]。炼金术在表达内容方面因关联宗教和神秘而违背让·保尔的启蒙意图，但为了躲避图书审查，他有意使用隐晦的语言风格，这酷似炼金术士保持沉默的戒律。作家通过炼金术般的神秘语言表达方式，巧妙地表达其共和主义的政治信念。

作家用文学隐匿手法和启蒙意图选择《彗星》中的核心主题：钻石、彗星和药剂师。在 18 世纪末，钻石是化学研究对象；彗星由原来预告不祥的象征变成可计算的、理性的自然现象。药剂师告别炼金术士的职业传统，作为化学时代的

1　Müller 1992，84。

2　Imboden 2019，172。

3　Dörries 1990，70。

代表出现，该作表达药剂师阶层日益增长的自信。在上述三个主题中，非理性的、等级社会的含义突然转变成启蒙理性的、市民的知识。

《彗星》证明作家书写中的基本对立：他援引炼金术塑造市民进步的、政治革命的信念。他将其政治远见隐藏于自然科学中，并发展启蒙画面。他赋予主人公自然科学家身份，并将科学行为嵌入小说情节中，以此最大程度地参与现代自然科学。虽然他认同自然科学和技术进步的积极意义，但他重申，自然科学的发展只召唤个人和社会进步，无法提供体验世界的可靠根基。

主人公是作家滑稽的对立面。现实的复辟世界与虚构的假象世界在二者中相互渗透和变换，他们存在于一个共生体中。作家和人物具有在自然科学和政治社会层面理解世界的互补性，但他们仍构成一个整体。

小说结尾暗指欧洲复辟时期。主人公一离开梦幻的假象世界，就放弃其炼金术般的诗学。他经历对立世界，更换身份却未找到身份认同。该作打破幻觉，是“反泰坦神小说”。它用“认明诗艺”的方式“杜撰世界的特征，并在谎言、欺骗、假象和真实的活动空间内，泄露自身为朦胧的游戏。”[1]

在《彗星》中，忘记意识的诗人与反思的魔鬼相对。发疯的该隐自称为反思中的无界限者：“我因为思考而成为一切恶。”（I/6，1003）作家想在《彗星》中探究创造性的想象力的条件与界限问题，指出“想象力的危险。”[2] 想象力摇摆于主人公的王侯梦中美的、富有意义的想象成果和以超验为准的反思创造之间。让·保尔视描写和反思为书写长篇小说的要素，其诗艺的基本结构涉及用想象力治愈想象力，该结构将诗艺的功能纳入历史哲学的视角。《彗星》展示诗艺创作在与平庸的生活现实反差中的文学性，以此确立现实化和接受言语与情感范式的历史方式。主人公作为市民和幸运儿能找回的世界已不复存在。在作家笔下，对文本虚构性的反思表现为诗艺的过程，其诗艺世界产生于外部世界的崩塌体验。

面对早期启蒙运动的问题设定，《彗星》源于这种生存经验：浪漫的现象本身可能是假象和欺骗，并参与外部世界的命运。主人公坚守内在世界，对外只能作为愚人出现。作家描写诗艺的意义和问题。主人公是消极的天才和作家，钻石

1　Wölfel 1997，394。

2　Nell 1986，91。

是其作品。在他消失的阶段，该隐和沃尔布勒体现的反思性视角照耀诗艺的想象。他反思魔鬼和对诗艺假象的运用。主人公靠诗艺与现实摩擦的光芒生活，但这处于反思万物和人物的超强光芒中。

让・保尔运用炼金术与化学和王侯与市民这两组概念，旨在塑造复辟时期的发展：复辟的标志是“进步到现代的自然科学世界中；退步到等级社会价值观中。”[1] 他选择药剂师为主人公，因为药剂师兼具市民和自然学者的双重身份。他透过人物描写对复辟的诸多体验。主人公创造自然科学的突破性成就，但他并非作为市民，而是作为王侯实现命定的抱负。

4.8.2 《彗星》中的幽默演绎

作家在譬喻式写作和塑造幽默人物两方面演绎幽默。首先，我们看譬喻式写作的幽默诗艺整体。作家在第 7 章中凝练地描写主人公成功制造钻石的瞬间：“这个历史的 20 克拉的基石被奠定。一颗真钻石在化学的炉子里完成，光芒四射。第 7 章可由此结束，一万个新篇章开启。”（I/6，780）这个简短的描述可被解读为“让・保尔用幽默方式与钻石实际的形成问题打交道。”他想在结构上与探究钻石产生问题的读者游戏，用事后叙事的方式暗示读者，钻石造成了。他用诙谐方式让该追问落空了：即“**文学的**钻石的**现实主义的**形成。”作家用心理暗示法表明，他反对用现实主义的方法追问钻石产生问题，视之为阐释错误。他大笔一挥，用一句话宣告钻石制作成功。钻石的本体生成蕴含人员的统一。他将“炼金术上的技巧转移到了诗学层面。”[2] 叙事者俨然变成炼金术士，这种转换的主题成为《彗星》譬喻式的写作场景。

《彗星》塑造了愚态日增的主人公，他有强烈的梦幻色彩和被误解的多愁善感，与沃尔布勒有着微妙关系：“沃尔布勒代表幽默；自负的王子尼考劳斯象征感伤和耽于幻想的特征。”[3]

1　Dörries 1990，62。

2　Imboden 2019，174。

3　Bergengruen 2010，51。

尼考劳斯自幼不知生父是谁，他的故事分明在“幽默地戏仿救世主的故事。”[1]他呈现狂热和耽于幻想的愚人状态，梦想神圣和王侯的特征。作家通过他描写幻想内在固有的危险。他是滑稽想法的代表性人物，谎言围绕世界和自我进行文学创作，这阐明尼考劳斯与堂吉诃德的亲缘关系。《彗星》在无数插曲和场景中戏仿《堂吉诃德》。作为滑稽的愚人形象，尼考劳斯是自我迷失的象征。作家想指明主人公耽于幻想的狂想幸福，以此批评时代，尤其批评浪漫派的特定倾向，并讽刺德国逃避现实的现象。

想象丰富的尼考劳斯一直疯癫地以为自己就是王侯之子，其疯癫代表人类的集体疯癫。“每个理智者”“都会干蠢事”（I/6，591）。沃尔布勒并未揭穿其臆想，二人构成平衡。作为感伤者，尼考劳斯并未增加自己的分量；作为滑稽者，沃尔布勒承担导演任务，当众发言表态。作家称尼考劳斯“最好的、最疯狂的朋友”是“吸铁石上”与他相反的“极”（I/6，647）。

幽默人物沃尔布勒类似《齐本凯斯》中的莱普盖伯和《少不更事的岁月》中的伏尔特。作为催眠师，他有魔鬼般的能力；作为魔鬼，他不再取代灵魂，游走于其牺牲品的肉体之间。他利用催眠术，促使周围的人思考并感觉。作为有物质主义倾向的纯粹讽刺者，他还操控维也纳会议代表的味觉神经和嗅觉神经，就像柏拉图《会饮篇》中的客人一样，催眠后“总感觉特别饿”（I/6，611）。作家意在讽刺，维也纳会议诸多方面的人为操纵性恰似沃尔布勒通过催眠操控身体。他是“最强大的催眠师，”其催眠能力“超越所有程度地强大”，致使他在人们“清醒时就可以催眠。”（I/6，606）他能通过“完美的磁力”（I/6，607）将他对食物的品味传到被他催眠的客人身上，让他们感觉，“仿佛第一次品尝这么美味的汤。”（I/6，608）他向客人提供假象和没有实体的幻觉，实则让他们胃里空空如也。他戏仿《会饮篇》的假定实验，导致对小说人物的自由和自觉权的信任显得有欺骗性。

沃尔布勒催眠时，并未控制病人的精神，而是回归传统的催眠术，主要控制病人的身体。因为只有“依据其人类学的和诗艺的冷静盘算，其催眠术才能变成

1　Schmitz-Emans 2017，91。

对物质主义的展示，遵循肉体这条主线。"[1] 总之，尽管沃尔布勒掌握最新的心理病理技能，他依然相当于让 · 保尔早期讽刺中的物质主义者。

沃尔布勒本应发挥这种作用：让人面对所有尖锐讽刺时能认识到关于自主幽默的指导思想。作家也证明这种幽默：尼考劳斯和皮人描述自我，与荒诞和滑稽保持距离，有意被引向极端。针对这些自我描述，作家同时通过最直接的自我美化塑造占优势的对立形象。

皮人是主人公悲剧性的、怪诞的对手，威胁其生命。皮人和臆断自己是王侯之子的尼考劳斯都是疯子，只不过皮人在讽刺滑稽的意义上；尼考劳斯在严肃的意义上。皮人是"整个病人"；主人公是"半个病人"（I/6，999）即精神病人。皮人通过思维上不受限制的自由和神秘的冥思苦想成为恶人的象征。他这样评价自我："在我的书房里，我是通过思维、谋杀者、投毒者和否认上帝者代表一切恶的统治者，统治所有国家、幽灵和通奸者。我又是撒旦角色、大多荒唐的内在表演者，我想象自己扮演这种撒旦角色，常带着这种情感：永远不要走出这样的角色。"（I/6，1003）

沃尔布勒最后通过催眠术让兼具该隐和永恒犹太人特征的皮人平静："他一直努力，用所有带磁性的手指，将他的'病人'从清醒状态置入睡眠中"（I/6，1002）。他治愈了患唯我论疾病的皮人，通过唤醒其内心的危机人格："所有人都惊诧地听到陌生却又亲切而真挚的声音，这声音悄悄对他们说话。"（I/6，1003）理智的沃尔布勒是治疗师，在医治疯癫者的实践中，将皮人置于催眠状态时，他暴露自己。该隐关于唯我论的言论或许源自他。

让 · 保尔写下《少不更事的岁月》后开始改变创作方向，他开始演绎自我美化即诗人自我的想象力问题。《彗星》中的自我美化和自我戏仿非常明显。在戏仿和幽默的游戏中，作家反思自我和自己的写作，以斯特恩的风格思考作家及其小说，这都使《彗星》具有现代意味。他结合富有反差的语言层次，混合崇高的诗艺风格与消除幻想的讽刺和厌倦现实的风格。

《彗星》想展示智者和愚人的密切关系。沃尔布勒是作家作品中独一无二的、

1　Bergengruen 2010，60。

前所未有的逗笑打诨者，与作家以往小说的幽默角色迥异。他贪吃、酗酒、撒谎成性、喜欢追逐姑娘，具有源自作家的人生和性格特征，与作家形成竞争，但他并未走出小说的危险。

让·保尔塑造的幽默角色包括从早期《魔鬼文件选读》中的哈伯尔曼到《泰坦神》中的中期幽默人物硕普，再到晚期小说《彗星》中的沃尔布勒，他们都接近幽默人物组成的肖像画廊。从哈伯尔曼到硕普构成一个高峰，再从硕普到沃尔布勒构成另一高峰。

沃尔布勒是尼考劳斯身边憨厚的小丑。《彗星》有些段落与作家联系密切，我们在其中遇到更复杂的幽默状况。让·保尔在生命快走到尽头时创作了《塞利娜》和《彗星》，其严肃仿佛遁入具有哲学特征的文学创作中，其重要原因在于，儿子马克斯和朋友兼助手福斯的离世夺走他继续戏谑地创作滑稽幽默小说的力量和偏好。

疯癫者皮人是该隐式人物，他自称是尘世的先生即魔鬼，可他居然向上帝祷告，在沃尔布勒给他置入具有磁性的睡眠而使他头脑清醒理智的瞬间，皮人为了自我安慰而在治愈性的睡眠中说话。有三个内容汇集在皮人上：首先，他有作家之子的死亡余音。后者和皮人一样，因为看书太多无法自拔而陷入疯癫状态，“带着无法走出来的情感。”（I/6，1003）第二个内容涉及他早期演绎的魔鬼主题，该主题否定地服务于对上帝存在的证明。但他并非在行动上而是在思维中犯罪，即他想象充当杀人犯、纵火犯、魔鬼撒旦等一切恶的形象。第三个内容和《塞利娜》一样，代表实验性的虚无主义。让·保尔想以此证明上帝的存在和不朽。

小说有两组讽刺明显关联政治事件，它们虽与小说的内在联系并不紧密，但我们可视之为《彗星》中混淆假象与存在、想象与现实的彗星尾。作家以“维也纳客栈”中“有吸引力的宴会”隐喻维也纳会议。与会的诸位王侯分享利益蛋糕，各民族作为历史的主人却空手而归。《彗星》的精神和精髓有政治基础。第二卷前言的插入部分讽刺和揭露当时的政治状况。作家比以往更尖锐地抨击普鲁士对蛊惑人心者的迫害，批评“卡尔斯巴德协议”重新使用图书审查，讽刺官方压制所有自由。作家称“诗艺为第一个也是最后一个造梦者修会”，倘若没有诗艺，就不会有未来和更好的生存。他通过“对未来的预先梦想”（I/6，930）进行启蒙。

作家对王侯的讽刺贯穿整部小说。讽刺诗艺地伪装现实状况，直接联系特殊时代。在复辟时期到来之前，他在《黑斯佩鲁斯》和《泰坦神》中还教育主人公成为理想的王侯。在《彗星》中，他描写并评价复辟时期，通过篡权者尼考拉斯揭露贵族刚愎自用的可笑。作家塑造药剂师尼考劳斯参照文学典范堂吉诃德和政治上的篡权者拿破仑。他在《彗星》中只通过科西嘉人尼考劳斯讽刺性地嘲讽篡权者拿破仑。

1815 年后，让 · 保尔更多嘲讽金钱万能现象和普遍的拜金主义。他认为，金钱会向富人敞开所有大门。尼考劳斯制作假钻石，这象征他是地道的假王侯。让 · 保尔通过塑造该人物揭露颠倒的、愚蠢的、扭曲人生的世界，演绎失败的历史乐观主义。毫无幻想地描绘社会和人类，这是他由失败的历史乐观主义获取的诗艺后果。

让 · 保尔以吉伦特派的头脑同情法国大革命。即便在大革命之后，他也从不否认解放的革命动力。尼考劳斯是受压抑的市民、失败的局外人。他在普通人眼里是愚人，但在作家看来，他是被排挤的造福人类者。他偏爱堂吉诃德这位想让同时代人幸福的骑士，他将该好感转移到迷惑中的尼考劳斯身上，“这位使人类幸福者身处让 · 保尔时代复辟的社会边缘，他想效仿曾经的边缘人堂吉诃德”[1]。

皮人以好斗性格对抗药剂师尼考劳斯的幸福观，直到他最终在烟囱里留下自白。在该诗艺整体中，他再次显示伟大的、双重的自画像。尼考劳斯追求荣誉、自己和他人的幸福，他追求社会的优势、优雅、友谊和女人的爱，尤其追求更好、更幸福与和睦的世界。皮人从消极的无限性出发，发表现实主义的、讽刺的摧毁与魔鬼演说，后来转变成无助而渴望爱的形象。

在《彗星》中，让 · 保尔最大胆地表现诙谐游戏与体验来世这种难以解决的二元论。忧郁的幽默人物尼考劳斯变成爱开玩笑者，他诙谐地影射其普遍的半吊子教育。作为在尘世感知神性诗艺世界的崇高者，他变成愚蠢的王侯药剂师。他自欺欺人地幻想，现实不过是辉煌未来的象征。崇高的人和王侯药剂师“这两个人物都被取消性格形而上的深层维度，还从心理学角度演绎他出身小市

1　Höllerer 1975，27。

民这个主题”[1]。

尼考劳斯和对手皮人都有两极性和精神分裂特征，具有双影人关系。在小说中较晚出现的皮人是温和友善的尼考劳斯的补充人物，二人的共性在于“皮子”与“钻石”体现的物化特点。钻石的合成隐喻主人公从药剂师到王侯的高贵化过程，钻石象征对智者之石即对人类整体和世界智慧的追求。炼金术在形而上的意义背后隐匿求真要求，而在目的论的结局上隐藏拯救承诺。在小说中非常重要的意象“钻石”还象征文本自身，小说堪比钻石，因为“其高度的爆破力对抗抽象化的统一观念。”[2]

《彗星》还与作家纲领性的短文《论想象力的自然魔力》有亲缘关系。作家将主人公的人生经历描写为“旅行”和富有梦幻色彩的“魔力”。“幽默人物沃尔布勒集这两个角色于一身：讽刺挖苦的批评家与灌输梦幻的魔幻者。”[3]

愚人传统、滑稽和真实问题这三个框架失去关联性和确定力量，这偏离作家在十几年的创作过程中遵循的打造“大部头滑稽长篇小说”的意图，“还质疑该长篇小说中幽默的世界关联。”[4]

1 Lindner 1970，61。

2 Imboden 2019，184。

3 Schmitz-Emans 2001，71。

4 Nell 2014，47。

第5章

让·保尔具有神性的诗艺宇宙：“第二个世界”

让·保尔高度重视诗艺的作用，赋予诗艺高于其他学科的地位。在《美学预备学校》中，他论及诗艺在社会鄙陋、宗教式微时代的特殊作用。“在宗教、国家和风俗凋零的时代”，“诗艺能歌唱无人敢歌唱的内容。”“诗艺”恰似比科学和哲学“更强壮的”“胳膊”，“在最高的王位上”，为伟大的“情感戴上王冠，”（I/5，447）发挥重感功能。他认为，诗艺预先描绘“神性的意义”，诗艺是“尘世唯一的第二个世界。”（I/5，30）诗艺应反对现今，召唤未来美好时代，它并非“现今平滑的镜子，而是尚不存在的时代的魔镜。”（I/5，447）他期待诗艺发挥人性化的有效作用，希望人类日臻完善。他坚信，诗艺能切割黑暗的现今和光明的未来：“在尘世中，向我们展现另一个世界”。诗艺会对抗现代异化世界，“自由地挡住衰败的、同时也自杀性的、自私自利的时代去路。该时代因缺乏天堂而憎恨死亡，愿意预定并拉下崇高的缪斯女神。”（I/5，448）他批评时代缺乏诗艺与神性。

他赋予作家引领时代的积极意义，在《齐本凯斯》前言中指出：作家“能很好地共同引领一个时代，在其中，更高的美德、爱和自由都是罕见的凤凰或太阳鸟，并能非常鲜活地描绘所有鸟，直到它们自己飞来。”（I/2，24）他呼吁通过哲学启蒙阻止普遍的衰落。他更希望，以诗艺实施审美教育，书写能补偿政治的昏庸无能。他在《关于美学预备学校的小型后期学校》中嘲讽道：德意志民族“不能再在政治方面活动整只胳膊，它至少应活动手指去书写。”（I/5，497）

其关于神性的预言与人的天职使命密切相关。他认为，神与历史有直接的依赖关系。人被纳入整个世界运行中，他探讨人与社会现实等于探讨神性。他一直为神辩解[1]。受雅可比捍卫情感与信仰的主导原则启发，他多次提出蕴含诗艺和神性的概念“第二个世界”。雅可比会勾勒，“具有虚无主义和致命后果的唯理主义毫无意义且无法忍受。他使理智的方法和观点达到荒谬程度，旨在让情感反抗理智。”他呼吁“为第二个世界倾注基本的情感，”始终尝试以直接或间接的“情感呼吁方式”“跳出思维的理性层面”，进入生命哲学即“生存意义层面”。他理解的人生“精神价值”尤其“第二个世界的对象”包括“神、自由和不朽”[2]。

他一直努力营造理想化的诗艺“整体”，在《美学预备学校》中提及“整体的前提”（I/5，61）。早期作品“关于美德、不朽和第二个世界的评论”实则尝试“在内涵上填满理想的整体。”[3]

5.1 诗艺的“第二个世界”对抗平庸现实的“第一个世界”

让·保尔始终重视通过文学创作赞美“第二个世界”，让自我中的神性最终克服所有分裂，将自我理解为统一。他在《黑斯佩鲁斯》第二版前言中设定，现实的庸常世界为“第一个世界”；诗艺世界为“第二个世界”：“在和睦的条约中，平庸生活的第一个世界上的争吵者和争斗者会在诗艺的第二个世界上握手言和。”（I/1，485）他认为，启明星或长庚星恰似其“第二个世界”运行，“全部第二个世界、整个天国和上帝本身”都只在该星辰内部“显现”（I/1，605）。

他在《美学预备学校》开篇用“第二个世界”阐释诗艺：“诗艺是现今世界中唯一的第二个世界。”（I/5，30）他将诗艺归入其美学理想中的“第二个世界”（I/5，93）。他洞悉，“基督教”“消灭了具有全部魅力的整个感性世界”，“并用新的精灵世界取而代之”，这导致“所有尘世现今都消散成天堂未来”（I/5，93）。

1 参见 Weigl 1982，65。

2 Buschendorf 2007，25。

3 Oehlenschläger 1981，106。

他明确构建二元对立的美学范式，"将浪漫的主观性的自我阐释放置在现世与来世二元论的连续背景中。"[1] 他分化了形而上的范畴"第二个世界"，通过将它"等同于内在世界的人类学范畴。恰恰这一点是其诗学的转向。"[2]

神性是其"第二个世界"的另一重要内涵。在《黑斯佩鲁斯》中，印度大师用神性点燃霍利翁的希望："你不要在任何星球上寻觅伟大和神性，这全部的第二个世界，整个天国。你在你的心灵中已有神性，并热爱他人心灵中的神性。神不会在别的地方而只会在你的内心向你显灵。"（I/1，605）他将人们内心感悟的神性当成重要范畴归入其"第二个世界"。

综上，让·保尔的"第二个世界"兼具诗艺和宗教神性的重要特征：诗艺与宗教密不可分。他还在《美学预备学校》和《莱瓦娜》中强调诗艺与宗教的密切联系。要理解其文学作品就要注重"诗艺与宗教的共同作用"[3]。

5.2　让·保尔的宗教情感

5.2.1　让·保尔与宗教的矛盾情结

让·保尔的父亲是乡村新教牧师，他自幼受新教熏陶。他在自传中称父亲是"最严格的僧侣"（I/6，1043），让他背诵"基督教教义问答手册"（I/6，1054）。父亲整天"抄写并背诵布道。"他为父亲惋惜，这为其日后拒绝当牧师埋下伏笔："他在如此偏狭的乡村教堂里消磨并耗费其美好的年华和充沛旺盛的精力。"（I/6，1087）

他大学主修神学，但未当牧师。随着基督教世俗化的加剧，他不愿受基督教清规戒律的束缚，而想追求自由发展的人生。1781 年 9 月，他致信福格尔，介绍莱比锡大学师生对基督教的质疑，"几乎所有大学生都""毫无畏惧地公开说，原罪和下地狱的说法是幻想"，甚至不乏"无神论者。"教授让"学生自己决定""信仰的价值"（*JP Briefe*，1，31）。他批评教会的不足，在《看不见的共济会》

1　Lindner 1976，122。

2　Simon 2013，215。

3　Naumann 1976，1。

中，他嘲讽“每个大主教的教堂都应”“为睡眠负责”（I/1，393）。他毕生反对基督教的正统学说，厌恶基督教的繁缛仪式。

但他并未与宗教彻底决裂，反而推崇敬神、神性、无限性、不朽、永恒、来世和天堂未来等宗教意象。他批评启蒙理性导致宗教式微的时代精神，在《莱瓦娜》中，他抱怨宗教衰落：“宗教现在不再是民族之神，而是家庭之神。”（I/5，576）他担心，丧失信仰会使人们丧失形而上的世界：“倘若没有神，无法理解的、超凡脱俗的事物王国即第二个宇宙就无法想象。”（I/5，577–578）这彰显其“第二个世界”与神性的密切关联。

他强调宗教神性，因为对神的信仰能增强人类的凝聚力：信仰神者“会比通过友情和爱更温暖、更真挚、更牢固地联合。”反之，无信仰者就得“寂寞地穿越永恒。”（I/5，578）“在有宗教的地方，人、动物和所有宇宙就被爱。”（I/5，579）他在《黑斯佩鲁斯》中坚信，存在超越尘世的、高于理性时代的、更高的神性世界：“有一种我们能证明的万物更高的秩序。”“肯定有一种天意，”“联结作为女儿国的、被迷惑的地球与上帝更高的城市。肯定有神、美德和永恒。”（I/1，875）

他主张，宗教与道德、诗艺和人生息息相关：“宗教就是道德的诗艺、生命的文体风格即至高。”他不谈基督教的天启和圣迹，而是赞同斯宾诺莎主义：“每个生命都是无限之神活动的神殿。”（I/5，579）“倘若谁能寻觅本质上更崇高的内涵，而不仅寻觅生命给予和索取的内涵，那么，谁就拥有宗教。”“至高的生命始终反映至高的神。”（I/5，586）他还彰显其宗教的宽容思想，提出“每个外来宗教信仰都是神圣的”（I/5，585）。这也涉及对宗教的启蒙，该启蒙契合“宗教表现形式多样性的存异政策”[1]，而非求同政策。他在此很接近施莱尔马赫的《论宗教》的观点。

时代精神对宗教不利，因而留给宗教的只有爱。面对启蒙运动和宗教的世俗化，他时而采取信任和缄默的态度，时而又诟病宗教衰落的趋势。他批评康德对上帝不存在的证明，惧怕宗教绝对世俗化。在《齐本凯斯》中，他描写上帝已死

1 Pott 2009，58。

的梦境，表达对上帝不存在的恐惧。他还与雅可比一样，批评费希特哲学的虚无主义倾向，抨击理性的自我神化和无神论。但他调和理性哲学和信仰哲学，扬长避短，成就了用诗艺表现的独特的人类学。

在欧洲复辟时期，他继续恪守启蒙思想，充当启蒙思想财富的传授者。他赞成君主立宪制、三权分立和新闻自由，反对图书审查制度和压迫措施，抨击社会、国家、文化和宗教领域的复辟倾向。他尖锐地批评"神秘化的'超基督教'（Überchristentum）和日益天主教化的晚期浪漫派"。他集中火力抨击在意识形态上为君主制度的复辟提供滋生土壤的"超基督教（Ultrachristentum）"。他主要用这两个概念反对浪漫派的宗教观：当时在天主教和福音新教中广泛传播"新神秘主义和反启蒙的倾向。"[1] 他谙熟路德新教狭隘的正统教义，故在政治和诗艺方面继续反驳并嘲讽狭隘的、正统教条的路德新教。根茨和弗·施莱格尔都宣传反动的天主教意识形态。让·保尔拒绝渗透到生活领域的新神秘主义，批评皈依天主教的浪漫派作家。

他对理性和信仰的态度复杂而矛盾：不赞同纯粹理性，亦不选择纯粹信仰。他面临诗艺的基督教与心灵的神学难以解决的矛盾。他嘲讽狭隘的、理性主义的、有理性瘾的启蒙神学，难以调和对万有之爱与神学，可他又坚决秉承启蒙神学的历史原则，一再表示赞同莱辛、赫尔德、雅可比和海德堡神学教授鲍鲁斯（Paulus）的相关观点。1819 年 3 月 10 日，他致信福斯时称鲍鲁斯为"宗教和政治自由的先驱"（*JP. Briefe*，7，257）。他 1820 年 12 月 25 日致信儿子马克斯，重申反启蒙的新宗教神秘主义的危害，担心儿子"因新宗教毁掉快乐、力量和热情，最终将一事无成"，希望他"皈依赫尔德、雅可比和康德的明快的基督教。"（*JP Briefe*，8，87）他在诗艺的想象中发现人类升天的可能性。在宗教的希望面前，他摒弃了启蒙的乐观主义进步说。

综上，让·保尔对宗教有矛盾情结，但他始终如一地珍视神性。

1　Schweikert 1975，128。

5.2.2 诗艺与宗教的密切联系："第二个世界"的重要基石

在让·保尔的美学模式中，诗艺与宗教密切相关，构成其"第二个世界"的重要基石。他的著述有很多关联诗艺和宗教神性的论断。他洞悉启蒙理性对信仰和诗艺的敌视，信仰被强势的理性消解成诗艺，他力图以诗艺拯救信仰，填补人类信仰缺失的空白。他特别重申该论点：鉴于宗教信仰受基督教世俗化冲击，诗艺应担负宗教信仰的使命。他在《美学预备学校》中郑重表达对信仰的认明，视诗艺替代宗教为美学纲领："倘若将来有一天宗教不复存在，每座神殿都坍塌，被洗劫一空（但愿善良的天父之子永远都不会经历该时代！），那么，还将在缪斯女神的艺术殿堂中举行敬神弥撒。"（I/5，448）

他希冀，宗教和诗艺融合共栖，诗艺会拯救宗教："宗教成为诗艺，诗艺成为宗教，这个愿望是对教会机构衰败的回应。诗艺仿佛救生圈，托住信仰，使之浮出水面。在宗教信仰失去效力的地方，文学创作必须承担其使命，使它继续发挥作用。"[1]诗艺与宗教相互依存："诗艺描述的安慰功能与认知作用需要神学保障，恰如信仰的必要性依赖诗艺的描述。"[2]

他常用基督教术语隐喻关联诗艺的概念。在小说《菲克斯莱恩》中，他戏谑地类比作家职业的宗教特征："我的教父这时也为世俗世界工作。他的书房是教会的法衣室，他的笔是他向全世界布道的布道坛：因为作家是宇宙的城市牧师。"（I/4，165）他珍视神性，崇尚诗艺，宗教神性是他类比诗艺重要性的媒介。

他在《美学预备学校》中指出诗艺的任务时也强调神性的重要性：诗艺"不应否认、重复而应破解真实，而真实必须有神性的意义（göttlichen Sinn）。"（I/5.447）他"承担牧师的任务"，传授"对不朽的信仰"。他唤醒"对无限的预感"和"对超凡脱俗特征的意识"。他将"长篇小说搞成敬神弥撒"和"虔敬地进行的祷告"[3]。他赋予诗艺神性，以克服"写作疑难"："让·保尔无可争辩地重新联系美学与神、不朽和自由，摆脱自己的写作疑难，实现自救。"[4]

1 Naumann 1976，115。

2 Lindner 1970，112。

3 Profitlich 1968，80。

4 Espagne 2002，57。

《美学预备学校》的所有核心段落都重申宗教神性与诗艺的密切关系。他强调，诗艺的最高目标是赋予神性，“给予我们所有现实和我们内心最美的事物永远缺乏的那种至高”即神性。诗艺将“最神圣者从苍穹上拉下来，使之更接近我们”（I/5，447）。他在《彗星》中指出人只有理智却无诗艺的弊端：“单纯以理智而非内在的诗艺享受人生，这种人会永远保存贫瘠干瘪的人生，无论命运如何从外部将人生点缀得多么闪耀。”（I/6，666）

在其以幽默为特征的诗学观中，诗艺的最高目标、任务和原则以及渴望诗艺精神的幽默都与神性有内在联系。他用“孪生姐妹”比喻诗艺与宗教的密切关系：“孪生姐妹宗教和诗艺可以生活在一起，彼此亲近，互相帮助。”[1]

涵盖诗艺与神性的“第二个世界”体现其美学理念的无限性；“有限的自然”指“第一个世界”即现实的、受有限性束缚的尘世。他在《齐本凯斯》中经典地演绎“第二个世界”。他通过荒诞至极的幽默手法和诗艺精神，使主人公超越平庸的“第一个世界”，升入更高的诗艺世界即“第二个世界”。他在浪漫的、田园诗般的谐趣园“凡泰极”呈现的“第二个世界”获得“最高的幸福之星”（I/2，409）。《少不更事的岁月》中瓦尔特的天性融合诗艺与神性，他“虔诚”且“痴迷于诗艺”（I/2，645），最后完美地融合诗艺与宗教，为此感到幸福：“我居住在两个古老神圣的高峰上，在布道坛和缪斯女神山上，感到太幸福。”（I/2，644）《看不见的共济会》的叙事者告诉主人公，“诗人”与“天堂乐园”即诗艺与神性有内在联系：“你为此高兴吧，我们朝天堂乐园走去，天堂中的第一位作家是你，而不是亚当。”（I/1，377）诗人可借助诗艺“向上升入天堂乐园”，因为“熠熠生辉的天堂乐园”萦绕“诗人的胸膛”（I/1，311）。

总之，让·保尔对诗艺、宗教、美学、哲学和历史的理解具有“多元聚合历史”（polyhistorisch）的特征[2]。其诗学理想是融合宗教与诗艺，因为诗艺可填补宗教给人类留下的空缺，而唯独宗教的神性可标记诗艺的至高。诗艺和宗教的共同作用是我们理解其全部作品的关键，二者的密切关系是其“第二个世界”的重要基石。

1　Jean Paul 1982，247。

2　Proß 1975，46。

5.2.3 重视神性的哈曼、赫尔德和雅可比对让·保尔的启迪

让·保尔重视神性，这与17、18世纪德国思想史背景有关。莱布尼茨、康德和费希特等启蒙哲学家呈现以理性为特征的新世界，理性哲学成为德国时代精神的主流。而哈曼（Johann Georg Hamann，1730–1788）、赫尔德与雅可比反对启蒙理性一家独大，强调情感和信仰即神性的重要意义，形成质疑理性哲学统治地位的时代精神支流。后三位在强调神性意义方面启发了让·保尔，他希望，能与雅可比和赫尔德结成对抗先验哲学的联盟，旨在共同捍卫神性，体现"对神性的敬畏。"（*JP Biefe*，3，117）他在《关于美学预备学校的小型后期学校》中称天才人物哈曼与赫尔德"类似灵猫和麝香。随着时间的推移，其过浓的气味才会减弱成芳香。"（I/5，464）他说明二人强调神性和情感因素。

哈曼反对唯理论，想以宗教启示和灵知超越启蒙理性，故成为德国浪漫派作家反思、批判和抵制现代文明弊端的精神先驱之一。他在人生低谷时虔诚地阅读《圣经》，祈祷上帝给予自己"高于一切理智"的精神力量。[1] 在论文《纪念苏格拉底》（*Sokratische Denkwürdigkeiten*，1759）中，他攻击启蒙运动宣扬的理性至上原则，强调信仰乃无法证明的个人体验和感悟，以此划清信仰与理性的界限。"信仰并非理性的作品，因此并不屈从于理性的进犯。"[2] 其美学著作《果壳中的美学：希伯来神秘主义散文中的狂言》（*Aesthetica in nuce. Eine Rhapsodie in Kabbalistischer Prose*）旨在消除理性主义对艺术的束缚。其美学观蕴含对上帝的敬畏、顺服和末世论调。他主张融合神学与美学，狄奥尼索斯与耶稣在其美学中融为一体。哈曼总结最新美学的主要观点："请你们惧怕神并给予神荣耀，因为他最后审判的时刻已到。"[3]

让·保尔评价哈曼是"英雄"和"孩子"，他"站在黑暗中，仿佛头上裹着神圣的光环。"（I/5，453）他在《看不见的共济会》中为哈曼惋惜，认为世人对"哈曼指责最多，却阅读最少。"（I/1，222）他流露对哈曼的同情："有太多人打造他

1 哈曼 2009，54。

2 Hamann 1759，50。

3 Hamann 2020.08.13.

的绞刑架，可他幸运地通过假死，从绞刑架下来。"（I/1，151）

赫尔德乃 18 世纪德国著名的思想巨擘和神学家，狂飙突进与浪漫文学的先驱，他重视情感表达与神性，"给魏玛古典文学的人性概念打上烙印。"[1] 其神学的基本特征是"统一基督教与人性理想"，他认为，人类的文化进步并非"线性的更高发展，而是辩证的过程。"[2] 其《人类历史哲学观》强调万物自然法则中的神性力量："自然法则的永恒证明是：秩序借助植入的神的力量摆脱迷茫状态。"[3] 他在《神》中强调神性主导下世界的有机联系："神作为世界的心灵业已掌握有机的规模。"[4]

赫尔德宏大的思想体系综合"启蒙思想、虔敬主义和柏拉图主义，具有灵知主义特点"[5]。他将基督教神圣的救赎历史转变成人性历史。其历史哲学有两个因素的辩证矛盾：人的有限性意识和人对无限可完善性的渴望。他指出世界历史的神性，强调诗化的历史观：人类"居住的地球直至最精微之处都展现'神之图画'"。人类历史乃"贯穿一切世纪、大陆和世代的神的史诗！"[6] 他论述宗教产生与人的灵魂感知能力的关联："理解了自然法则的人，便成为神最早的仆人，即最早的宗教祭司，掌握大权。每个有感知能力的人，都在内心深处认识到这一神圣法则，将它奉为宗教。"[7] 赫尔德重视神性，强调天启精神："愿我的灵魂永恒如光，如神最初的显现。"天上人间和谐而生生不息的自然画卷是"最美好、最古老、最简单的天启"。[8]

让·保尔在《美学预备学校》赞誉赫尔德"用神的大手引领所有时代、形式、民族和英雄豪杰到世俗的眼前，引领到最广阔的舞台上"，称他"在内心中按照最高的理想，更敏锐地超越其时代"（I/5，452）。他提及赫尔德与自然和神性的

1　Borchemeyer 1994，114。
2　同上书，117。
3　Herder 1989，636。
4　Herder 1994，760。
5　参见梅尼克 2010，337–338。
6　赫尔德 2010，14。
7　同上书，80。
8　同上书，101。

关联："他通过自然和神，联系体系最果敢的自由和最虔诚的信仰，甚至对预感的信仰。"他重申赫尔德崇尚古希腊人性理想："他展现希腊的人性理想。他重新为该理想命名。在这种人性理想中，他最温柔地尊重一切纯粹人性的状况。他还以路德的方式，厌烦所有被宗教和国家神化的人性理想。"（I/5，454）

雅可比是18世纪重视情感和信仰的哲学家，其著作《戴维·休谟论信仰或者理想主义与现实主义》强调感性的重要性，以对抗理性："所有理性创造的本质最终要用感性认知来检验。"[1]让·保尔在《看不见的共济会》中赞誉它为"关于、为了和反对哲学的最好的书。"（I/1，151）雅可比重申情感和宗教的重要性，反驳以康德为代表的德国批判理性对上帝不存在的证明："上帝不能被知道，而只能被信仰。"[2]他强调，宗教情感要求有"超验的上帝"，他想以个体的信仰、直觉和情感克服理性的虚无主义和自我神化的弊端。正因雅可比与哈曼和赫尔德一样捍卫信仰即神性，让·保尔才钦佩他，想与他结盟，以对抗唯理性独尊的时代倾向。

总之，哈曼、赫尔德与雅可比在捍卫信仰即神性和人类情感方面给予让·保尔很多启迪，奠定了他建构诗艺世界的神性基础。

5.3 全方位地探讨写作：构建"第二个世界"的主要方法

他尤通过长篇小说的作家角色"让·保尔"全方位地探讨写作，以文学创作为永恒主题，这是他构建"第二个世界"的主要方法，宣告诗艺常在。他赋予文学创作形而上的意义。人生易逝，唯文字能化为永恒，将生命瞬间化成文字才有存在意义。他重申献身写作的责任感和快乐，毕生信奉"文字的绝对主义"[3]。他视写作为天职使命，认为"人生就是文字，文字就是人生。"其全方位的书写包括主人公的故事、所有作品的创作过程以及对人物塑造的说明：其文本"还常阐

1 Jacobi 1795，133–134。

2 Jacobi 1799，Ⅸ。

3 Pfotenhauer 2013，107。

释著作产生"[1] 原因。

他"描写叙事者全知的文学创作，以此赢得小说的情节世界"[2]。全知的叙事者让自己成为小说人物即作品中的传记作家。其所有小说的叙事者都叫"让·保尔"，叙述主人公的人生经历，为作品写探讨文学创作的前言。他不断以写作为主题，化身叙事者"让·保尔"，书写雄心壮志和对文学创作的洞见以及写作困难。

他常让"让·保尔"发挥叙事功能，在前言中与读者交谈，与小说中的人物联系。他通过杜撰的作家角色联系自己多部长篇小说。他将自己分成两半，使之"对着干。作为人物，总分成不同的半个部分，因为他丰富多样。"[3] 虚构的作家角色统一所有文本形式，他以此表现"源自自我通报的主观性的内在无限性，"[4] 而非用情节展开的客观叙述的故事，该作家角色的叙事姿态表达正在创作的自我。

在《看不见的共济会》中，作家角色"让·保尔"是艺术教师和人性的检察官，他担任主人公与读者的教育者，反对人类的不道德和非人性。他还向读者阐明现实与诗艺的转换。作家常通过"让·保尔"同读者探讨文学创作，抱怨创作之难，介绍创作经验和体会："在我的书里没有任何步骤是徒劳的。"（I/1，80）"在整个被发现的世界上，没有比写第一章更糟糕的事。"（I/1，38）"我发现，在描绘人生时，"有越来越多的人"加入我的行列中。"（I/1，113）

"让·保尔"身兼多职：幽默和讽刺作家、复活的体验者和古斯塔夫的家庭教师，他集"钢琴教师、法律顾问、圆滑世故者"（I/1，98）于一身。他生活在人生与书写的内在联系中，将自己描绘成小说中的人物，自称是所有人物中最"具叛逆性格的人"（I/1，113）。

"让·保尔"的幽默游戏在于"将所有理智升华为愚蠢、所有真实升华为突发奇想，一切有力量的情感升华为哑剧的愚弄"，而其神圣的严肃体现在，人们读他的书仿佛在其"博物馆中徜徉踱步，在伟大的书籍和伟大的人物中间"。他作为"信息员""描写人生"（I/1，99），在幽默与严肃之间自如切换。

1　Pfotenhauer 2001，8。

2　Lindner 1970，12。

3　Höllerer 1975，11。

4　Wölfel 1997，375。

"让·保尔"常讽刺狭小且狭隘的宫廷世界为"大世界"。他没有教育古斯塔夫适应宫廷，而是让他了解无限的世界和昔日的共和主义。他不想将一切都灌输到其脑子里，也不渴望像卢梭教育爱弥儿那样，将自己从学生身上"总结的东西写进书里"（I/1，98）。他改变长篇小说的功能，旨在解构被读者误解的长篇小说，同时彰显人生的诗艺。

他在长篇小说中与作家角色"让·保尔"的关系并不固定。《黑斯佩鲁斯》的世界允许"让·保尔"有广泛的活动范围，而他在《泰坦神》中处于小说发生的故事之外。在《彗星》中出现的并非作家角色"让·保尔"，而是纯洁的愚人让·保尔。

其长篇小说的特点是：作家角色"让·保尔"充当许多小说人物的传记作家，与人物生活在同一个想象世界中。在《看不见的共济会》中，"让·保尔"是朋友中的一员，他被拉进其生活中，因而写作受阻。在《黑斯佩鲁斯》中，"让·保尔"有更好的写作条件，他未被拉入人物生活中。这位传记作家对自己的王子身份兴味索然，他更喜欢体验创作的快乐，即便忍受物质匮乏和精神局限。

走向创作成熟的让·保尔在《泰坦神》中比以往更详细地发展传记书写理论，更多探讨写作，反对个人的经历和感受。"让·保尔"不再尝试与人物建立个人联系，而是与之保持距离。他不再流露人生经历中的个人情感，想将传记人物提升为泰坦神族式的人物。德国社会政治环境令他失望和压抑，故想通过虚构与读者关于书写的讨论减少不快。他与读者交谈，表达洞见："任何人都无法经历过去和未来，因为它们不过是我们的心灵不同的文学创作方式。"（I/3，221）他不愿放弃写作，因为写作是他安身立命之本。而在读者看来，写作只是短暂维系的、会带来幻想的消遣活动。

让·保尔笔下很多人物都从事创作或探讨创作。《看不见的共济会》中的冯克讽刺性地描述谢劳地区的经济和金融领域。宫廷大臣奥伊弗尔也是传记作者、小说家、"让·保尔"的竞争对手。他撰写描绘谢劳宫廷的长篇小说《大苏丹》（*Der Großsultan*），还利用古斯塔夫与比雅塔的恋爱关系撰写反映谢劳宫廷的戏剧。奥托马尔也是作家，表达对人类世界的鄙夷和同情。

《少不更事的岁月》中的孪生兄弟都擅长写作：哥哥瓦尔特喜欢重感风格；

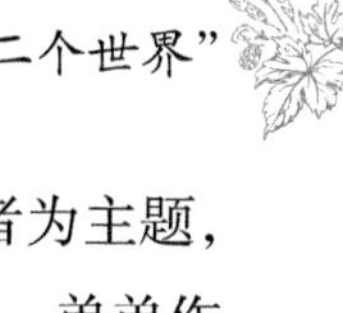

弟弟偏爱讽刺写作，他们合写双重人生小说。哥俩以写作和从事写作者为主题，哥哥在日记里记录旅行见闻，为其小说积累重要素材；在哥哥漫游期间，弟弟作为全知全能的作家在幕后操纵情节。但让·保尔的"第二个世界"会甄别人物的道德：弟弟不懂友谊和爱，毫无产生喜悦和信赖的情感能力，更不能像哥哥那样想象丰富，故而无法操纵其人生轨迹，无法左右哥哥追求的"第二个世界"。

让·保尔还试图以文学创作抗拒死亡。《看不见的共济会》的第二个标题"木乃伊"寓意颇深。古埃及人制作木乃伊，旨在用人工手段防止尸体腐烂，对抗生命的可消逝性。作家也描绘象征尘世生命稍纵即逝的画面。小说创作堪称对抗死亡、化腐朽为永恒的艺术之举。作家诠释"木乃伊"的含义："在小说的各个角落，尘世倏忽而过且风化的画面被竖立，就像埃及的木乃伊和希腊的艺术骨架一样。"（I/1，20）他提出以诗艺对抗死亡的希冀："诗艺现在应更多展示并创造生成而非消逝，诗艺应将生命描绘在死亡上，而不是将死亡骷髅描绘在生命上。"为了克服死亡恐惧，诗艺应展现万有生命的勃勃生机，"使人开朗，而非使人变阴暗"，诗艺可帮助人们"忍受"黑暗"现实"（I/1，21）。诗艺会勇敢地对抗时间的统治："因为我们所有人都会有那么一次在永远消灭和被消灭的时间中游下去。我们还得在每分钟的小坟墓上沉入最后时辰的大坟墓里。所以此刻，并非诗艺怯懦的斜睨，而只有诗艺果敢的前瞻才能变成文学艺术和令人神清气爽的。"（I/1，21）诗艺只能无畏地果敢前行，向死而生。

自 1779 年起，让·保尔多位亲友相继离世，这使他秉承的"启蒙的乐观主义遭受沉重打击。"[1] 他在 1790 年 11 月 15 号日记中写下自己 30 年后死亡的梦境。濒死挣扎的情景让他感受死亡的恐怖："我看到自己垂下的死亡之手，塌陷的病态的面孔，上面有大理石般的眼睛。""神看到，肿胀的坟冢如何把我们吸进去"，梦幻般的死亡黑夜源于他对已故亲友的思念。他继而以超验的形而上的想象克服对死亡的恐惧和悲切："有更幸福、更高的生命存在""俯瞰""笼罩阴霾的地球"，看到"肿胀的死者坟冢如何吮吸我们"。他祈求"万有善良的神""上帝"将死者"从坟茔中拉起"，"赐予我们天堂！请你重新打开逝者的眼睛，让眼睛盈满快乐

1　Miller 1975，36。

的泪水，让横陈的肋骨指向高空！"[1] 他系统建构"想象的梦境世界与现实、自我与无限、自我与同类之间"[2] 的关系。该死亡体验"作为永不磨灭的主题进入其诗学作品中，形成并渲染其伦理精神和世界观"[3]。该日记让他预感，现在和将来的死亡没有区别，这使他挣脱早期毁灭性的怀疑主义。他充满对同类人的爱和对上帝存在的内在确定性，该突破正是"生存意义的双影人幻景，这对他日后的文学创作产生全面影响。"[4]

这场死亡幻觉使他意识到人会消逝，死亡与人切近，如影随形。他从此摆脱生存困境，并"超越一切有限尘世的束缚。从新视角看，人把生命理解为假象和戏法"[5]。他毕生都反思时间，视时间为无情流逝的空虚，他始终以书写让生命持久延续。对死亡和书写关系的深刻感悟使其大多长篇小说是未完结之作，这与生命中断有关："世上的哪种生命我们不看成是中断的呢?"唯死亡会终结纠缠："人们在现今只看到自己周围打的结。在其坟墓后面，这些结才解开。对于人类而言，整个世界历史就是一部未完结的长篇小说。"（I/1，12）他以书写延续生命，并非通过"完结的作品、润色的故事或人物，而是主要通过持续写作，将所有生命瞬间都转变成文字。"生命的所有细节都应通过变成文字得到拯救。他投身写作而得到重大意义："成为表现时间衰败的经典作家。"[6]

总之，让·保尔充分享受全方位探讨写作的快乐和自由。他让叙事者谈论自己，反思叙事活动，以作家身份与读者交流。他"超验地处理叙事层次"，这导致所叙故事内容堆叠，小说主题被边缘化。作家最后依据书写体会和"第二个世界"的美学体验给予的提示，联系"书本的世界、读者和他自己的人生实践"[7]，其长篇小说是该叙事的巅峰之作。从创作素材看，他依据"前期研究、摘录、草

1 Wirtz/Wölfel 1996，236–237。

2 Miller 1975，31。

3 Wölfel 1997，357。

4 Preaux 1986，100。

5 Oschatz 1985，196。

6 Pfotenhauer 2002，46。

7 Wölfel 1997，381–382。

稿本、大开本的古书、观察记录。"[1] 其第二个世界可被称为"思维可能性，它建立在无限渴望更多爱、快乐、公正和美德基础上，然后宣告它为世界的希望。"[2]

5.4　离题：构建"第二个世界"的重要原则

"离题"（Digression）是让·保尔构建其"第二个世界"的重要原则。蒋怡和宋建福对斯特恩与离题的分析对我们理解让·保尔的离题颇有启迪，因为其离题书写主要受斯特恩的影响。

离题即"题外话"[3] 或"旁述"[4]，指"文学作品某部分脱离核心主题或基本情节的段落，通常在作品的框架内"[5]。离题似"斜出的旁枝，横生在两条叙事线中，致使原本线性的故事进程呈现出混乱的局面。叙述者常为了一件事情而让进行中的动作突然停顿，把叙事转到另一件事上，继而再转向其他事情，如此反复而形成盘根错节的叙事圈。"[6] 离题"有严谨的内部结构，并与小说的整体框架巧妙地结合在一起。"叙事者可用离题"披露中心叙事的原因。"[7] 离题并非毫无章法的混乱叙事，细心的读者可发现作品隐匿的统一特征。

斯特恩的离题手法戏要线性叙事，其幽默写作与离题游戏的关系是：其"精湛的幽默手法从不同种类的文本之间的断裂抽取更高的审美真实：其离题在游戏中将话语的'直线'捆绑进诗艺的文本中，从而在市民反思的前提下使该文学作品成为可能。作家讽刺的冒犯态度为其主观性服务。主观性恪守思维和艺术创作中游戏般的创造性。"对于让·保尔的幽默长篇小说而言，富有建设性的是"诗艺的断裂"[8]。

1　Höllerer1975，11。

2　Hedinger-Fröhner 1977，45。

3　蒋怡 2013，178。

4　宋建福 2016，导读，3。

5　同上书，94。该释义由笔者根据该书英文翻译。

6　蒋怡 2013，179。

7　宋建福 2016，导读，3。

8　Montigel 1987，206。

斯特恩标新立异的叙事风格对让·保尔启发和影响很大。他自幼喜读《项狄传》，“承袭了他高度评价为讽刺的幽默作家斯特恩的自我描述。”[1] 斯特恩以降的叙事增加主观演绎世界的方式，“作家的随意性与重情的感伤姿态结合。”让·保尔小说的“无节制”和“出版成功”都是他借鉴斯特恩叙事风格的佐证[2]。《项狄传》讲述的故事“更多向后回顾，而非向前发展；或言，该故事向侧面发展：故事被不断的离题中断。”[3]

《项狄传》中的离题有深层原因：斯特恩以独特叙事对抗死亡，因为在死神的逼迫下，叙事陷入疑难，进退维谷：停止就“会被死神赶上”，前进则等于接近“终点”即死神，故“只能不停地绕圈再绕圈。”生命的本能欲望驱使作家“使叙事迂回、置换和重复，延宕结尾的抵达。”[4] 斯特恩“故意背离线性的时间观”，以“逆转时间之矢”的手法，对抗“启蒙时代线性时间的目的论模式。”[5] 他通过离题“使叙事膨胀、使结尾不断地延宕，时间从而被无限制地延伸。”他“在叙事中让时间倒流”，造成“人为地驾驭并征服时间的假象。”[6]

与斯特恩相似，让·保尔的离题原则也与他畏惧和逃避死亡有关。克服对死亡的恐惧成为推动他叙事的动力，他以离题演绎生命本能的欲望与死亡的博弈。他认为，作家的任务并非按时间顺序连续讲述主人公的故事，这涉及他以写作对抗死亡的原则：他“厌恶或鄙视生命时间不断前进。因为这最终会将生命置于身体衰败即死亡的符号中。”“文学作品的任务是对抗死亡地写作。换言之，在所有可能的地方，用叙事手法中断连续。面对人生过程的无情，随心所欲就是作家的专利。”[7] 他想随意安排故事情节，展示叙事者全知全能的力量。其小说的叙事特点是“先创建、再消除混乱”，他有意制造叙事混乱：“这种叙事俨然安排好的杂

---

1 Baacke 1970，38。

2 Wölfel 1997，374。

3 Pfotenhauer 2013，103。

4 蒋怡 2013，188。

5 同上文，183。

6 同上文，189。

7 Pfotenhauer 2013，103。

乱无序。"[1] 他多次论及自己的离题叙事手法。在《寿星》(*Der Jubelsenior*) 前言中，他承认"离题"叙事方法"迷惑艺术法官"。"离题只推迟而非捏造心理学方法演绎的故事"(I/4，412)。他还在《看不见的共济会》的"撰写前言者"中论及离题的叙事策略：

> 开头在故事中间，为了由此跳回开头。多个场景和插曲在时间上混乱地彼此交叉重叠，多个主要结点衔接，甚至在长篇小说中描写旅行，而旅行允许机器众神自由却无趣的游戏。简言之，所有偏离《汤姆·琼斯》和《克拉丽萨》的离题都是亚里士多德三一律中的瞬间。(I/1，29)

斯特恩与他使用讽刺手法的意图有别。前者意在指出，科学只能分析，将自然对象肢解成死气沉沉的碎片部分；相反，诗艺却创造极权。让·保尔的话语式离题展示科学导致的、畸形的客观对象，并视之为他心目中唯一能达到的具体性。在"让·保尔的幽默中，与世界的抽象知识相对的是，诗艺地消解现实世界。"[2] 在斯特恩和拉伯雷的作品中，话语文本与诗艺文本形成对照。与他们相反，让·保尔作品中的话语要素渗透到诗艺文本中，形成讽刺风格。

让·保尔小说未完结的深层原因是，他拒绝按照启蒙理性的历史进步观要求的线性发展叙事。其诗学理念要求他以节外生枝的离题手法延宕叙事，以纠缠不清、混乱不堪、不断兜圈子的多层多线条叙事扰乱线性叙事，该叙事的最终目的是：以诗艺抗拒死亡，延缓死亡到来。

与斯特恩不同，他更擅长结合哲学思辨与诗艺，演绎形而上意义的直面死亡。他 1788 年 9 月 1 日创作小短文《何为死亡》(*Was der Tod ist*) 的诱因是悼念好友厄伊特尔离世。在具有哲学意义的思想游戏中，"想象的画面"为垂死者呈现第二个世界，直到"一个天使出现"(II/1，1168)。但充满想象的垂死者的天使"更多是诗艺的天使"[3]。诺瓦利斯在《夜颂》中将已故恋人升入超验的空间，以缓解生离死别的痛苦，他也试图通过诗艺地、形而上地演绎死亡，使死亡更容易为人

1　Pfotenhauer 2013，113。

2　Montigel 1987，210。

3　Langner 2013，125。

接受，而不是一味惧怕和逃避死亡。

海德格尔在《存在与时间》中的相关论点可解释让·保尔对死亡的态度："即使在闪避死之际，死也总跟着逃遁者，逃避者在避弃之际也恰恰不得不看到死。"[1]既然无法逃避死亡，那么就直面死亡，况且作家可凭借诗艺的力量缓解死亡的威慑程度。

让·保尔的离题风格关涉其美学理想："在离题中，面对美学理想，有限性被记录下来。人们只能在不断的尝试中接近这种美学理想。这些离题绝非多余的，它们是一些前提条件，我们与完美的关系因它们才真正被确定下来。"[2]

让·保尔用超凡的杜撰能力勾勒纷繁复杂的大千世界，有意不按时间顺序连贯叙事，而是借用许多离题打乱叙事主线。但其笔下的内容绝非无稽之谈，而是服务于其诗艺整体即"第二个世界"。明眼人歌德和格勒斯（Görres）准确独到地看出其叙事作品中隐匿的统一特征。歌德在《西东合集》中盛赞他"才华横溢"，"创造最罕见的关联，联系最难相处的事，却达到如此程度：一条秘密的伦理线一同缠绕，整体因此而被引向一种特定的统一。"歌德认为，让·保尔用"伦理线"创造诗艺的整体和统一，尽管其中的关联"是最罕见的"[3]。格勒斯颇形象地概括和描绘其叙事特点：其"作品仿佛一幅印度画，画中的神骑着一头由许多彼此缠绕的姑娘组成的大象……而隐藏在内部的艺术吸铁石，却将这一切联结成鲜活完整的整体。"[4]

歌德和格勒斯揭示其"第二个世界"中隐匿的统一和完整性，否定对其作品缺乏内在联系的诟病。其诗艺世界蕴含隐匿的内在联系：其作品"并非完全毫无关联，秘密的内在联系蕴藏在情绪、氛围、主题和色彩丰富的作品的多样性中；没有任何事物会脱离让·保尔的诗艺世界，那个编好符码的宇宙。"[5]其离题叙事关联"第二个世界"：运用很广的"离题使单一叙述的内容出现在丰富多样的中

1 海德格尔 2016，572。

2 Baacke 1970，27。

3 Goethe 1994，202。

4 Görres 1955，1241。

5 Baacke 1970，35。

断里，丰富的素材被组织成让·保尔世界的全部。"[1]

其笔下最常见的是讽刺性离题。在《少不更事的岁月》中，瓦尔特珍视与伯爵的友谊；伏尔特对贵族持矛盾态度，他既厌恶并批评贵族，又出于私利和虚荣心假扮贵族。他识破伯爵代表的的自负和自私，故在与哥哥合写的长篇小说中"写下关于贵族的离题。"（I/2，801）他讽刺伯爵虚荣："想在雄鹰的羽翼后面粘上孔雀尾巴"（I/2，805），他还批评封建制度中贵族"以特权为傲"，抨击世袭贵族之根蔓延欧洲："特权的平等关联整个欧洲的贵族阶层。""其树干的根部盘根错节，纠缠不清。"（I/2，797）让·保尔借此批评贵族的缺陷，彰显强烈的启蒙意识。

在《看不见的共济会》中，叙事者讲述比雅塔和古斯塔夫这对恋人在教堂相遇，其情感升华到高潮：他们"敞开心扉"，"彼此凝望"，"最温柔的热情"在其"眼睛上变魔术般把他们粘在一起。"但叙事者突然中断描绘这对恋人，开启对牧师的嘲讽，仿佛从热气腾腾的重感浴室忽然跳到讽刺的冷水浴中：他嘲讽牧师"本身很好的布道或许缺乏真正的催眠力量，这是人们阅读和倾听时都能感知的缺陷。"（I/1，389）他喜欢在作品中安排这种从重感描述到讽刺性离题的反差，以突出叙事者全知全能的视角。

重感的离题是对讽刺性离题的补充。作家让《齐本凯斯》的叙事者触景生情，描写齐本凯斯与莱普盖伯的生离死别时突然想到自己人生中几年内有多个亲朋相继离世，不胜感慨，于是出现他与朋友奥托的心灵交流。这是很明显的离题，因为两个主人公都不叫克里斯蒂安。这种离题使小说世界被扩展到叙事者和作家的世界，情真意切地表达故友不在的怅惘悲切之情：

> 当无言的、十分痛苦而又极度快乐的那一分钟过去时，铁一般冰冷的那一分钟把他们分开。……他们继续走着，渐行渐远……可是，为什么我的心如此剧烈地破碎？为什么这次我来告别之前，再也无法擦干我的双眼？哦，我亲爱的克里斯蒂安，难道不是因为这个原因：那些你和我内心如此惦念的人都在这教堂里安息并腐朽。（I/2，542）

1　Baacke 1970，33。

自由的离题在结构上呼应上下文，汇合隐匿的叙事流。在《黑斯佩鲁斯》第32章中，叙事者讲述维克多和三个英国人谈论共和问题。然后，他通过自由的离题，推测自己也许出身高贵："我自己都认为这是愚蠢的，假如我偶尔想象，我可能……有类似的出身：我被培养成要继承王位的人，人们只是向我隐瞒了我高贵的出身，为了更好地教育我"（I/1，1020）。叙事者就自己的身世展开大段自由的离题书写，然后用这句话截住离题："我们再来讲故事，言归正传。"（I/1，1021）小说最后揭开叙事者的身份之谜：诚如他揣测，他是王侯失散多年之子。冯克告诉他事情的原委："你是弗拉民的弟弟，而这三个英国人是你的亲哥哥。"冯克又对"让·保尔"的四个哥哥说："这就是你们的五弟。他在七座岛上走失，也是你们的传记作者。"（I/1，1225）

在上述自由离题的例子中，叙事者本人进入小说的故事情节中，与小说的所有人物一起做决定，隐匿的叙事流最后高妙地汇合。让·保尔的叙事风格受西班牙流浪汉小说影响，主人公遍游世界，把历险看得高于市民秩序。他并不注重叙事三要素（地点、情节或人物性格特征）的统一，而是依靠全知全能的叙事者和心灵的自由想象，将多种多样的世界片段汇总连缀成其诗艺世界即"第二个世界"。

总之，离题这种叙事原则帮助让·保尔在自我的统一中描写世界百科全书式的多样性，创造其诗艺与神性共栖的宇宙。他就是"第二个世界"的主宰，恰如上帝统辖世界，因为他坚信，"其果敢的语言和叙事联系的混乱符合虽隐匿但可预见的神性的世界模式。"[1]

综上，他精心构建的"第二个世界"是含有神性的诗艺宇宙，符合其美学的无限理念，具有主观性和内心性特征，它有别于其笔下幽默人物鄙视的狭隘、平庸且有限的"第一个世界"。

他全方位地探讨写作，以离题为原则，建构多层次、多线条的叙事。他视叙事为展现生死博弈的手段，以叙事克服死亡恐惧。这展现他对斯特恩叙事风格的借鉴。他又用超验和诗化手法演绎死亡，他超出斯特恩以叙事逃避死亡的意图，

1 Baacke 1970，42。

充分体现其长于哲学思辨的特点。

他借鉴基督教现世与来世的二元对立构建"第一个世界"与"第二个世界"对立的美学范式，追求无限的美学理念，恰似其幽默人物身居有限却追求无限。他毕生笃信文字的绝对主义，认为人生只有化为文字才有意义。为实现诗艺理想，他以丰富的想象力不断创造新词汇，将世界的零碎片段、看似毫无关联的事物连缀成诗艺整体，其表面混乱的叙事有隐匿的红线，引向统一。

他在小说中多次使用有效的叙事策略"离题"，但他并非毫无形式意识，正相反，他明显谙熟且"精准地"掌握"不同的叙事形式"，展现"内在固有的形式意识"。离题"富有教益地"否认其作品没有"形式概念"的说法[1]。

1　Simon 2018，31。

第 6 章

让·保尔的道德观

让·保尔倡导文学发挥道德精神作用，道德观贯穿其全部作品，经历逐渐丰富完善的发展历程。其早期讽刺作品《格陵兰的诉讼案》以启蒙怀疑主义脸谱化地讽刺社会道德弊端。但他尚局限于抽象的道德教化，不能以丰富的文学形象立体地呈现道德观。他在《美学预备学校》中强调道德之重要："在道德精神枯萎的地方，人们再也找不到任何上升的希望"（I/5，447）。他欣赏古希腊人诗艺中蕴含的"道德精神的优雅"（I/5，79）。其笔下道德观的发展轨迹为："从青年和成人时期的高度，直到晚期听天由命的低谷。"[1] 道德观的发展历程恰好伴随其幽默诗学的嬗变："从青年时期讽刺的幽默，经以多愁善感为基调的高度，再到更强的新幽默。"[2] 本章论述其上升期和成熟期（1783—1804 年）的道德观。

他集中演绎道德观的四部作品是：《魔鬼文件选读》、《看不见的共济会》、《黑斯佩鲁斯》和《泰坦神》。其创作手法从讽刺挖苦过渡到结合幽默、讽刺和重感基调。他通过日益丰富多元的人物形象和复杂的故事情节，对比人类的道德与不道德现象，让富有美德者与道德沦丧者形成强烈反差。

其道德观的核心范畴为"美德"（Tugend）、"崇高的人"（der hohe Mensch）和"仁爱"（Menschenliebe）。他还抨击贵族阶层的利己主义、商人的拜金主义、封建宫廷作为罪恶渊薮等不道德的内涵，从正反两方面凸显道德观。

在《魔鬼文件选读》的附录《论美德》（*Über die Tugend*）中，他以康德、

1 Mielert 1939，1。

2 Kommerell 1977，366。

英国道德哲学家沙夫茨伯里（Shaftesbury）和哈奇森（Hutcheson）、法国卢梭与爱尔维修（Helvéthius）以及德国启蒙教育家巴泽多夫（Basedow）的美德观为参照，阐述他对美德的洞见。

《黑斯佩鲁斯》着重塑造崇尚美德的主人公。他在《看不见的共济会》的额外文稿《论崇高的人》（*Vom hohen Menschen*）中首次提出“崇高的人”的构想。《泰坦神》的主人公阿尔巴诺最终成为巅峰阶段的“崇高的人”和富有美德的完整人，作为柏拉图意义上的智者和哲学王统治王侯国，实现人生抱负。

6.1 《论美德》作为道德观的主体架构

受康德伦理学著作和道德理想主义启迪，让·保尔在讽刺文集《魔鬼文件选读》的附录《论美德》中专门论述独到的“美德观”，从此视“美德”为道德观的核心范畴。

康德哲学是让·保尔道德观的重要思想基础和参照。康德的道德理想主义主要体现在《实践理性批判》中，他指出，“人是道德法则的主体”[1]，“至善”乃实践理性追求的最高目标[2]。康德质疑18世纪的幸福论，主张美德与幸福的二律背反，故提出，为了培育美德，人应牺牲幸福：“人们必须永远不把道德当作幸福学说。”[3] 他还赋予美德非凡意义：美德“比大自然或者这个世界上的艺术所能提供的一切还要多。”[4]

康德的《道德形而上学的奠基》挖掘道德性的最高原则，并初步澄清道德法则与自由意志的关系。让·保尔盛赞其重要意义：“未熟读”它，“就不要离开人世。”他称康德“在道德王国里让永远熠熠生辉的太阳升起。”他认为，康德与苏格拉底和耶稣并驾齐驱：“要成为第二位苏格拉底，他只缺少一杯毒酒。要成为第二位基督，他只差荆棘冠。”（*JP Briefe*，2，124）

1　康德. 实践理性批判 2013，139。

2　同上书，138。

3　同上书，137。

4　康德. 纯然理性界限内的宗教 2013，22。

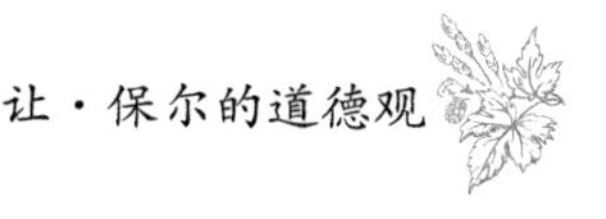

他读了《实践理性批判》后深受启发，故写下《论美德》，确立其以美德为重要基础的道德观主体架构。他赞誉康德的美德观“富有教益”且“敏锐”，但他也诟病康德偏重理性却轻视情感：康德“只看到精神的伟大而非心灵的伟大，他只看到可见的头脑，却未看到不可见的、伟大的心。”（Ⅱ/1，248）他开篇强调美德昭示善行的重要作用：“美德这一神圣形象，比十个体系和相关争论更多昭示独一无二的善行，而最善良者拥有对美德最好和最正确的观念。”他批评道德哲学家宣扬的道德幸福论即道德完美学说，明确赞同康德关于幸福与美德构成二律背反的观点，并指明，以幸福为目标的美德会导致“三个错误”：“谁若视自己的幸福为美德的目的，谁就会相信三个错误”，从而“导致美德的乐趣变味儿”。

第一个错误：有人视美德为“幸福的温室”，误以为“被派到尘世的美德女神”不会传播对天堂的向往，而只赐予“食物、衣物、健康的身体和趣味”。她实则“用神圣的双手为我们聚拢的比直觉为动物预备的还丰盛。”（Ⅱ/1，242）作家用女神比喻神圣的美德，但他认为，勾连幸福与美德不啻于矮化和庸俗化美德，故断言，以幸福为目的的美德观，其“前提是错误的”（Ⅱ/1，243）。

第二个错误：患得患失地捆绑美德与利益，贬低美德为利益盘算。他矛头直指爱尔维修、沙夫茨伯里、哈奇森和巴泽多夫。

他指责爱尔维修以感觉机械论的美德观渲染“自私自利的行为”，不尊重“强大的心灵”：“所有美德和恶习都单纯效力于我们的趣味和好处，都是我们肉体的机器表盘上缄默的奴仆。”他主张，不能视“美德和恶习为对好处的不同盘算”（Ⅱ/1，244）。他厌恶爱氏的观点，故抨击其道德哲学为“带有毒气息的布道”（Ⅱ/1，242）。他认为，爱氏毫无宗教神性的美德观必定导致自私自利蔓延。爱氏的主要哲学著作《论精神》（*De l'esprit*）在自爱原则的基础上建立感觉机械论的道德哲学，从享乐主义出发，强调肉体感觉。他定义“肉体的感受性”为人类“接受外在事物加诸我们各种印象的能力”[1]。他解释“自利心”为“自然赋给”人的“感情，”它“驱动人的”迥异“兴味和热情”，可“在每个人身上变成善或恶的自

1　爱尔维修 2019，5。

利心。"[1] 根据爱氏的理解，自爱是人追求肉体快乐和避免疼痛的结果。让·保尔拒绝在爱氏的意义上阐释自爱，他认为，从道德角度看，"自爱"的概念站不住脚[2]。他在《菲克斯莱恩》关于"自爱"的独立哲学论文《既无自私的爱，亦无自爱，只有自私的行为》（*Es gibt weder eine eigenützige Liebe noch eine Selbstliebe, sondern nur eigenützige Handlungen*）开篇提出鲜明论点：爱是"纯洁和无私的。"（I/4，219）他影射爱氏的感觉机械论宣扬普遍的自私，批评他"在对所有人和整个造物普遍自私的肮脏信念中否认"自身，"除了对他人的爱之外"没有"什么可爱的"。没有"自私比我们自己的自私更让我们无法忍受。"（I/4，223–224）

在批评捆绑美德与利益时，他还针对沙氏与哈氏的类似观点。他质疑后者从利益出发量化美德的理念："对他人美德的尊重源于对利益的估算，即他人为我们和世界创造的利益"，因为"自私却有益的行动""大多酿成灾难。"他还指出，巴泽多夫补充了哈氏的观点，巴氏也以获利多寡衡量美德的意义，在让·保尔看来，这会助长自私自利的蔓延，导致人们见利忘义，滋生贪念，蔑视无私奉献："根据巴泽多夫的计算，自私自利就配拥有我们最大的尊重，因为它驱动贸易无数大齿轮，并在所有好感中留下最少功绩和最大利益；而无私该遭到我们蔑视，因为其神圣的臂膀很少广阔地伸展。"他抨击上述错误的美德观后表示，很难理解靠计算得出的、"如此生动、穿透尘世所有人心的美德观"（II/1，245–246）。

沙氏和哈氏认为，适度的自私有益且可接受。沙氏断言，"人的自私倾向未必就是坏的。为了不损害个体的自我生存，必须有一定量的自爱。"他主张，"人有与生俱来的或直觉的道德观，但它们不能自发地发展或形成。"[3] 哈氏系统整理沙氏的观点，使之成为独特的道德哲学理论，他发展了沙氏"关于道德可以计算，道德可以与宗教分离等思想"[4]。

哈氏认为，人无须上帝的帮助就能辨别善恶，道德意识是人最重要的意识。人类行动的道德准则是看它是否有助于促进人类的普遍幸福[5]。哈氏在《论美与德

1 爱尔维修 2019，10。

2 参见 Proß 1975，190。

3 Engbers 2001，13。

4 哈奇森 2009，导读，1–2。

5 大不列颠百科全书. 第 8 卷 2007，270。

性观念的根源》中论述“我们如何判断并计算行为的道德程度”。让·保尔尤关注哈氏论述中的以下内容：“善行的全部动机不会始终只是仁爱，或恶行的动机不会始终是恶意。”[1]

让·保尔质疑哈氏量化人类美德的理念：“对他人美德的尊重源于对利益的估算，即他人为我们和世界创造的利益。哈奇森对此的回答是，即便并非利己的行为损害了所有人，这种行为却也会深得我们的喜爱。”让·保尔的美德理念重申，自私与无私有本质区别：“我们尊重无私而有害的行动。这种尊重高于对自私但有益行动的尊重。因为前者大多有益；而后者大多会酿成灾难”（Ⅱ/1，245）。这契合卢梭的美德观，卢梭严格区分美德与自私、真正的道德与实际的道德，他认为，“美德和幸福变得无法和解。”[2] 在当时社会中，一个人的幸福会导致他人的不幸，拥有财产意味着掌权，而贫穷意味着丧失权利。

总之，让·保尔在《论美德》中依据康德和卢梭的美德观，反驳沙氏、哈氏、爱氏和巴氏计算美德益处的观念，因为后几位都尝试“由个人或整个社会的有益价值引出美德的本质”[3]。

他在《论美德》中指出美德观第三个常见错误：无视美德应缓慢发展的道理：“人类的美德匆忙行事”（Ⅱ/1，246）。他提出，润泽心灵的美德只能缓慢地孕育发展：“在庞大的世界机器中，美德是最缓慢的齿轮。”（Ⅱ/1，244）他重申，个人和整个人类都要经历日臻完善的过程，个人要克服“本能欲望”，人们即便身处“肉欲的世纪”，也应培养自身的“崇高感”，旨在以“博大胸襟面向未来”（Ⅱ/1，247）。

在《论美德》最后，他强调关于美德的两个准则：其一，“永远不要等待行善的特殊情况，因为最日常的就是行善最有效的情形”；其二，“永远不要向自己的美德承诺，别人的钦佩会带来愉悦，而要痛苦地奉献。”（Ⅱ/1，249）他倡导人们抓住身边的机会行善，成就美德，勿以善小而不为，人在行善时要甘愿奉献，不要指望他人赞美。

1　哈奇森 2009，131–132。

2　Straetmans-Benl 1977，149。

3　Spengel 1977，74。

综上,《论美德》确立了让·保尔以美德为重要基础的道德观的主体架构,意义非凡。

6.2 "美德"作为让·保尔道德观的核心范畴

让·保尔一贯强调"美德"对个人完善和人类整体发展的重要性,他将"美德"纳入未来的黄金时代,赋予之永恒意义。"美德"甚至要靠犯错修炼:"美德总向更高的完美飞升。美德甚至由某种错误绽放而生。"[1]日臻完善的人应具备"不言而喻的美德",统一人与人之间的爱和人对万有的爱,感受"宇宙在主客体和内外统一的和谐"[2]。

其笔下的人物日益丰富多样地呈现以美德为核心的道德观。

《看不见的共济会》凸显对主人公的道德教育,先强调美德对作家的必要性:"作家将富有美德的思想当成诗艺的机器使用","若无富有美德的思想","作家几乎一小时都无法应付"。为了写作,作家"需要充分的美德"(I/1, 25)。他慨叹,人们仅视美德为罕见的闪光点,美德并非大众崇尚的目标,唯有凤毛麟角的天才具备"美德"。难怪美德一旦"由民众脱颖而出",更多引起"惊讶而非钦佩"(I/1, 54)。

卢梭在《爱弥儿》中赞美自然状态的和谐与孩童的纯真无邪:"自然的呼声就是天真无邪的声音。"[3]他呼吁呵护儿童的自然教育状态,避免儿童受道德堕落的现代文明侵蚀。有美德的标准是遵循自然规律,他推崇自然教育,因为社会使人的自然本性堕落:"只要没有消除社会的普遍自我异化,自然教育就是唯一的出路"[4]。

让·保尔称《爱弥尔》和《新爱洛绮丝》"简直太美"(*JP Briefe*, 1, 21)。他在《莱瓦娜》中赞誉《爱弥儿》"完美而丰富地联系理想与观察",超出以往所有"教育著作"(I/5, 528)。但他指出卢梭式教育的负面影响:任由"有机生命

---

1 Berend 1956, 69。

2 Hedinger-Fröhner 1977, 74。

3 卢梭 1981, 378。

4 Mog 1976, 79–80。

没有刺激地完全生长。”卢梭有时混淆“纯粹自然的人和理想的人”（I/5，559）。正因看到卢梭教育理念的不足，他才在《看不见的共济会》中通过“地下洞穴”这一教育模式，用柏拉图的教育理念修正和完善卢梭的教育观。

柏拉图《国家篇》中著名的“洞穴之喻”描述对人类的基本想象。自幼被束缚于洞穴的囚徒一旦走出洞穴，看见阳光下的万物会获得真正的解放，接触理性世界。囚徒走出洞穴“复活”象征人类通过接受教育获得启蒙的过程，比喻其灵魂上升到理智世界。让·保尔依据柏拉图的“洞穴之喻”，设定古斯塔夫接受“地下洞穴”教育这一重要情节。

他综合卢梭和柏拉图的教育理念，凸显对主人公的道德教育。教育者让古斯塔夫接受八年远离尘世的教育，旨在呵护其自然天性，培养他刚毅、节制和智慧等美德，使他坚信美德、爱和神性的可能性（I/1，273）。该情节设置还受 18 世纪共济会强调美德的伦理思想启发：“将人净化、完美化，使之达到神性的空间”[1]。

他以王侯国谢劳为缩影，讽刺封建制度下的德意志王国：在海外扩张，占领殖民地，盘剥本国百姓。谢劳封建宫廷充斥普遍的道德堕落，是主人公辨识真善美和假恶丑的试金石。单纯而富有美德的古斯塔夫未能抵御王侯夫人的色诱，但他有自我教育能力，“未失去美德”[2]。为惩罚自己，他主动离开恋人，其“真正的道德精神在断念中经受住考验”[3]。作为“崇高的人”，他超越有限尘世的束缚，最后回归美德，成为有共和理想的王位继承人、柏拉图式的智者。

抨击封建宫廷是其道德观的重要内容，他“尖锐批评封建社会不道德的现象”，其“道德方面的意图契合叙事严格的自我约束”[4]。《看不见的共济会》、《黑斯佩鲁斯》和《泰坦神》中的主人公都在封建宫廷缺乏道德的社会环境中经受考验。

《黑斯佩鲁斯》更强化地演绎道德观，渲染道德完善的重要性，故被誉为“修身之书”[5]。“美德”是该作的高频词，充分说明作家对美德的重视。他呼唤美德，希望书名喻指的“启明星”“更接近美德”（I/1，489）。为了迎接富有美德的光明

1　Sinn 2007，70。

2　Langner 2013，160。

3　Mielert 1939，46。

4　Detering 2013，272。

5　Verschuren 1979，76。

未来，人类首先要开辟“通往美德和智慧的道路”（I/1，490）。优秀作家创作时总善于结合“有益的道德内容与有毒害作用的不道德内容。”（I/1，511）

主人公维克多崇尚美德，珍惜爱情与友情，同情弱者。他弘扬美德，吸纳道德高尚的印度老师传授的“所有美德，充实自己”（I/1，1187）。他仁爱，爱所有人，“美德的宁静”使他“对抗其新人生的霜冻和风暴。”“美德”“温暖、照亮并牵动他的心。”（I/1，788）。高尚的人（印度老师、维克多及其恋人）才拥有美德。维克多重视情感、美德和神性等高贵范畴，他向恋人重申，会永远爱她、“上帝和美德”（I/1，1059）。他通过与恋人的爱充分展现美德：“单纯的爱并非美德的源泉，相反，只有美德才能通过爱展现。”（I/1，971）他认为，美德比生命还重要：“美德的沉沦是比生命的沉沦更大的灾难。”（I/1，1182）他答应养父，临死前才透露弗拉民是王侯之子的身世秘密，为实现搭救朋友和信守诺言的双重目的，他宁愿牺牲自己。他竭力以美德和幽默克服人性的弱点。

他感慨，为了打动读者，诗人只需抓住尘世所有高贵范畴当杠杆：“自然、自由、美德和神。”（I/1，841）他“决心完善自己，为了使自己配得上富有美德的女子。”（I/1，969）“富有美德的人生诞生的崇高时刻，也是富有美德的人生最甜美的时刻。”“当美德的太阳温暖洒到心上时，”会出现“壮美的景象”（I/1，969）。他强调“美德并非功绩，而是必要性。”作家主张，“美德更是通往自我认知的道路。”（I/1，668）当“人被美德提升，被爱软化”时，会感觉“崇高”和“幸福”（I/1，693）。

但他也看透不道德的封建宫廷，讽刺宫廷世界不啻为“充满眩晕的、空洞的圈子”（I/1，739）和“罪恶渊薮”（I/1，748）。他厌恶“王侯把人当成工具的坏习气”（I/1，983）。他调侃宫廷佞臣以卑躬屈膝为美德标准：“弯腰屈背的美德有其训练场。”相反，“身体和精神**笔直的**人会被当作死者排除在宫廷之外。”宫廷佞臣忙于闲扯和逗乐，故“无暇打造美德”（I/1，740）。受卢梭影响，他强调，农村更适合培养青年人，因为“在农村，道德的杂草比城市里要少。”（I/1，926）德国封建宫廷这种礼仪源于基督教的道德要求：“根据康德的观点，卑躬屈膝击垮我们的傲气，这是更纯粹的和基督教的道德要求。”（I/1，1119）他预言，在未来黄金时代，人们将“拥有更多美德”（I/1，873–874）。

总之，维克多比古斯塔夫更立体，美德观的内涵更丰富。他不仅是崇尚美德的优秀市民，以美德规范言行，还更懂得仁爱。

在《泰坦神》中，主人公阿尔巴诺被确定为王位继承人，提出关于“民众幸福”的理念[1]。他接受的教育旨在展示柏拉图让智者获得王位的理念。他在成长时熟读普鲁塔克的《古希腊罗马名人传》，了解“恪守道德的古希腊罗马人的生平”（I/3，102），接受其道德熏陶。作为“崇高的人”，他追求真善美。他多次经历生死考验，努力超越尘世地自我升华。他最终认识自我，看清世界，赢得内外世界的和谐平衡，历练成在各方面都优秀的理想天才和完整人。

“美德”在让·保尔的政论文中意义非凡。在《德国政治的斋期布道》中，他称德国为“有上千年历史的德意志的美德联盟”（I/5，1187）。《致德意志的和平布道》预测美德长存：在“世界历史的天意中”，“肯定有神、美德和永恒。”（I/5，875）他赋予“美德”同神学意象“神”和“永恒”同等重要的意义。他勾连“美德”与德意志爱国热情的关系：只要德国人恪守美德“正直和忠诚”，“就会憎恨奴役，热爱祖国。”（Bd.I/5，888）“美德”在政治学领域也有用武之地。在《德意志的黎明》中，他强调道德精神对治国理政者和改变世界者的重要性：“每个道德精神的目的或非道德精神的目的”都会影响国家命运与历史进程，唯有“精神强者”方能以其“道德精神的超强能力”（I/5，923）改变世界。他主张，无论个人还是国家，只有恪守“美德”，才会拥有未来。

其晚年著作《塞利娜》追问灵魂不朽这一道德问题。他论及美德时流露出听天由命和虚无主义倾向。其道德观发展进入低谷期，他不再追求日臻完善的美德。“在绝大多数人身上，美德反正只是暂时的公正。”（I/6，1201）“所有至高，不仅美德和有限，甚至还有无限者都会消失。”（I/6，1198）

6.3 “崇高的人”作为让·保尔道德观的核心范畴

在《论崇高的人》中，让·保尔首次提出“崇高的人”构想，此类人“正直、忠诚而坚定”，“感情细腻”，有前瞻性，还“呵护每个人，让每个人快乐，却牺

1　参见 Schönemann 2014，126。

牲自己”。他们是“珍惜荣誉”、恪守原则的“富有美德者”。他尤强调，“崇高的人”超凡脱俗，“超越尘世地升华”，故“感觉尘世的一切都很渺小”（I/1，221）。古斯塔夫、奥托马尔与冯克都属于此类人。

《黑斯佩鲁斯》中情感细腻的主人公维克多经封建宫廷不道德环境的淬炼，依靠自我教育能力，历练成更突出的“崇高的人”。《泰坦神》最清晰地演绎“崇高的人”构想，阿尔巴诺努力超越尘世人生束缚，最终赢得内外世界的和谐平衡。作为“永恒的善者”，他决定追求“民众的幸福”和“最高的公正”（I/3，820）。他最终成为完整人，实现人生抱负，造福国家。

与初期“崇高的人”古斯特夫和维克多相比，阿尔巴诺达到“崇高的人”构想的巅峰，这充分说明，作家在《泰坦神》中展现的道德观达到思想和形式的新高度。

总之，让·保尔认为，“崇高的人”志存高远，强调真善美的统一，渴望超越有限现实，最终成为日臻完善的完整人。

6.4 让·保尔道德观的核心范畴“仁爱”

其道德观的核心范畴“仁爱”有两层含义：人与人之间的爱和人对万有的爱。关联万有的“爱”具有神性，指“所有统一”（I/5，445）。

让·保尔毕生重视的“仁爱”部分源于基督教、泛神论、重感文学和人道理想。他常赞美心地善良者懂得仁爱，“这种仁爱的精神贯穿让·保尔的全部作品，恰恰这种精神使他成为宇宙最高意义的幽默作家。”[1] 他在《莱瓦娜》中反复强调爱的重要性及其与道德精神的密切联系：“爱反正真正依恋强大的道德精神”（I/5，770）。“爱”是“道德精神的美”（I/5，769）。

古斯塔夫、维克多和阿尔巴诺都珍视仁爱，爱的内涵不断丰富。古斯塔夫感悟的人类的爱仅限于友谊和爱情。维克多增强仁爱，怜悯弱者，他心怀“宽容与爱”，“总试图通过奉献行为，让其良心与其思想和解”（I/1，572）。阿尔巴诺则作为王侯国的新统治者实现博爱的道德理想。

1 Hertling 1980，221。

《少不更事的岁月》中善良的瓦尔特富有同情心，还细腻地呵护底层人的尊严。他从乞丐手里买下乞讨手杖，尽量避免让乞丐产生不劳而获的羞耻感，其体面的善举让乞丐“喜极而泣”（I/2，871–872）。《齐本凯斯》中的穷律师婚后尽管生活拮据，还是慷慨接济穷歌女。富有美德的瓦尔特与齐本凯斯穷帮穷的义举都昭示温暖的仁爱，彰显人性光辉。

康德的道德观因轻视仁爱而显得冷漠。让 · 保尔指责康德哲学“与政治革命一样，有杀戮特征。”（*JP Briefe*，3，168）他捍卫情感的重要地位，抗议严苛的康德伦理学只重视理性，或贬低人类高尚深沉的爱为动物般的“本能欲望”，更不懂爱与诗艺结合的巨大力量。他指责康德“对爱的本质探究甚少”，视“爱与诗艺是多余的”。康德爱的深度“只处于‘绝对命令’（道德精神法则）之外和之下的本能欲望，或单纯是公正，即对理性的爱”（I/5，797）。他还在短文《转世重生》中批评康德的道德哲学与法国大革命都缺乏仁爱：“高卢革命让个体……为国家牺牲，”“仅武装并煽动情感对抗”；“康德的道德革命搁置仁爱，”这种“批判革命不能让爱成为美德的源泉，亦不能视美德为爱的来源。”（I/4，728）

让 · 保尔眼中富有道德的幸福者应懂得仁爱、人性和神性：“善良者”才是“幸福的”，幸福者总会感觉“仁爱中柔和的神圣之光”，幸福者将爱与友谊的范围推广到普遍意义的、“更高的内涵：人”，最后让爱承载神性意义：“爱更高的内涵：神”（I/4，223–224）。

6.5　抨击利己主义作为让 · 保尔道德观的重要内涵

抨击利己主义是其道德观的重要内涵。他曾在《菲克斯莱恩》中提倡无私地爱他人，批评爱尔维修的自爱暗藏普遍自私的危险。他在《寿星》中挖苦地称“利己主义”为“丑陋的胸癌和心癌。”他反对盘算“美德和友谊的利润”（I/4，470）。这契合《论美德》中反对盘算美德的利益。

《少不更事的岁月》中的伏尔特尽管不懂爱情、亲情和友情，且沾染欺骗和嗜赌等恶习，但他入木三分地痛批贵族利己主义的自私本性：“利己主义者仅视造物主”为“沉默寡言的仆从，”视世界为“可怜的自我的侍者用房”。他比喻“自私自利”为“被自我吞噬、持续吮吸的臭虫”。“利己主义者”似乎“只有一个心室”，宁愿让另一个心室“空着”（I/2，713）。

他还揭露商人唯利是图的逐利本性。商人衡量人的价值时只以金钱为标准，故没有社会等级贵贱之分，只有金钱多少之别，商人会对“最底层的市民”刮目相看，“假如对方有钱”；商人也会尊重贵族，“倘若贵族古老的血液在银色和金色的血管中流淌。”但商人轻视贵族的艺术爱好，从不“将贵族的羊皮纸”等艺术品放在“比硬币更高的位置上”（I/2，737）。

他因重视道德对人类的意义而痛批利己主义的劣根性。他塑造内心纯洁、心地善良、酷爱诗艺的瓦尔特，使之与利己主义者形成强烈反差。

综上，他甄别西方道德思想场域，建构独到的道德观。他始终以重感倾向平衡启蒙思想和批判哲学过度强调理性，奠定道德观的重要基础：感性与理性的和谐统一。

“美德”、“崇高的人”和“仁爱”是其日益丰富完善的道德观的核心范畴。他批评贵族的利己主义、商人的拜金主义以及道德堕落的封建宫廷，泾渭分明地对比呈现人类道德与不道德的内涵。

第 7 章

让·保尔的历史哲学观

7.1 让·保尔的历史哲学观概述

他对人类历史走向的预测既有别于悲观主义的怀疑论，又反对启蒙思想家乐观进步的历史发展观[1]。他要求人们坚定信仰，反对以倨傲姿态凌驾于自然之上。从人类整体来看，个体生命或某一历史时期只是历史沧海之一粟。

让·保尔的历史哲学与人类学密切相关，相互确定。他“从历史哲学的角度开辟内心王国，他早已通过人类学的论证占领该王国”。“《美学预备学校》庞大理论领域的组合确定了：人类学、历史哲学和神学充当比喻语言。”[2] 该阐释颇有启迪，有益于理解《黑斯佩鲁斯》中的历史哲学观。

其历史哲学观关联自然、历史、道德、人类学、政治、诗学和宗教等诸多领域。在其作品中，“其历史哲学的重要思想前提是不朽和自我意识”[3]。这表明，其历史哲学观与宗教观（坚信不朽的神性）和哲学（自我意识）息息相关。18 世纪末的怀疑主义不利于宗教和哲学发挥有益作用，因为它“使我们丧失信仰”，它“不想擦亮眼睛，而是擦亮光，因而变成无聊和最可怕的哲学的无力量与无声音。”（I/1，870）在其历史哲学的思维中，宗教哲学和政治互为条件。“他是政治上的理性主义者，也是宗教意义上的非理性主义者”[4]。其哲学总体构想的前提是：

1 参见 Hedinger-Fröhner 1977，96。

2 Simon 2013，231。

3 Wuthenow 1975，70。

4 参见 Hedinger-Fröhner 1977，102。

所有人都享有同等权利和幸福，该构想孕育其政治求变的观念。

他“始终自相矛盾地演绎历史哲学的可能性。”[1]他是满怀希望的悲观主义者，但他总体上又对人类的未来充满希望，他坚信人类有能力和希望永远完善，唯独人类才有永恒改变的必要性。但他强调历史发展的偶然性，认为各民族在特定的时代会偶然跌落。他在《德意志的黎明》中发觉偶然性随处发挥作用：“命运几乎嘲讽地联系国家的自由与偶然性的蜘蛛网。”（I/5，922）人类历史的发展只有升降沉浮，却无高峰、重复和复归。他以自然界植物的枯荣比喻世界历史按自然法则运行，流露出悲观情绪，认为人类历史会往复消沉，呈现凄凉景象：“人类和国家就像树木一样强大、繁荣、树叶飘零，最终树干都干枯变空。恰恰这种往复的消沉赋予人类历史哀伤无奈的景象。”（I/5，925）

鉴于他更强调历史发展的偶然性，他总体上反对历史循环论，即套用自然循环往复的运行特点理解人类历史发展，而要依靠道德力量，实现自我完善和满全。他将“美德”纳入历史哲学观和神学思考中，他预测未来的世界历史“肯定有神、美德和永恒”（I/5，875）。他明显反对赫尔德从有机论的角度阐释人类历史的指导思想，他认为，赫尔德倡导的有机论概念“转世重生”更适合自然界的运行，人类历史没有转世重生，只受偶然性左右。大自然的荣枯周而复始、循环往复是必然，属于自然规律；相反，人类的兴衰和民族的命运充满偶然性，某个特定历史时期有不可复制性。

费希特与《理解费希特和莱普盖伯的关键》中的莱普盖伯都认为，历史循环论更有优势；弗·施莱格尔也要求循环论：哲学“尚未从循环论角度被充分阐释。”[2]与之相反，让·保尔反对循环论要求，“坚决批评哲学和人生中的循环论。”[3]他致信雅可比时反对“所有批评的和费希特式的旋涡。”（*JP Briefe*，3，352）他在《黑斯佩鲁斯》中证明，与循环往复的自然相反，唯独人类“有直线发展或锯齿形前行”的自由（I/1，871）。人类生活方式与思维方式的循环观“排除所有进步和活力，而线性发展还允许对变革给予希望，这是让·保尔在反思拿破仑战争

1 Fohrmann 1985，25。

2 Schlegel 1967，171。

3 Fohrmann 1985，25。

背景下一再重复的观点。"[1] 他还反对康德从目的论角度阐释人类历史发展。康德依据自然终结得出历史终结的结论，认为这是所有生命发展的可能性，让·保尔主张，康德的目的论无法让人类辨识世界历史计划，因为自然与人有本质区别。

卢梭明显背离启蒙哲学的乐观主义和幸福论，受之启发，让·保尔也质疑启蒙理性盲目乐观的历史进步说和抽象的整体幸福观，因为它们轻视个体生命及其需求，遏制个人的发展，必定导致政治和社会层面理性的失败。他倡导有约束性的进步观，反对实现历史进步时以牺牲个体为代价。他在《黑斯佩鲁斯》中通过演绎霍利翁勋爵的悲惨命运主张，人类整体的幸福不应建立在个人牺牲的基础上。他仍满怀希望地憧憬历史哲学模式中未来的黄金时代，赋予"美德"重要意义。他发现，启蒙理性线性、乐观、机械的历史进步观和抽象的整体幸福观存在不足。可见，与德国唯心主义哲学相比，他的历史哲学观更开明，更具现实意义和历史意义。

7.2 《黑斯佩鲁斯》与人类整体幸福的历史哲学观

让·保尔在《黑斯佩鲁斯》中较典型地演绎历史哲学观，突出对未来的憧憬和美德的重要性。

他在前言中反思人类历史进程，憧憬更美好的未来，相信"会出现另一个光明的时代。"（I/1，490）他表明，人类的"道路会通向美德与智慧"[2]。他谈及历史走势时主张，人类的现今已偏离真理和美德。他巧妙地阐释人类历史的过去、现在和未来与他的诗艺世界的联系：

> 现今只是为人的胃确定的；过去由历史组成，历史又是被聚集在一起的、由被害者居住的现今，是我们与真之冰冷一极的永远水平偏差的磁偏计，又是我们与美德太阳的垂直偏差的照明灯。而对于一个想在内心中比外在上更幸福的人而言，就只有未来或想象，即长篇小说。（I/1，509）

1　Chamberlain 1989，81。

2　Wuthenow 1975，72。

未来、想象和文学作品都是人类幸福的组成部分，未来是被延长期限的现今，这种未来可被转换成真正的未来和想象的产物。然而，反思的内在联系被撕碎，人们因为否认现今，才看到现今和未来的差距，憧憬更美好的未来。

卢梭明显背离启蒙哲学的乐观主义和幸福论。受卢梭启发，让·保尔也质疑启蒙理性盲目乐观的历史进步说和抽象的、基于人类整体幸福的历史哲学观，因为它们轻视个体生命及其需求，遏制个人的发展，这必定导致政治和社会层面理性的失败。他倡导有约束性的进步观，反对实现历史进步时以牺牲个体利益和幸福为代价。他认为，人类整体的幸福不应建立在个人牺牲的基础上，因为“历史并非幸福和价值的平衡。”（I/5，935）

在《黑斯佩鲁斯》中，让·保尔颠覆启蒙要求个体为整体奉献的历史目的论，呼吁“整体自愿为了唯一的个体环节忍受痛苦。”（I/1，1018）倘若个体“最终被粉碎，”等待人类的就只有“进入未来的虚无”（I/1，690）。他演绎的民族观关联其历史发展观，并渲染理性世纪过分强调整体幸福观的末世特征，强调生命个体与民族整体乃至人类整体的悖论关系：“当各民族上升时，单个生命就会死亡；当人类上升时，各民族就会衰败，人类本身在此沉沦。”（I/1，874–875）

崇尚启蒙理性的霍利翁勋爵看重人类整体，却轻视人作为生命个体的意义，为了履行历史使命，他不惜以理性的名义将他人变成手段，他“像操纵身体一样操纵人。”（I/1，1170–1171）然而他最终还是因为没能实现自己的政治抱负而放弃人生，自杀而亡。作家通过其悲剧性命运质疑启蒙宣扬的牺牲小我、成就大我的整体幸福观。

7.3 《论人类的沙漠和应许之地》演绎的历史哲学观

小说《黑斯佩鲁斯》里重要的短文《论人类的沙漠和应许之地》（*Über die Wüste und das gelobte Land des Menschengeschlechts*）较全面地展现了作家的历史哲学观，并与小说整体有内在联系。让·保尔引用《圣经》中先知摩西率领以色列人出埃及的故事，他们结束在埃及为奴的生活，到达上帝应许之地——那个流淌牛奶和蜂蜜的家园。让·保尔以此说明，摩西此举是整个人类历史发展的雏形。

短文首句证实有三种类型的人：“植物人（Pflanzenmensch）、动物人（Tiermensch）和神人（Gottmensch）”（I/1，867）。叙事者回忆历史：一位沉睡的天使梦到我们尚未出现的人类。换言之，人类的存在以天使的梦显现。叙事者讲述该梦境：想象之神（Phantasus）出现后，激活空中残存的混沌。于是，植物出现了。后来，赶着成群动物的弗莱托尔（Pholetor）也出现了，在草坪上吃草的成群动物又与他一同消失。此刻，睡眠之神（Morphus）来到睡梦中的天使面前，他和快乐的孩子、幸福的母亲、温柔的恋人等人物形象一起露面。“当欣喜唤醒天使时，睡眠之神、人类和世界历史消失了”（I/1，867）。

让 · 保尔用梦境的三个阶段表达诗艺的愿望和人类历史观。梦的对象是人类三阶段的历史：第一阶段为前意识的；第二阶段更多处于自然强制而非人类文明和生产的影响；第三阶段摆脱所有人类恶习，进入道德阶段。叙事者称，天使还未醒，在继续做梦。第二阶段的梦对应现今，睡眠之神等待出场，现在进行的事尚未完成。梦预测梦的结局，此刻，梦突然变成现实。在梦中，超越梦境的状况过渡到现实。人们在现实中反思这场梦，从梦中醒来的仿佛是人而非天使：“让我们别做梦，而是思考并希望，现在就追问：此刻，继植物人、动物人之后，最终会出现神人吗？世界之钟的运行泄露如此多其目的和结构吗？”（I/1，867）

天使的梦未遭反驳，人被驱逐到梦以外。作家鼓励并要求人思考且满怀希望。现今从被梦到的过去走来。在现实的现今，人甚至应把目光投向未来，因为世界的构造有意义。叙事者怀疑封闭而完整的体系。

叙事者报道、复述、反思那场梦。他并未说明什么，就突然反对康德从目的论的角度阐释人类历史：“我们不能像一位著名的哲学家那样，依据物质世界的终极意图，马上得出历史中终极意图的结论，正如我很少依据一个人的目的论的结构，得出此人目的论的人生故事。同样，正如我很少依据动物的聪慧构造得出动物的世界历史这一结论。”（I/1，867–868）康德从目的论的角度，依据自然终结得出历史终结的结论，认为这是所有生命发展的可能性。他反对康德从目的论角度阐释人类历史发展，他主张，康德的目的论无法让人类辨识世界历史的计划。自然像“铁”一样保持基本恒定状态，自然的智慧也明晰，“并未被遮掩”。“人类却像鞭毛虫一样”，采用的形态“时而规则，时而不规则。”人类面临很多对立：

“每种物质自然的无序都只是有序的外壳，阴郁的春天总是晴朗的秋天的外壳。然而，恶习就是美德的花蕾吗?”（I/1，868）

让·保尔认为，人类历史有很多偶然性：“新的偶然会逆转地震、彗星和暴风雨”（I/1，868）。自然现象或灾害都可能决定人类历史的转变和走势，而自然现象很少能被预测和驯服。同样，人类也无法事先预测某些特定的发现、发明、进步的手段以及由此得出的对抗手段。自然没有向人类传达任何关于历史的内容。人类并不存在直线发展，而只是不断发生变化。自然的时间即“永恒”，自然的力量即“取之不尽”，因此自然不会“丧失时间和力量”，自然的道路既不平坦，亦非直线。人们混淆了自然的开头和结尾即黎明和黄昏。

在人类看来，只有地球原初和结束两个“黄金时代”，而人们理解的“历史”仿佛“辽阔的森林，中间是沉默、黑暗和猛禽，只有在森林的边缘才充满光和歌唱。”道德状况并非源于自然状况：“道德精神的革命肯定比物质自然的革命更迷惑我们，因为依据本性来看，前者比后者有更大游戏空间和时间范围。”（I/1，870）但作家反对“让道德精神革命与自然物质革命彼此太接近”，因为自然与人有很大差别：“自然运动”相对恒定不变，只有“以前的”活动之说，因而自然的“轨迹是圆圈”，自然运动循环往复。他用大自然周期性的改变说明自然的基本恒定性：“太阳和月亮有日食和月食，就像花有绽放和凋谢，但也会有转世重生和更新”，而“唯独人是可变的，直线或锯齿形的线条引导人。”（I/1，870–871）与自然相反，唯独人类才有“永恒改变的必要性”。但人类历史的发展“只有升降沉浮的标志，却没有顶点，”也没有重复和复归：“没有任何民族和时代会复归重来；在自然中，一切必定重复。”因此我们不能将自然历史的发展照搬到人类历史发展上。“各个民族在某个特定的时代跌落，这纯属偶然，而非必然”，人们只是“混淆了各个民族跌落的最后时期与最高时期。”让·保尔坚决反对赫尔德倡导的如下指导思想：从有机论的角度阐释人类历史，他认为“人类有能力和希望永远完善。”

随着历史素材的增加，人类历史会加速发展。人类历史是累计叠加的过程，故我们不能按照自然现象、用人类学理解的各个阶段确定人类历史，文明并非整齐划一地进行。在世界历史的内在联系中，因各民族文明程度不同而有不平等："各种力量受干扰的平衡会让个体痛苦，公民和各民族的不平等使地球痛苦。"（I/1，871）"文化的不平等决定了政治的压力泵。"（I/1，872）"不平等的教育将西印度束缚在欧洲的脚上。"让·保尔论述世界历史时颇有革命民主思想和全局意识："面对各民族在权力、财富和文化上可怕的不平等，只有来自指南针所指的一切角落的普遍的暴风雨，才能使自身以风平浪静结束。"世界历史是联动的，五大洲的发展状况彼此关联，因此"欧洲的永久平衡以其余四大洲的平衡为前提。"（I/1，872）他呼吁："贩卖黑奴必须在我们时代结束。"他还从和平主义者的角度讽刺战争："启蒙的独特之处在于，"它让"各民族"摆脱海盗等"群众运动型恶习和民族欺骗。最好与最坏的事我们都合伙来做，比如战争。"（I/1，873）

让·保尔在短文最后预言，在人类未来的黄金时代，人们可以生活得更好：

> 有朝一日会出现每位智者和富有美德者今天就已享受的黄金时代。到那时，人们会更容易过上好生活，因为那时活着就更容易。到那时，个别人而不是各个民族犯下罪孽。到那时，人们不是有更多快乐（因为他们从每朵花和每片叶子吮吸蜂蜜），而是有更多美德。到那时，劳动者参与思考；思想家参与劳动，以便免去奴隶。到那时，人们诅咒战争和司法的谋杀，并仅偶尔用犁翻炮弹。一旦这个时代到来，会有太多善，机器就不再会因摩擦而停滞不前。到那时，人的本性就不再重新蜕变，然后刮起暴风雨。因为迄今为止，高贵只处于与过去强大的坏人正在消遁的斗争中。（I/1，873–874）

在黄金时代，美德理想会占统治地位，社会分工不会消失，但会达到均衡：那时也没有战争。让·保尔这段憧憬蕴含法国大革命中雅各宾党人的"社会乌托邦思想"甚至有唯物主义的含义，他表达人们的物质需求与道德的内在联系，憧憬尘世"生长足够的面包给所有人"[1]。他强调，"对于人类的福祉而言，公开的道德尤其重要，为了让个人的不道德失去意义。"他认为，取消不公正、不平等和压迫的条件就是终结体力劳动与脑力劳动的差别。他认为，其时代的根本问题是不平等：公民与国家的不平等，体力劳动与脑力劳动的不平等以及各民族之间的

1 Heine 1985，92。

不平等。智者和富有道德者在现今就能享受未来的黄金时代。他从现实中构想的世界跳跃到想象的虚构世界，“勾勒未来美好世界的智者和富有美德的人，已提前感受到黄金时代的快乐。”[1]

他仿佛看到，自己及其同时代人处于预言瑰丽朝霞的晚霞中，还要度过布满阴霾和狂风的漫漫长夜。历史会向我们预言昼夜平分的春分时光，这是人类社会发展的第三个状态。黑夜笼罩，使人们通往更光明的未来的漫长道路变得昏暗，然而这已是黎明前的黑暗。让·保尔教诲我们：“在每个世纪都会有个别人死亡，当各个民族上升的时候。当人类上升时，各民族会走向没落”（I/1，874）。他反对为了人类整体幸福而遏制个人发展。

他坚持认为，自然过程与历史道德过程不可调和，因此他关注人类的不平等现象及其后果，而非人类的年轻和年老。他主张，这些后果是更不幸却必要的发展前提。启蒙使人们意识到这些问题，并继续帮助人们克服不平等现象及其后果。同时，对于欧洲更发达的国家而言，启蒙是提升道德和历史观的前提。让·保尔看到人类面临的灾难，但他同时也主张，人类经历灾难后会迎来黄金时代。怀疑主义不仅会重新摧毁整个理性，还会使神话与诗艺的梦境陷入危险，他将突然产生的怀疑态度转换成对人类美好未来的期待。

从历史哲学角度看，若说席勒在超验诗学中建立了审美和解范式，那么让·保尔在作品中更侧重建构“信仰哲学兼神学的”[2] 诗学。

1 Hedinger-Fröhner 1977，98–99。

2 Lindner 1975，89。

第 8 章

让·保尔演绎的双影人主题透视的现代危机[1]

让·保尔对“双影人”（Doppelgänger）主题的演绎堪称经典。他塑造的“双影人”反映现代人的自我迷失和癫狂，批评人性之恶，透视现代人自我分裂与丧失身份认同等现代危机。

他在《齐本凯斯》中首次成功演绎“双影人”，在德语文学中给“双影人”这个“概念和主题”带来“重要突破”[2]。齐本凯斯与其挚友莱普盖伯因长相酷似互换名字，构成外貌酷似且精神上有亲缘关系的双影人。莱普盖伯又化名硕普出现在长篇小说《泰坦神》中，他因受费希特哲学“绝对自我”的影响惧怕并厌恶镜像中的多重自我而精神分裂。《泰坦神》中的双影人主题主要由幽默人物硕普厌恶的多重自我体现。硕普是费希特的追随者，与费希特构成更高层面的、精神意义上的双影人，这远远超出长相酷似的双影人范畴。让·保尔通过依赖雅可比的信仰哲学和重感文学回应他体验和忍受的自我分裂的悲剧。

本章首先界定“双影人”的概念，追溯其文学渊源，然后分析让·保尔的长篇幽默小说《看不见的共济会》《黑斯佩鲁斯》《少不更事的岁月》《卡岑贝格博士的温泉之旅》，尤其《齐本凯斯》和《泰坦神》，探讨双影人主题透视的现代危机。

1　赵蕾莲 2019，177–185。删除克莱斯特部分。

2　Frenzel 2008，100。

8.1 “双影人”释义与溯源

按《杜登词典》释义，双影人指“达到混淆程度地酷似另一个人。”[1] 弗伦策尔（Elisabeth Frenzel）在《世界文学的母题》（*Motive der Weltliteratur*）中界定“双影人”概念，梳理其词源学演变过程。“双影人”“建立在两个人物身体相似性的基础上。”[2] 文学作品中的双影人由两个相貌相似的真实人物（比如双胞胎）体现，在神话和童话中会有超自然力量即神力介入。对“双影人”主题至关重要的是，“存在两个同时活动、可能相互排斥的人物，他们会对某个人物本身或周围环境产生令人惊愕的直至阴森可怖的影响。”[3]

古罗马喜剧家普劳图斯（Plautus）的喜剧《孪生兄弟》公元前 206 年首演，是西方文学中演绎“双影人”作品的开山鼻祖。剧中孪生兄弟在不同环境中成长，他们多次被混淆，这给作品增添许多喜剧色彩。双影人主题在文艺复兴时期主要在意大利被重新发现，在西班牙文学中被效仿。莎士比亚在《错误的喜剧》（*Comedy of Errors*）和喜剧《第十二夜》（*Twelfth Night*）中不断革新“双影人”主题。《第十二夜》中的双影人是富裕人家的孪生兄妹。在一次海难后，大家都以为哥哥遇难，于是妹妹女扮男装扮演哥哥，旨在避免其未婚妻伤心。哥哥最后出现在众人面前，兄妹俩各自找到心上人，皆大欢喜，因为这对孪生兄妹不仅外表酷似，且都心地善良。外貌相似最后升级到精神相似。在《错误的喜剧》中，商人的孪生儿子和两个孪生侍童即两对双影人导致一系列主仆易位和夫妻换人的闹剧。

此外，双影人还指人自身蕴藏或隐匿在梦中、镜像、蜡像、影子和肖像画中的“第二个存在”即“双重自我”。根据日耳曼人的观点，人在临死前或死亡瞬间会有“第二个自我”抽离，它出现在死者眼前，向死者宣告自己的消解。这种“自我分裂”出现于奥维德在《变形记》里记录的河神之子那尔基索斯（Narziss）自恋神话：这位美少年不爱女人，只爱自己的水中倒影，他终因得不到自己所爱

---

1 Duden 2001，390。

2 Frenzel 2008，92。

3 同上书，93。

的对象憔悴而死，变成水仙花。该神话故事说明，看到双影人会导致人“致命地感知一种永远分离的自我。”人有第二个存在，这种观念符合基督教的二元对立观：基督教划分人内心中善恶两种灵魂，即主张灵与肉的二元对立，该模式导致感性的自我与道德精神的自我争斗。对人的“双重意识”几乎无异于“双重存在”[1]即双重生命体。

自我分裂是双影人范畴的重要特征，而费希特哲学强化人们对自我分裂的意识，故在强化双影人自我分裂的含义方面，费希特起到推波助澜的作用。在其主要哲学著作《全部知识学的基础》中，费希特通过自我与非我论述三个重要原理。他主张，整个世界源于自我，在自我之外没有可认知的客观世界：“一切范畴本身都”从“自我，绝对主体”“推导出来”[2]。这颠覆了人们对自我的认识，这种颠覆令人感到恐惧和威胁。让・保尔主要在讽刺作品《理解费希特和莱普盖伯的关键》中积极回应雅可比对费希特虚无主义的批评，揭示费希特哲学的弊端，塑造精神层面的双影人。他在《泰坦神》中描写幽默人物硕普对镜像中多重自我的恐惧，以独特的双影人视角延伸对费希特哲学的批评。

双影人在德国浪漫文学时期繁荣，许多浪漫派作家都对双影人情有独钟：蒂克、富凯（Fouqué）、沙米索、布伦塔诺、阿尔尼姆、海涅。而霍夫曼（E.T.A. Hoffmann）是最热衷双影人的浪漫派作家，他在 15 部长篇小说中演绎过双影人主题。浪漫派作家在文学创作上通过传统媒介如梦境、影子、镜像和肖像画表现双重自我，但他们也运用新媒介：“纯粹的幻象 - 双影人（Phantom-Doppelgänger）”[3]。在浪漫派以后的文学中，主要有克莱斯特、豪夫、莱蒙德斯、格里尔帕策、德罗斯特 - 许尔斯霍夫（A.v. Droste-Hülshoff）的作品演绎过双影人主题。

1　Frenzel 2008，99。

2　费希特 2010，15。

3　Frenzel 2008，99。

8.2 让·保尔演绎的双影人主题

8.2.1 《少不更事的岁月》、《看不见的共济会》、《黑斯佩鲁斯》和《吉亚诺佐》中的双影人主题

让·保尔演绎双影人时主要描绘人物对镜像、蜡像或幻象的惧怕，以此渲染他们对自我和自我分裂的恐惧与厌恶。他在《少不更事的岁月》、《看不见的共济会》、《黑斯佩鲁斯》和《热气球乘坐者吉亚诺佐的航空日志》中都演绎过双影人主题。

在《少不更事的岁月》中，伏尔特善于模仿别人的声音和面目表情，他在化装舞会上戴上哥哥的面具，模仿其声音，“旨在完美地扮演哥哥的双影人。”他是哥哥瓦尔特“反讽的、积极的双影人。”在小说结尾，弟弟为迷惑哥哥而扮演更夫的角色，该“角色与想象中的双影人相对而立，他有意混淆该双影人与他哥哥。”在该作中，“嘲讽哲学思索的结果是，果决地戏仿在丰饶的土地上茂盛生长的、主观的双影人主题。”伏尔特“多次戏仿的双影人主题保存作家早期长篇小说中最后灰色的、阴森恐怖的色彩，”因为它再次揭示“逃遁的、无法被理解和认识的自我问题。”[1]

作家影射费希特的自我哲学，否则不会设定孪生兄弟的双影人[2]，“正如我们的费希特的自我同时是书写者、纸张、羽毛笔、墨水、字母和读者一样。”“我们喜爱对我们自我的页岩复制”，（I/2，656）这说明，书写者热爱其小说中的其他自我。

在《黑斯佩鲁斯》中，主人公维克多结识重感的马修，后者善于模仿别人的声音，能取代别人出场，用谎言迷惑人们：“马修作为真实的、客观的双影人出场，也就是作为第二个、类似的自我，恰好可通过相似性取代第一个自我。在维克多看来，魔鬼般的双影人主要实现可怕的形象、警示人物的功能，阻止他跌入感性世界的深渊并因此而堕落。”[3]

1 Preaux 1986，108。

2 Pott 1988，39。

3 Preaux 1986，106。

让·保尔将宫廷世界的人物描写成僵死的人工玩偶。《看不见的共济会》中的奥托马尔将全部外在世界浓缩成木偶剧院。自我在此只看到象征无精神的蜡像人物围着自己转，后者因提升卑微感而增强自我可替代性。蜡像人物比奥托马尔寿命更长，故比他有优势。奥氏在死寂的教堂里复活，这直接回顾作家对死亡的想象：

> 我称呼昔日的自我："你是什么？什么坐在这儿回忆且拥有折磨？——你、我、某种东西——三十年来在这个自我身边飘浮而过的、被我称为童年、青年和生命的彩云究竟到哪里去了？"我的自我掠过这片被勾勒的雾霭。（I/2，305–306）

这表明，蜡像人物作为客观的双影人意象与主观的双影人意象有"密切的内在联系。"[1] 二者相互影响，因为面临可消逝的肉体。他们指明自我未来难免的死亡。作家在该作中荒诞地演绎了双影人主题。

蜡像人物意指摹仿生命、否定精神和自我的部分不朽。在《黑斯佩鲁斯》中，维克多说："生命的这种蜡像般的表情和复制使他忧郁，他甚至无法毫无恐惧地看他自己在圣吕内的蜡像"（I/1，876）。维克多听到的鬼怪故事使他对双影人主题颇敏感，因此介入其被干扰的想象。蜡像作为真实而客观的双影人主题关涉主人公童年经历的灵与肉的分裂。作家更深刻地阐明双影人主题的理由。《黑斯佩鲁斯》的主人公因爱而卸下所有枷锁，内心不再感到任何矛盾，在崇高的万有中无所畏惧。维克多摆脱"对恶意的、主观的双影人的恐惧，这种摆脱通过爱进行，爱将自我置于所渴慕和追求的宁静状态。"[2] 弗拉民也因维克多倾诉对他的友谊，才挣脱自我摧毁的寂寞。

《热气球乘坐者诺佐吉亚的航空日子》中的吉亚诺佐接近幽默人物莱普盖伯和齐本凯斯，他只会怪诞地扭曲理想，想让理想世界闯入讽刺世界。在热气球飞行中，他面对自我，无法突破整个圈子：其否定的自我永恒重复，这位重复者遇到一种双影人。于他而言，身穿衬衫的夜游者在布罗肯山上的神奇出现，成为"可

1　Preaux 1986，109。

2　同上文，119。

怕的、客观的双影人相遇，这种相遇通过幽默和想象，形象地描写他的自我扭曲。"[1] 吉亚诺佐说："夜游者开始跟自己跳愚蠢的小步舞，""人生悲喜剧的幻觉画面以及对我的思想的外在仿制，让我感到毛骨悚然。"（I/3，966）吉亚诺佐本来需要爱别人，才能挣脱中断一切沟通的状态。他在花园里遇到的神圣女性本可拯救他，使他摆脱由热气球的上升和下降象征的内心的不平衡，继而达到宁静。该作的前言含蓄地批评强大的吉亚诺佐。其愤怒无法通过爱得到驯服，他只能鄙视而非爱尘世："根据柏拉图的文学作品，内在的人与外在的人一样，分裂成男人和女人；但它的实现存在于力量与温和的重新统一中。爱给予强大，强大又给予力量。"（I/3，905）

让·保尔演绎双影人主题成熟练达的作品是《齐本凯斯》和《泰坦神》。

8.2.2 长篇小说《齐本凯斯》中的双影人主题

让·保尔在《齐本凯斯》中对双影人主题的演绎颇为娴熟。小说主人公是爱好写作的穷律师，他在大学期间与挚友莱普盖伯因长相酷似而互换名字和身份，他们构成德语文学中经典的双影人。这对幽默的双影人不仅外貌酷似，且在精神上有亲缘关系，世界观高度吻合。

诗艺创作的成功是单纯的主人公精神快乐的源泉，其特质与现代人的冷静盘算和实用主义构成强烈反差。真与纯是让·保尔诗学的理想，是人类已逝黄金时代的血脉赓续。为告别潦倒平庸的生活，结束不幸的婚姻，追求诗艺，赢得真爱，主人公采纳挚友的"假死"的建议。朋友在成功的假死和假葬礼闹剧后，将担任监察员的聘书交给他。莱普盖伯给予好友肉身，放弃名字和身份。齐本凯斯半夜爬出棺材，与莱普盖伯互换衣服后偷着回到家乡，在自己的假坟墓旁碰到前来悼念的娜塔莉，他如实说出自己假死的全部经过，取得她的谅解，两人终成眷属。在俗世心灰意冷的莱普盖伯如愿当隐士："我会首先消失于茫茫人海中，每周用新名字浮出水面，只为了不让愚人们认出我来。"（I/2，292）

让·保尔让双影人在假死闹剧中互换身份，使主人公终于离开象征"小气、

1 Preaux 1986，112。

狭隘、目光短浅和陈旧”[1] 的小城库什纳普尔。他在拜罗伊特安家，从此怡然自得地享受全新的诗艺生活，体会真爱。齐本凯斯的假死具有重生的意义：“这种哲学死亡与生物死亡相反，并不意味自我的终结，而是焕发青春，是重生。”[2] 这对双影人通过假死闹剧换回他们在大学期间交换过的身份和名字，他们欺骗了世人，旨在以罕见的、甚至荒诞至极的手法使主人公超越平庸的世界，升入更高的诗艺世界。

双影人齐本凯斯与莱普盖伯构成小说情节设定、结构布局和人物设置的特点。作家尝试平衡美的心灵和怪诞的身体，这对双影人互换名字，其互补的性格特征及其友谊的丰富内涵都增添了幽默色彩。他们虽长相酷似，但其肢体有差异：莱普盖伯跛脚，这是幽默人物不完美的标志；而齐本凯斯“在左耳旁有个金字塔形状的胎记。”（I/2，40）他们有更多精神上的亲缘关系，他们都仇视世界的普遍愚蠢，抨击人类的狭隘与自私：他们都鄙视“儿童滑稽戏，都攻击小家子气，……都厌恶丧失尊严的自私自利，都在尘世优美的疯人院中有嘲笑的乐趣。”（I/2，39）但其诗艺风格不同：莱普盖伯嬉笑怒骂，他早已习惯戏谑、调侃和谎言：“没有人像莱普盖伯那样由于讽刺和幽默如此愿意且如此频繁地撒谎。”（I/2，497）他的“脾气有更浓的色彩、更自如的画风，因此有更诗艺、更具世界公民特征的和更理想的规模。”（I/2，545）他认为，“一切都太渺小，因此活该遭到谩骂和嘲笑。”[3] 让·保尔赋予莱普盖伯更多幽默，他在《美学预备学校》中指出，莱普盖伯描绘的“世界幽默”注重整体性，“他从不指明并指责个别情况”；而多愁善感的齐本凯斯更注重细节和局部，故而被给予“更多情绪而非幽默。”（I/5，126）

其实，双影人莱普盖伯就是齐本凯斯的另一个自我，恰似梅菲斯特是浮士德的另一个自我。双影人合二为一，构成个性突出的完整人物。这对双影人通过互换身份打破现实中的僵局，改变命运，实现各自理想的人生目标。让·保尔通过文学虚构的双影人手法，使笔下的人物有可能克服生活日趋平庸、丧失本真和敌视诗艺的现代危机。

1　Kohlheim 2014，98。

2　Langner 2013，211。

3　Oschatz 1985，152。

弗·施莱格尔称这对双影人为“积极的幽默人物”，注意到“他们之间以及他们与作者之间很强的家庭相似性。”[1]在《齐本凯斯》中，主人公被塑造为撰写《魔鬼文件选读》的讽刺幽默作家。这样在作品内部就产生叙述者和被叙述的人物之间的双影人关系：被叙述的人物在叙事的内部空间重复叙述者讽刺加幽默的态度，这消除了叙事层面和被叙述层面的差异。

在限制甚至否定精神的世界中，并非蜡像、而是自己肉体的现象具体刻画了作家原初对自我可替代性的恐惧。在莱普盖伯身上，尤其在《泰坦神》中，自我肉体实现了蜡像作为现实的、死气沉沉的和导致死亡的双影人的功能。莱普盖伯和齐本凯斯通过幽默得以与现实保持距离，虽然该距离向他们确保更大自由，但也使之面临丧失现实的威胁。他们对幽默依赖的程度不同，与现实的关系迥异。这对双影人真正重要的差异清晰可见：

> 在齐本凯斯身上，有一半世界矛盾寓于状况中，因而可消解和治愈；而在莱普盖伯身上，世界矛盾完全被放置在自我中，会渗透到任何世界，因此是无法治愈的。矛盾的可治愈性召唤被演绎的死亡。作为治愈方法，死亡只为齐本凯斯消解了自我与被确定的世界之间的矛盾，通过用更恰当的世界更换这个世界。[2]

莱普盖伯通过其幽默的力量超越现实，他感觉到世界的空无寂寥：“我真但愿，上帝会在我此生之后让我苦熬过第二次生命，我可以在另一个世界中研究现实，因为这个世界太空洞乏味。”（I/2，349）

8.2.3 长篇小说《泰坦神》中的双影人主题

莱普盖伯在《泰坦神》中化名硕普出现。让·保尔通过硕普批评费希特哲学，他在硕普身上看到自我反思的危险：让自我脱离任何真实的基础，并将自我封锁进空洞且危险的反思中。硕普退隐到内心中，旨在承认完全另一个自我的价值，只有齐本凯斯联结他与现实。在《齐本凯斯》中，“他丧失了其现实的、客观的

1 Schlegel 1967，376。

2 Kommerell 1977，338。

双影人。该幽默人物只与自身相处，而其绝对的自由于他而言变成绝对的空虚。”让 · 保尔通过莱普盖伯演绎无神论者的命运。后者离开齐本凯斯后，就一直被束缚在永远的“自我反射”中，而这成为其永远的厄运：

> 他持续唤醒的、虚构的双影人是被束缚在唯我论范围内的精神造物，并在《泰坦神》中向他报仇。被插入到《齐本凯斯》中的《从天而降的已故基督所作的“上帝不存在”的演说》影射无神论者的命运：因为，一直无人回应不安的‘你’的绝望呐喊，这呐喊可能拯救自我脱离其形而上。自我只能依靠自我，并成为自己的造物主，直至否认上帝者强大的、精神的力量消耗并毁灭自身。[1]

在《泰坦神》中，莱普盖伯 - 硕普自我升华到超越尘世的程度，致使他以为自己就是世界本身。他用莱普盖伯的名字撰写《理解费希特和莱普盖伯的关键》，试图在哲学方面阐释上帝与万有世界平等的理由：“我就是万有和宇宙；在世界中，人们不能变得比世界本身、上帝和幽灵世界更多。”（I/3，1037）

硕普惧怕并厌恶自己在多面镜子中被反射的多重自我，这说明，他厌恶自己以多重镜像出现的双影人，惧怕和厌恶达到登峰造极的程度，致使他精神分裂，发疯，最后走向死亡。《泰坦神》比《齐本凯斯》更强烈、更成功地通过双影人主题透视现代危机。

硕普经历哲学上被迫的和荒诞的自我关联，经历费希特用先验哲学抽象而非经验地、关联生存地传授的内容：自我及其分裂，非我即自我，由此产生无法治愈的多个自我。费希特用自我的想象力建构世界，幽默人物硕普受其哲学思维影响，将该想象力经历为自我分裂、自我的多重生成、千篇一律的世界的疯癫。

硕普对自己的“自我”感到疲惫不堪，他在发疯前就害怕幽灵般的“自我”，这是畸形的、将自己置于绝对之处的“自我”，他最终毁于“自我”之谜的无解状态：

> 对他自己的多重复制令他生厌：“你们这些‘自我’，你们非要打扰我吗？”他说着，然后向前屈身弯腰，就像站在其生存最丰富、

1　Preaux 1986，103。

最明亮的那一分钟和最精细的天平前一样，仿佛一座坟墓和巨大的人生放在天平上一样，仿佛他的“自我”必须让他消失，就像被模仿的玻璃的“自我”到处游走一样。（I/3，546）

硕普发疯后行为怪异，常照镜子唠叨，多面镜子反射硕普的多重“自我”，甚至使他恍惚觉得镜子中有“一个由‘自我’组成的民族在看着他。”（I/3，796）镜子反射多重自我这个细节预示其厄运。莱普盖伯出现在《齐本凯斯》和《泰坦神》中，他先与《齐本凯斯》的主人公构成双影人，又在《泰坦神》中作为费希特的追随者，与费希特构成精神层面的双影人。

尽管齐本凯斯和莱普盖伯作为双影人互相依赖，但他们无法达到统一：在《泰坦神》最后，“酷似”硕普的齐本凯斯出场，他是硕普新的“自我”即双影人，暗示硕普的生命附在齐本凯斯的体内。硕普并非真死了，而是灵魂依旧，会以新的生命躯壳存在于世，这些许满足了他身处有限却觊觎无限的非分之想。齐本凯斯作为其“多重自我的面具”现身，他朝硕普喊道：“我的硕普……我在找你”。但双影人齐本凯斯和化名硕普的莱普盖伯毕竟不能同时存在，所以，当硕普看见自己的双影人出场时惶恐不安地呼喊：“你是过去的自我——你快过来用你的脸贴住我的脸，你快让那愚蠢的存在冰冷”。匕首从硕普手中滑落。他叨咕着“自我等于自我”。但想到自己追求的无限他便宽慰许多，觉得其双影人会延续他的生命，所以他最后带着“一丝微笑”死去：他“发出一声快乐的叹息”，“这位死者一直微笑着留在了尘世”（I/3，800）。“快乐的叹息”和“留在了尘世”暗指他并非离开人世，说明双影人发挥奇效，硕普以第二个自我存活于世。

让·保尔在《理解费希特和莱普盖伯的关键》中更集中地揶揄费希特哲学，称莱普盖伯“在最完全、最自由的程度上是费希特的追随者。”（I/3，1029）莱普盖伯与费希特构成更高的精神层面的双影人，因此研究界常将这两个幽默人物合二为一成“莱普盖伯 - 硕普”。

《泰坦神》中的双影人并非局限于硕普与齐本凯斯。阿尔巴诺和他早逝的哥哥鲁伊吉酷似，阿尔巴诺以前的恋人莱安娜与他后来的妻子伊多伊娜也很像，他们分别构成两对双影人。“恰恰双影人主题强调这部小说乌托邦式结尾的人为特

征。”[1] 阿尔巴诺娶莱安娜的双影人伊多伊娜。双影人主题有助于他辨识自己未来的王侯义务，因为他迷惑性地酷似已故的、智慧的王侯鲁伊吉，所以他也定将成为智慧、优秀而虔诚的王侯：“他迈着步子走开了，仿佛那位老者在他身边以其自己的、与他相似的形象走着。”（I/3，822）

综上，《齐本凯斯》中的双影人外貌相似，且世界观相同，他们两度互换身份和名字，以假死闹剧幽默地欺骗世人，旨在让身处平庸的主人公升入诗艺的美好世界，实现各自的人生理想。让·保尔还注重强化人物的自我分裂酿成的悲剧命运。《泰坦神》中的双影人由悲剧型幽默人物硕普和他惧怕的镜像即镜子反射的多重自我构成。他自我分裂至死，这更强烈地反映现代哲学虚无主义与理性神化导致的人的精神危机。这两部小说成为德语文学中演绎双影人主题的经典范本。

1　Preaux 1986，114。

第 9 章

让·保尔政论文中以世界主义为前提的民族观[1]

9.1 辨析概念“文化民族”和“国家民族”

为阐释作家的民族观，我们首先区分两个概念“文化民族”与“国家民族”。基尔希霍夫（Alfred Kirchhoff）在《关于理解概念民族和民族性》（*Zur Verständigung über die Begriffe Nation und Nationalität*）中区分“文化民族”（„kulturelle Nation“）和“国家民族”（„Staatsnation“）：“有些民族的联结在某种血缘关系以外，只建立在共同拥有一种独特的文化基础上。”他提出文化民族概念，定义国家民族为“通过国家有效地提升统一”的民族。[2] 迈奈克（Friedrich Meinecke）在《世界主义与民族国家》（*Weltbürgertum und Nationalstaat*）中发展了这两个概念。文化民族“主要建立在某种共同经历的文化财富基础上”；而国家民族“建立在共同的政治历史和宪法的统一力量基础上。”[3] 波希迈耶尔（Dieter Borchmeyer）在专著《何为德意志？——一个民族对自我的追寻》（*Was ist Deutsch? — Die Suche einer Nation nach sich selbst*）中强调“文化民族与国家民族”的概念划分，并称之为“德意志精神史的重要母题”[4]。“德意志”（Deutsch）当时主要是“语言称谓”，强调以德语为衔接纽带者，突出语言及其衍生物文化的重

1 据笔者两篇论文完善：赵蕾莲 2018，95–106。Zhao 2021，345–355。

2 Kirchhoff 1905，54。

3 Meinecke 1962，10。

4 Borchmeyer 2017，19。

要性；德意志人首先是“语言集体”并涉及文化民族；而“国家民族”更多在人种学意义上“从种族出发”指“作为政治共同体的民族、国土和国家”等“政治架构”[1]。

在让·保尔时代，德意志尚未形成国家政体，德语语言和文化就显得尤其重要。语言是连接各诸侯国的唯一因素[2]，“文化是维系德意志民族的唯一纽带”[3]。本章更多涉及作为文化民族的德意志。

9.2 费希特和海涅典型的民族观

9.2.1 费希特的《致德意志民族的演讲》

1806年，拿破仑在德国实行异族统治，神圣罗马帝国解体，这促使费希特在1807—1808年撰写重要著作《致德意志民族的演讲》（*Reden an die deutsche Nation*），其时代政治的发展威胁德国乃至全人类的文化。他认为，拿破仑的统治导致德国人丧失政治自主性，这还涉及精神方面有威胁性的衰落。费希特就德意志民族的命运问题表态，其演讲涉及德意志民族的历史基本观点，他坚信，德意志民族会充满生机地继续生存。他确定目标为通过德意志特性共同的基本特征，“阻止我们民族在与外来民族的融合中衰败。”[4]他论及人类的理想教育时流露世界主义的态度：“德国人为此将本着普遍的和世界主义的精神做事。”[5]他视德国的分裂状态为弊端，但也辩证地强调分裂状态潜在的优势：德意志小国“在重要的民族事务上或许能对我们有利地效力”，它将“打开局面，作为最高的善者和民族真正的促进者屹立于此。”[6]他还强调作家“通过语言和文字”凝聚民族的使命：“作家最高贵的特权和最神圣的工作就是凝聚其民族。”他指责某些德国人自

1 Borchmeyer 2017，39。
2 参见李伯杰等2002，18。
3 范大灿2006，2。
4 Fichte 2005，106。
5 同上书，189。
6 同上书，247。

我贬低，“谩骂和贬低”“祖国”，却以“毫无品味的赞美”谄媚“外国特征”。他呼吁唤醒德意志民族这个“古老而荣耀的民族”、“新欧洲最多民族之根。”他坚信，它最终能建构“最高的、最纯洁的、在人类中从未出现的道德精神。”[1]

费希特矛盾地在世界主义和民族优越感之间摇摆：既“有义务遵从普世主义的人性理想”，又“倾向于民族的划分，一种偶尔具有沙文主义特征的德意志的优越感要求。”[2]

1813—1815 年，普鲁士在改良派推动下实现“政治复兴”，选择了非暴力的、“更人性化”[3] 的现代化道路，践行了歌德主张的“渐进”的、“接受进化而非革命”[4] 的即拒绝法国暴力革命的道路。上述内容对理解世界主义与民族主义大有裨益。

9.2.2　海涅赞同世界主义、反对狭隘的民族主义

海涅是典型的世界主义者，他抨击德国民粹思想和狂热的爱国主义，抨击德国狭隘的民族主义乃贯穿其作品的主题[5]。在政论文《卢苔齐亚》(*Lutezia*) 的法文版前言中，他批评德国民粹主义者为“假爱国者”，因为其“爱国仅存在于对外国和邻国民族愚蠢的反感中”。对比民族主义，海涅愈加钦佩共产主义者的世界主义：“出于对民族主义者的憎根，我简直会爱上共产主义者……他们在其最高原则中崇敬世界主义，普遍的各民族之爱，所有人的世界主义。”[6] 海涅的爱国主义建立在世界主义基础上，它克服了所有民族的、宗教的和文化的偏见。真正的爱国主义与德国民粹狭隘的民族主义截然不同。

海涅还在《论浪漫派》(*Die romantische Schule*) 中批评假爱国主义，赞赏法国人真正的爱国主义：法国人的爱国主义“会温暖人心”；相反，“德国人的爱国主义在于心胸变得更狭隘，就像遇冷的皮子会收紧。德国人“不再是世界公民，

1　Fichte 2005，264。
2　Borchmeyer 2017，94。
3　明克勒 2018，214。
4　Safranski 2013，368。
5　Zhao 2004，107。
6　Heine 1988，295。

不再是欧洲人，而只是狭隘的德国人。”他对照假爱国主义与崇高的人性思想：因为前者“反对人性，反对普遍的世界大同，反对我们伟大的豪杰莱辛、赫尔德、席勒、歌德、让·保尔等所有德国有教养的人都一直崇尚的世界主义。”[1]

托马斯·曼联系德国的爱国主义与具有精神偏狭的民族主义时指出，德国民族主义意义上的爱国主义是精神局限的标志。世界主义展现宽广胸怀：“人要能成为爱国者，就肯定有某种程度的精神局限。”[2]

9.3 让·保尔政论文中世界主义的时代历史背景

让·保尔主要有四篇体现世界主义的政论文：《致德意志的和平布道》、《德意志的黎明》、《战神与太阳神的王位更迭》和《政治的斋期布道》，它们1817年汇集出版，在其作品中自成一派。促使他写政论文的现实诱因是，法国占领德国后帝国衰落，时代的政治动荡使德国笼罩在“普遍的不安、恐惧的猜测和政治分裂破碎的氛围中。”[3]

18世纪末，德国有限的领土分裂成三百多封建王侯国，即“314个主权的和帝国等级的领地以及1 475个帝国骑士。”[4]恩格斯在《德国状况》中抨击分崩离析的德国鄙陋落后、岌岌可危的惨状：“一切都烂透了，动摇了，眼看就要坍塌了。”[5]

让·保尔受法国大革命自由、平等和博爱等崇高理想感召，希望德国也能实现有利于自由平等思想的社会变革。对于德国市民阶层的知识分子来说，法国大革命是最重要的事件，因为它“宣告人权和公民权”，实行人民立法，“尝试根据理性的原则统治国家。”[6]

1806年7月12日，拿破仑领导的“莱茵联盟”（Rheinbund）成立，由16

1 Heine 1988，141。
2 Mann 1960，10。
3 Naumann 1976，54。
4 Lindner 1976，56。
5 恩格斯 1972，633。
6 Lindner 1976，57。

个德国西部和南部王侯国组成。8 月 1 日，莱茵联盟的王侯国宣布独立，脱离德意志神圣罗马帝国，其盟主是达尔贝格。莱茵联盟的成立迫使神圣罗马帝国皇帝弗兰茨二世（Franz Ⅱ.）于 1806 年 8 月 6 日放弃皇帝称号，成为奥地利国王弗兰茨一世。1813 年 10 月 16 日至 19 日，莱比锡大会战力挫拿破仑麾下的法军，莱茵联盟解体[1]，欧洲陷入复辟时期。

让·保尔四篇政论文的撰写时间基本覆盖从拿破仑占领德国到法军撤离德国这八年，期间德国自由和统一的呼声不断高涨，处于多种势力相互角力时期："市民阶层努力追求自由和立宪，爱国主义希望统一，封建王侯实行专制主义统治，在复辟时期采取强制措施。"[2] 让·保尔毫无反对拿破仑和仇法情绪，他绝非普奥意义上的爱国主义者。以启蒙运动为标志的 18 世纪盛行的"世界主义思想在他的观念中根深蒂固。他反对战争，超越那个时代所有民族仇恨。"[3] 其世界主义建立在他自幼接受的启蒙思想基础上。他起初恪守莱布尼茨的德国理性主义，后转向通俗哲学，在 80 年代，他领悟欧洲启蒙思想的所有根本立场。

9.4　世界主义作为让·保尔德意志情怀的前提

9.4.1　"世界主义"概念辨析与让·保尔"世界主义"的历史意义

在 18 世纪以降的德国历史中，"爱国主义"常含贬义，它常为德国民粹思想的代名词，以仇法为特征。与爱国主义和狭隘的民族主义或民粹思想对立的术语是"世界主义"（Kosmopolitismus，Weltbürgertum）。《德语袖珍词典》（*Dtv-Lexikon*）有两个"世界主义"释义：第一，"为超越民族束缚、实现所有人的根本联盟和博爱而付出的努力。"第二，是贬义，在马恩列的语汇中指"反动的、资产阶级的意识形态，它放弃各民族的自决权、主权和民族文化。"[4] 本书论述的"世界主义"契合第一个释义。《杜登词典》针对上述第二个释义说明"一种世界观，

1　Dtv-Lexikon. Vol.15，1992，161。

2　Wölfel 1997，363。

3　同上书，391.

4　Dtv-Lexikon. Vol.10. 1992，117。

它以此阐明帝国主义超级大国竭力统治世界的理由：从历史角度看，在现今阶段，民族国家、爱国主义等已经过时。”[1]

波希迈耶尔划分两种民族主义：“包容性的民族主义（Inklusionsnationalismus）”和“排外的民族主义（Exklusionsnationalismus）。”[2] 对拿破仑和法国的态度是区分二者的标志，前者为“赞同拿破仑的民族主义”或“莱茵联盟的爱国主义”，它渴望结合“民族主义的和世界主义的立场”。让·保尔属于包容性的、以世界主义为前提的民族主义者。[3]“排外的民族主义”反对拿破仑，仇视法国。

让·保尔和海涅都秉承世界主义，摒弃极端的德意志民粹思想，其共性在于始终崇尚法国大革命的崇高理想，其爱国情怀不以仇法为基础。

让·保尔还在《关于美学预备学校的小型后期学校》中论及世界主义，指出“赫尔德、维兰德和歌德”在世界主义观念上有共性或“亲缘关系”：“以毫无偏见的全方位认识并承认所有民族、时代和人类巨大变化的权利、优势、光线和瑕疵。”但他指出，当涉及“各民族及其缪斯女神时”，席勒缺乏“世界主义视野”（I/5，505）。而“世界主义的多视角现在变成审美的多视角。”该世界主义有传承顺序，因为该思想“从赫尔德上升到维兰德（至少在其晚期），直至上升到歌德。”他还重申世界主义者莱辛“超越所有其他”三位作家，因为莱辛“尊重所有民族的众神”（I/5，506）。

他钦佩赫尔德、维兰德、歌德与莱辛的世界主义视野。受之启迪，他也秉承涵盖历史哲学观、民族观和审美观的世界主义。

让·保尔是胸襟开阔的世界主义者，其德意志情怀以世界主义为前提。他对德意志爱恨交加：爱其优秀文化，恨其落后的政治制度和黑暗鄙陋的社会现实。他对法国大革命的态度随着革命的发展态势而变化，他认为，“革命的开端是好的，真诚的，他后来把革命‘蜕变’的责任归咎于自私自利。”[4]

让·保尔的世界主义与正确认识拿破仑的历史作用分不开。他更多从历史

1 Duden 2001，952。

2 Borchmeyer 2017，85。

3 同上书，91。

4 Sprengel 1977，81。

进步角度看待拿破仑的历史地位和作用，认为拿破仑要整治欧洲的“社会困境”，将欧洲从封建社会推向资本主义社会，故相比之下，“拿破仑对德意志民族自治的威胁就成了微不足道的弊端。”“拿破仑代表客观秩序的开端，它是在资本主义中完全形成的内容的雏形”[1]。拿破仑 1804 年 5 月 18 日称帝后不久，让·保尔致信友人时称自己并不“憎恨波拿巴”，但他“鄙视大革命的结局”，憎恨雅各宾派的残暴统治，“在意识形态上”靠近温和的“吉伦特派”（*JP Briefe*，4，334）。

他本指望德意志在波拿巴的庇护下结成联盟，享受长期和平，迎来对抗封建社会的新机遇。即便严酷现实令他深感失望，他仍恪守世界主义：

> 莱茵联盟各国改革陷入半途而废中，而法国遥遥无期地持续其占领战争并践踏德意志的民族利益，这时他才作为政论家和讽刺作家接受了反对异族统治的斗争，只不过他在这方面有别于阿恩特和费希特：他具有与启蒙更强的亲和性，其幽默和世界公民意识阻止他发出好斗的沙文主义的声音，他还更重视民族自由，在未来解放的祖国才能获得这种民族自由。[2]

让·保尔内心憧憬更自由的国家。他在许多作品中认明世界主义，始终秉承“启蒙思想的社会批评传统”[3] 批评德国的弊端。

9.4.2 《致德意志的和平布道》中的世界主义和德意志情怀

让·保尔的世界主义源于其人性和博爱思想。卢梭与赫尔德对其世界主义影响尤大，卢梭使他渴望“自然的黄金时代”，赫尔德向他传授“涵盖世界的、温暖热心的仁爱这种博爱思想。”他结合二人的思想与“个人豁达的人性”，而这不愿受“国家界限”束缚的人性“导致理想的四海皆兄弟的世界大同思想，一种世界主义。”[4]

他尤视各民族的和睦和消除战争为神圣的，理性地希望依靠拿破仑的庇护，

1　Helms 1970，101。

2　Harich 1974，125。

3　Brenner 2004，118。

4　Marcus 1919，29。

实现德意志政治体制的现代化。他在《致德国的和平布道》中表示，“支持《拿破仑法典》统治下的世界主义的欧洲”[1]。他希望，拿破仑作为“欧洲的当权者或全能的救世主”能使欧洲各民族“彼此更接近”。他憧憬“不远的将来”呈现“世界公民的前景”。他希望，德意志会繁荣诗艺，诗人能在新时代有用武之地，德意志和“已麻木的欧洲”“获得重生。”（I/5，915）

让·保尔拥护莱茵联盟，并将《致德国的和平布道》献给盟主达尔贝格，因为后者有恩于他，曾于1809年起给他终身养老金年金。从1810年起，巴伐利亚国王马克西米利安一世继续支付他养老金。但其献词被图书审查部门删除。他在文中论及德国人的爱国心和德意志情怀：“德国人现在比以往任何时候都更爱德国人中的德意志特征。”（I/5，885）

他认为，德意志中小王侯国应建立联邦，在拿破仑保护的“王侯联盟”即莱茵联盟框架内摆脱普奥，实现自我解放。它们缺乏凝聚力，“俨然分开的若干社会岛屿……而非在一个层面上的美丽联盟，或者由拿破仑和长期的和平保护的封侯联盟。德国人已远落后于其热情似火的战胜者。”（I/5，886）他指出德国人的世界主义倾向：“我们面向世界的（weltseitig）德国人早已与所有民族进行精神交流。”（I/5，888）他认为，德意志和法兰西都是伟大民族，不应对抗。他提出其世界主义的观点：

> 所有民族实施精神的共同财产——正如法国人是陆地的主人一样，英国人是更大的海洋的主人，而我们是这二者的主人，还是包含万有的空气的主人——因此，我们作为各个脆弱民族的联结手段，就像犹太人、耶稣会士、铁和分享我们的忠诚的动物一样，被播撒到所有国家。（I/5，889）

海涅在讽刺长诗《德国，一个冬天的童话》将上述引文改写成颇为嘲讽的韵文：

> 陆地属于法国人和俄国人，
> 海洋属于英国人，

1 Langner 2013，396。

我们却在梦里的空中王国
毫无争议地拥有统治权。
在这里，我们行使统治权，
在这里，我们没有被肢解得支离破碎；
其他民族已经
在平坦的大地上发展——[1]

马恩在《德意志意识形态》中引用海涅的上述诗句，旨在嘲讽德国人的“世界主义”。他们断言，该世界主义归因于他们缺乏民族意识：在 18 世纪末，德国完全落后于英法，“软弱无力的德国市民”徒有“献弱、受压迫和贫乏”的特征，他们落后、偏狭、一盘散沙：

他们的小眼小孔的地方利益始终不能发展成为一个阶级的共同的民族利益，因此他们经常遭到所有其他民族的资产阶级的剥削。与这种小眼小孔的地方利益相适应的，一方面是德国市民的现实的地方的、省区的偏狭性，另一方面是他们的世界主义的自夸。[2]

马恩试图揭开德国 19 世纪早期市民阶层的世界主义的面纱。他认为，早期市民阶层“世界主义的自夸”源于自身的软弱和缺乏民族意识。马恩显然未读过海涅所依据的让·保尔的文本，“否则他们会觉得，让·保尔的此番说法是对的”，因为他们没有看到，让·保尔在这几句话后面总结了“德国人像犹太人一样散居世界各地的宿命”[3]。让·保尔更同情德国人在世界格局中的劣势，惋惜德国人缺乏统一的国家政体和支离破碎的状况。他从世界主义出发，认识到德意志民族的羸弱，但他同时也充分洞察德意志民族的优势，海涅不过正话反说而已。

让·保尔对“新制度”寄予希望，因为它是“解药而非毒药”（I/5，885）。他主张，只有德法的文化融合才能给德意志带来内在的和平。法国“受拿破仑的保护和照耀。”拿破仑作为伟大的统治者“拟人化地代表自由或整个祖国，他用精神实现世界，豪杰的世界。”拿破仑“拯救最后的德国人，打造其他德国人。”

1　Heine 1985，106。

2　马克思、恩格斯 1972，212。

3　Borchmeyer 2017，77。

（I/5，884）让·保尔尊奉拿破仑为欧洲救世主，该世界主义使他招惹非议。德国人都催促他“支持德意志民粹思想，为普奥联军的胜利摇旗呐喊。”[1]德国当时有名的民粹代表阿恩特（Arndt）气急败坏地指责他是“软骨头”：

著名的让·保尔就是这些人中的第一个：罪恶的软骨头、人类力量的剪断神经者、心灵最内在的神圣之地的解剖者、沉闷的掘墓人。他以无度毁坏美，超过适度和平静界限地引诱人类情志的感受和渴望：他是危险人物，通过持续的炽热和高度的教养与智慧以及真正的众神闪电。然而，他是道德败坏的引诱者和毒害者，所有丰富形象和男性特征都因为他而必将毁灭于屈从他的人。[2]

汉堡编剧和批评家莱恩霍尔德（Reinhold）为他鸣不平，强调其宽厚之心与狭隘的民粹构成反差，让·保尔有“柔软的、孩子般的心”，“心胸狭窄的时代无法达到”其心灵的高度，他被“同时代人误判、误解（甚或根本不被理解），而且被毫无尊严地对待。”所以他得出结论：让·保尔“提前出生了几个世纪。”[3]

让·保尔胸襟宽广的世界主义彰显其前瞻意识和远见卓识，当然无法被狭隘的民粹主义者理解和包容。

9.4.3 《德意志的黎明》中的世界主义：各民族共同成长

让·保尔在《德意志的黎明》中用格言形式反思 1809 年的政治形势。他流露出宿命论的观点，认为不可能由迄今为止的历史产生有意义、有秩序、神性的原则。从历史哲学角度看，他是满怀希望的悲观主义者，他认为，偶然性在历史上发挥重要作用。

他阐释世界历史的方式颇受赫尔德常用的概念“转世重生”（Palingenesie）影响。后者创新地运用追溯到古希腊斯多亚学派的原则“转世重生”，即关于宇宙万物循环消解、又重新产生的学说。其创新体现在，使用“转世重生”概念时常描绘“焕发青春”（Verjüngung）的主题，旨在强调，除革命外，还有通过进

1 Langner 2013，396–398。

2 Arndt 1980，71。

3 同上书，62。

化求得社会发展的可能性，说明个体和社会都可焕发青春。在其影响下，荷尔德林也借用大自然四季轮回的现象理解人类社会的新旧更迭，演绎“焕发青春”和“转世重生”的主题。

让·保尔谙熟赫尔德著作及其思想精髓，与他结下深厚友谊。在《德意志的黎明》第一部分“论历史和生命中的神”中，他依据赫尔德的“转世重生”原则，论述永恒之神在世界历史三种形式中的第一种形式，并指出，“赫尔德最优美地描绘”这位永恒之神，“他作为各民族的司法秩序和救世秩序出现。”“物质世界的所有法则都被运用到自由世界上，以治愈、赐福和惩罚的方式。”（I/5，924）他用树木生长和四季轮回比喻世界历史的运行：“世界按照物质法则运行，据此，人类和国家就像树木一样强大、繁荣、树叶飘零，最终树干都干枯变空。恰恰这种往复的消沉赋予人类历史哀伤无奈的景象。”他总结道：“冬天就是浓缩的死亡；春天就是浓缩的生命。”（I/5，925）他认为，“每个民族繁荣和凋谢的画面并不完整，因为任何民族都可能今天同时繁盛，含苞欲放，硕果累累又凋谢，明天又鲜花盛开。但任何民族都依赖其他民族。”他以法德的历史进程说明历史规律：“高潮和低谷彼此更迭出现。”（I/5，926）

让·保尔区分民族历史和国家历史，指出一个常见错误：“人们将国家的过去或时代的运行运用到各民族自身上。但各民族总是焕发青春地在其国家的坟冢上萌发新芽。”他举例说，中世纪的意大利人后来重新焕发希腊人的青春。他又用树木的生长比喻国家和民族由盛到衰、又由衰转盛的循环往复：“你们怎么能进入人类创造即国家和神圣的各民族本身这循环沉沦的圆形的死亡舞蹈中呢？在国家和民族中，恰恰只有这种循环往复：它们在无法凋谢的树干上，在被砍掉的树干上又长出新的、充满生机活力的碧绿树枝。”“各民族在其国家的坟冢上生长，进入新区域。”（I/5，927）

他主张所有民族共同成长：“我们地球上的所有民族必须在共同的教育中比肩而立，以免粗俗的民族起肢解作用地混入接受过教育的民族。”在英国道德哲学的影响下，他强调道德精神对于治国理政者和改变世界者的重要性：“每个道德精神的目的”（I/5，923）都会影响国家命运和历史进程。只有“精神强者”才能通过其“道德精神的超强能力”（I/5，931）改变世界。从道德角度分析时局，剖析世界历史趋势，这成为其政论文的一大特色。

他还在《黑斯佩鲁斯》的重要短文《论人类历史的沙漠和应许之地》中表述其世界主义的观点："地球上的所有民族仍必须被浇铸在一起，并且在共同的发酵中被提纯，倘若这个生命的雾霭应变得澄明。"（I/1，869）他还提及"转世重生"的概念，区分各民族的命运与自然生物的不同：

> 太阳有日食，正如月亮有月食一样，就好比一朵花有花开花落，但也有其转世重生和新的生命。唯独在人类历史上有一种永远改变的必要性；然而，在此只有上升和下降的符号，没有高峰；……没有民族和时代会重来；在物质世界中一切都必须循环往复。各个民族在某个特定的阶段、在某个脆弱的环节跌倒，这仅仅是偶然的，而非必然。（I/1，871）

在他看来，大自然的荣枯周而复始、循环往复是必然，属于自然规律；相反，人类的兴衰和民族的命运充满偶然性，某个特定历史时期不可复制。

《德意志黎明》的另一特点是，他依据人口预测讽刺地评价国家政治。在与法国大革命的内在联系中，其讽刺的描绘变成反对贵族的政治斗争手段。该政论文提醒读者关注社会流弊，其讽刺手法有助于"启蒙"计划，还超出启蒙时期的诱因[1]。

9.4.4 《战神与太阳神的王位更迭》中的世界主义立场

该文是让·保尔为《晨报》（*Morgenblatt*）撰写的脸谱化的作品，表达更高的世界主义立场。

他以幽默作家的身份居高临下地嘲笑世界，他用异教众神的快乐召唤回应以下现象：大多浪漫派作家皈依基督教，并推崇和美化基督教在中世纪的高度发展。政治演说家和宫廷画师在描绘已加冕的国王时总愿使用异教的众神。在宫廷舞会上，作家让战神马尔斯登场，由他的宫廷愚人陪同。

该宫廷愚人给他端上小凳子当御座："他的衣服用所有欧洲制服上手指那么

1　Ressel 2014，138。

长的小衣服艺术地缝制而成，由此变得足够色彩斑斓。”这位好战的愚人并没戴作战用的头盔，而是戴着插满高卢雄鸡羽毛的帽子。“人们以此描绘魔鬼。”代表美艺术的太阳神从大厅的另一扇门走进来，他也由其宫廷愚人陪同。这两个愚人都戴着“硕大的星章，但它们不是用纸币而是用真正的金箔做的。太阳神的宫廷愚人用他的星章盖住了胸部和肚脐，耀眼的光芒投射到后背上。”（I/5，1048）太阳神的宫廷愚人也“给太阳神搬来御座，但是更矮。”（I/5，1047）战神马尔斯告诉在场的人，他已拯救欧罗巴，现在把王位交给其弟太阳神。战神的愚人说：“欧罗巴很受感动。”“倘若没有您，少妇欧罗巴就成寡妇了，仿佛一直是关于波拿巴的喜剧。主人，您荣耀地统治一年，请您允许我向德国的议员先生们呈上这一年的政治预算。”（I/5，1049）

作家在该文中呈现拿破仑称帝到 1814 年欧洲十年狂欢节式的历史画卷：拿破仑战争、图书审查、压制市民自由等画面倏忽而过。他讽刺德国被法国占领期间可笑而严苛的图书审查制度，当局生怕有不当言论像火一样蔓延。当时畸形的政治哲学跃然纸上：

纸上的政治哲学就像马厩里的纸灯笼一样，要避免有任何火蹿出。被占领的德国仿佛一座被占领的城市，在这里，人们用马粪堵上所有窗户。但假如有人点灯，马上就有一个或者另一个图书审查官员开始洗灯，就像把黑人洗白一样，直到灯吹灭，变得一片漆黑。（I/5，1054）

他无奈地嘲讽德国人的不幸命运，这与罗马昔日的荣耀形成强烈反差：“像罗马这样伟大的民族在众神殿堂只有两个神即战神和维纳斯神……单纯的德国人只需某种不幸，为了显示更多的荣耀和力量。”（I/5，1062）他希望法兰西这个“新的民族”、“伟大的民族”能通过“崇高的战争”带领欧洲走向和平与神圣的联盟，消除战争阴霾：“在欧洲的上方出现和平的彩虹，这彩虹召唤一种神圣的联盟标志，世界的平静。”（I/5，1067）

他还为拿破仑战争辩解，称之为“世界主义的战争”：

这场世界主义的战争为了自由的重生而联合统一几乎世界一部分王侯和民族，并非为了占领，而是为了联合被占领者，并使之欢

> 欣鼓舞。在这场世界主义的战争中，思想的道德权力根据一个目标，平衡地调整武器的不同权力。在狂野的暴风雨下，屈从的民族和王侯在哪里飞升？难道德国的御座不是作为过去的墓碑矗立在那里吗？被钉在十字架上的自由被埋葬在墓碑下面。自由以复活的方式击倒墓碑的看护人，并赶走他们的门徒。（I/5，1041）

让·保尔认为，拿破仑发动的“世界主义的战争”会埋葬德意志的旧制度，换来自由的新世界。他准确地预言欧洲历史的瞬息万变：“我们世纪的世界戏剧反正就像罗马的圆形剧场，可以如此旋转。人们可在期间观看的那些舞台幕墙匆忙混乱地相互推动，致使人们在一个月内做出判断都不算快，假如该判断不应假造下一个判断。”[1]

他从世界主义的立场出发断言，从法国大革命到拿破仑倒台，法国在这期间经历的政治危机意味着一种惩罚，即惩罚法国“充满敌意地同各民族的历史发展决裂。”[2]

9.4.5 《政治的斋期布道》：世界大同思想

让·保尔 1816 年在该作前言中总结自己政论文的主题都是“希望”：“希望”“贯穿我所有政论文。”他称希望是陪伴他度过那段风云变幻时期“天意的发言人和担保人”（I/5，1072），希望是“各国不幸中的希望”，而幸运就是“崇高的自由”。希望“好比梦幻，根据康德的观点，梦幻作为精神活动，必须在睡眠中持续煽动，推动人生。”他谈及德国的不幸时期，同时提及康德的观点。他显然接受康德哲学的自由观。他对“希望女神”的坚信更多来自基督教的救世故事，即他相信神性和基督教的救赎作用：“人们过于频繁地健忘和绝望：否则他们就会发现，伟大的世界运行的神圣法则往往会比丰富的政治知识更轻松地预言未来；而一位虔诚的诗人会成为比所有内阁冷漠的了解者更好的预言家。”（I/5，1073）针对德国的具体状况，他用基督教的救世历史阐释世界历史的运行，该阐

1 Jean Paul 2000，424–425。

2 Wirth 1847，11。

释法“在启蒙运动的历史哲学中或多或少得到表达。”[1]

他继而解释其政论文标题中“斋期”和“布道”的含义：“因为那些政论文写于在德国真正的斋期期间，”当时德国迫切需要“精神布道”：“那时不允许我们享受太多书籍、自由演说、舞蹈和心灵的音乐，而是让我们只局限于对痛苦的观察。”（I/5，1073）其弦外之音是，德国当时太缺乏论述自由、平等和博爱等法国大革命理想的书籍，高压的审查制度限制言论自由，人们只能忍受那时的痛苦，因此“斋期”影射德国和欧洲的精神斋期，指限制精神自由的时期。他还用“复活节”和“新生儿”（I/5，1074）喻指德国的希望，“没有哪个民族像德意志民族这样处于**诗艺、哲学和政治**构成的战斗中。我们周围的其他民族平静地处于令人满意的统一、虚弱地流血而死或自私自利的冷漠中。”他指出德国的分裂状态：“德国是由许多小民族组成的民族，一个小帮林立的国家。”（I/5，1077）

他认为，德国人适合走“中庸之道”。德国人与基督教有密切联系：“我们在气候、精神和心灵等所有方面的中间状态适合美德和基督教都要求的中庸之道。”他认为，德国是“国家联盟，有君主制的躯体和民主的精神。”（I/5，1085）他形象地比喻德法两国的政体：“德国就像一大片有很多树枝的灌木丛。但每个想走过去的人都弄弯并踩踏这片灌木丛。法国是树干，人们无法踩倒或折断它。法国甚至变成印度的藤本树[2]，将其枝干又沉入泥土，变成根，抽枝发芽，长成树梢，既有很多树枝，又有很多树干。”（I/5，1086）

他调侃，德国分裂成若干小王侯国的好处是，真相不易被掩盖：因为德国的“小王侯国因支离破碎变成自由的、相互的反对党，以至于一个王侯很容易从其邻国的书中获得真相，尽管他出于多种原因，不愿让臣民说出真相。”（I/5，1087）

让 · 保尔也与荷尔德林一样呼吁“大同精神”（Gemeingeist），“自我牺牲、尊重思想和人权”，这些都会唤醒并加强“大同精神”（I/5，1147）。他认为，在“目前的君主制中，”只有“王侯自己”能“唤醒、加强和巩固大同精神”（I/5，

1　Ueding 1993，93。

2　比如有气根的榕树。

1148)。他希望，王侯通过立宪制，促进民族的“大同意识”(Gemeinsinn):

在民众中必须首先形成公开的精神、伟大的大同意识。方法是满足该大同意识。人们通过拥有至高，才能认识至高，而且必须向善，为了真正热爱善。……在一个更大的王国中，新闻出版几乎取代国家的各个等级，新闻媒体而非别的，是自由、完整和被挑选的。这样，民众不仅爱戴王侯个人，还爱宪法，民众将学会在享受普遍权利的过程中寻觅幸福。(I/5，1191)

人民的幸福而非刀光剑影换来的凯旋才会成就王侯的历史功名。他提醒众王侯，重视提高人民的地位，因为，“将来包围你们的不是被压迫的人民，而是被提升的人民”，“只有人民才会把你们描绘成伟大的历史人物。使你们光耀千秋的不是用刀剑换来的熠熠生辉的胜利，亦非用羽毛笔签字换来的国家利益。”(I/5，1191)这彰显了让·保尔彻底的民主意识。

在该文最后，他仍强调对未来充满希望：“作者又以希望和前景结束《政治的斋期布道》……现在的希望会更容易实现。现在起雾了，雾作为露珠藏身于花朵中。清晨初升的太阳悬在群山后，开始照耀那片红彤彤的朝霞。”(I/5，1193)他用诗艺的优美语言表达对未来美好社会的憧憬和向往。其政论文的创作动机本来就是“保持对未来的希望，说出对现今的安慰。”但拿破仑时代后的复辟时期葬送了其美好愿景，其“所有希望都遭到普遍的复辟最无耻地反驳”[1]。

综上，让·保尔颇受道德哲学影响，因此道德在其政论文中权重很大。他划分“美德联盟”和“恶习联盟”两个概念，德意志民族是“没有能力结成恶习联盟的民族，”它是“有上千年历史的德意志的美德联盟。”(I/5，1187)

让·保尔的德意志情怀以世界主义为前提。其世界主义的鲜明特征体现在，客观而又不乏理想主义地看待拿破仑的历史作用。他视拿破仑为自由斗士和德意志乃至欧洲的救世主，会所向披靡地埋葬旧制度，换来欧洲自由、统一、和睦的新世界。他摒弃民族偏见地期盼世界各民族的共同成长、比肩而立，希望德意志能看到欧洲长期和平、消除战争的黎明曙光。他向往法国大革命自由、平等、

1 Lindner 1970，113–114。

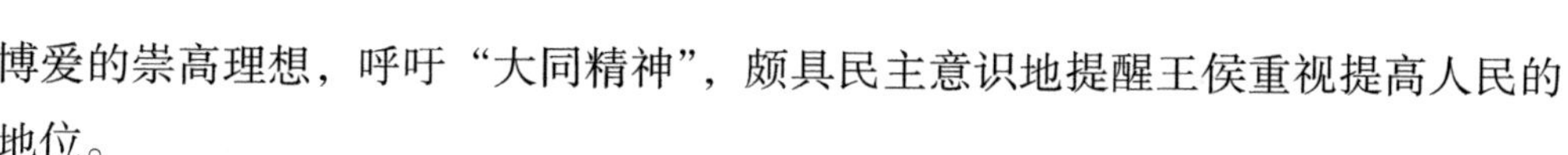

博爱的崇高理想，呼吁“大同精神”，颇具民主意识地提醒王侯重视提高人民的地位。

总之，让·保尔颇有政治远见的世界主义和博大胸襟遭到狭隘的民粹主义者的诟病甚至辱骂和诋毁，难怪有人称他提前出生了几个世纪。

世界主义与民粹思想的博弈是历久弥新的话题，它在当今世界舞台上仍具有现实意义，因为民粹思想在世界各地都有所抬头。德意志精神史上这两股势力的博弈对此仍具有警示作用。

结　语

让·保尔以幽默为文学创作的主要原则，其独树一帜的幽默写作风格深得自古希腊以降西方底蕴深厚的精神源流滋养；其幽默叙事经历不断丰富完善的动态发展过程。他从早期作品《赞美愚蠢》、《格陵兰的诉讼案》和《魔鬼文件选读》单一抽象的讽刺挖苦、脸谱化的道德说教向结合幽默、讽刺和重感风格的转变。其早期作品侧重讽刺，后来的长篇小说以幽默风格为主，并以讽刺丰富幽默。

本书全方位研究让·保尔主要作品的幽默写作风格和相关主题，并在缜密深入的文本分析基础上，提炼其幽默诗学观，总结他对启蒙思想和德国批判哲学的辩证理解，厘清其重感倾向、宗教观、道德观、历史哲学观和以世界主义为特征的民族观。

他精辟概括古希腊诗人的客观性、美的理想、乐天宁静、高扬人性和诗艺蕴含道德精神。但他惋惜古希腊诗人不擅长个性化地演绎滑稽。他反对以古希腊形式为现代文学创作原则，因为古希腊人以感性世界为特征的诗艺理想不能解决现代问题。他汲取古典文学与浪漫文学的精髓，用形而上的方法，将当时被贬低为恶俗的幽默提升到哲学高度。但这两个流派的代表都不太懂让·保尔的幽默。

本书重点分析让·保尔毕生追求的感性与理性的平衡，作为论证的重要基础和理念。他一直追求感性与理性、灵与肉、内在与外在等多种矛盾的对立统一。他接受普拉特纳关于肉体与灵魂和谐统一并相互作用的实用人类学理念，因而他努力规避两种极端：过度强调理性或过于张扬情感。他想依据哈曼、赫尔德与雅可比捍卫情感与神性的立场，弥补德国批判哲学的不足。其文学书写始于认同启蒙思想。他认真吸纳启蒙理性和德国批判哲学的合理内核，但能洞悉其弊端：理性与自然异化，僭越理性与自然的界限，为追求精神而“去自然”，鄙视有限生命，追求无限。他竭力捍卫感性和神性，以对抗理性的强权。他用信仰和情感哲学、本体论、形而上等非理性手段反击唯理性独尊。他诟病康德哲学缺乏仁爱，揶揄费希特哲学蕴含的虚无主义危险：导致人疯癫乃至毁灭。

本书分析让·保尔从浪漫文学主观性出发界定的“幽默”，辨析“幽默”“滑稽”和“反讽”的共性与差异，概括其幽默的四个组成部分“整体性、否定的或无限的理念、主观性、感性”。其幽默特征为以小世界关联无限的大世界，这见诸其诗学观和人生观：纵使人生有再多磨难和坎坷也要笑对人生，从不放弃希望，哪怕笑中带泪。其幽默诗学更接近浪漫派诗学，在美学核心上“是浪漫诗艺的理论”，对黑格尔以后的美学影响颇大。让·保尔洞若观火，既看到事物悲观的一面，又对人类未来寄予希望。其幽默诗学观的精髓也就在于此。

他通过主观地演绎幽默，以幽默为媒介，超越有限的客观现实世界，进入将尘世神化的神性与诗艺世界。他借鉴作为浪漫文学基础的基督教关于现世与来世的二元对立，构建“第一个世界”与“第二个世界”对立的美学范式。“第二个世界”是有神性的诗艺宇宙，符合其美学的无限理念，具有主观性和内心性特征。它有别于其笔下幽默人物鄙视的狭隘、平庸且有限的日常现实世界，即“第一个世界”。强调诗艺世界与平庸的现实世界二元对立的美学范式契合早期浪漫派作家的诗学观。但其幽默也有写实特征，他见微知著地描写现实生活中最细微之处。其创作的核心问题是：在人生真实的形式中实现幽默。他以浪漫文学的方式超越尘世大地升华，旨在以写实方式更强有力地返回现实。

他以脱离文本核心主题或基本情节的“离题”拒绝启蒙理性的历史进步观要求的线性叙事。他有意以斜生旁枝的离题手法扰乱线性叙事，延宕叙事，最终以诗艺抗拒死亡。其离题叙事保留叙事和诗艺的内在统一性，即隐匿歌德所称的诗艺的统一，服务于其诗艺整体。

让·保尔以美德为基础的道德观赞同康德美德与幸福构成二律背反的观点，也赞同卢梭区分美德与私利的主张，反对哈奇森等人计算美德益处的功利主义美德观。他洞悉康德道德学说的缺陷：片面强调理性、轻视人类情感导致冷漠。其道德观的三个核心范畴“美德”、“崇高的人”和“仁爱”的内涵日益丰富完善。

他强调“美德”对个性完善和人类整体发展的重要性。“崇高的人”追求真善美和感性与理性的平衡，越尘世地升华到具有神性的崇高境界。

作为历史哲学家，他是充满希望的悲观主义者。他对人类未来充满希望，坚信人类有能力和希望日臻完善。但他强调历史发展的偶然性，人类历史的发展只有升降沉浮，却无高峰、重复和复归。他反对历史循环论，即套用自然循环往复的运行特点理解人类历史发展。他反对康德从目的论角度阐释人类历史发展，因为自然与人有本质区别。他倡导有约束性的进步观，反对以牺牲个体为代价地实现历史进步。

本书重点分析《齐本凯斯》和《泰坦神》中的双影人主题透视的现代危机。双影人齐本凯斯与其挚友莱普盖伯构成小说情节设定、结构布局和人物设置的特点。这对双影人互补的性格特征及其友谊的丰富内涵都增添了幽默色彩。莱普盖伯还出现在《泰坦神》中作为费希特的追随者与费希特构成精神层面的双影人。

让·保尔的政论文《致德意志的和平布道》、《德意志的黎明》、《战神与太阳神的王位更迭》和《政治的斋期布道》体现以世界主义为前提的民族观。启蒙思想、人性理想和博爱思想是其世界主义的思想基础。他恪守以世界主义为前提的、包容性的民族观。他更多从历史进步的角度看待拿破仑的历史作用，他希冀拿破仑能拯救德国，使之摆脱分裂落后的封建制度，向新时代迈进。他主张所有民族共同成长。他强调，只有道德精神的强者才能改变世界。

总之，本书跨越诗学、哲学、宗教、道德和历史领域，具有跨学科特点。本书作为国内首部专门研究让·保尔的学术专著，全景扫描式地细致分析其所有重要著作中的幽默叙事和各文本侧重的主题，旨在力求比较全面系统、公正客观地分析其文学文本，解读其时代历史语境，探究其“诗艺的百科全书”体现的幽默诗学观，并据此着重厘清作家对启蒙思想和德国批判哲学的辩证认识、重感倾向、宗教观、道德观、历史哲学观和民族观。

本书的创新意义和学术价值在于，依据翔实可靠的研究资料，全面缜密地分析让·保尔所有重要著作，提炼幽默叙事特点，继而在文本分析基础上探究从古希腊到让·保尔时代诸多巨擘的论著，呈现让·保尔研究史上鲜见的文本分析规模和跨学科特点。

参考文献

Primärliteratur（德文一级文献）

ARISTOTELES. Poetik [M]. Trans. a. ed, FUHRMANN M. Stuttgart: Philipp Reclam, 1994.

ARNDT M E. Briefe an Freunde: Jean Paul im Urteil seiner Kritiker. Dokumente zur Wirkungsgeschichte Jean Pauls in Deutschland [M]. Ed, SPRENGEL P. München: Carl Hanser Verlag, 1980.

BÖLL H. Frankfurter Vorlesungen [M]. München: dtv, 1968.

DÜRRENMATT F. Querfahrt//Turmbau, Stoffe Ⅳ–Ⅸ. Vol.29. Zürich: Diogenes Verlag AG, 1998.

ECKERMANN J P. Gespräche mit Goethe//GOETHE J W. Sämtliche Werke. Tagebücher, Briefe und Gespräche. Ed, APEL F. et al. Vol.39. Ed, MICHEL C. Frankfurt a. M.: Deutscher Klassiker Verlag, 1999.

ERASMUS von Rotterdam. Das Lob der Torheit//Ausgewählte Schriften. Ed. WELZIG W. Trans. SCHMIDT-DENGLER W. Vol.2. Darmstadt: Wissenschaftliche Buchgesellschaft, 1995.

FICHTE J G. Reden an die deutsche Nation//FICHTE J G. Gesamtausgabe der Bayerischen Akademie der Wissenschaften. Ed, LAUTH R. et al. Vol.10. Ed, LAUTH R. et al. Stuttgart-Bad Cannstadt: Friedrich Fromann Verlag, Günther Holzboog, 2005.

FREUD S. Der Witz und seine Beziehungen zum Unbewußten//FREUD S. Gesammelte Werke. Ed, FREUD A. et al. Vol Ⅵ. London: Imago Publishing Co. 1940.

GOETHE J W. Der Chinese in Rom; Xenien//GOETHE J W. Sämtliche Werke. Briefe, Tagebücher und Gespräche. Ed, APEL F. et al, Vol.1. Ed, EIBL K. Frankfurt a. M.: Deutscher Klassiker Verlag, 1987.

GOETHE J W. West-östlicher Divan. Vol.3/I. Ed, BIRUS H, 1994.

GOETHE J W. Faust. Eine Tragödie. Vol.7/1. Ed, SCHÖNE A, 1999.

GOETHE J W. Die Leiden des jungen Werthers. Vol.8. Ed. WIETHÖLTER W. 1994.

GOETHE J W. Maximen und Reflexionen. Vol.13. FRICKE H, 1993.

GOETHE J W. Brief an Schiller am 15. Dez. 1795; Brief an Zelter am 30. Oktober 1808. Bd.31. Ed, von EIBL K, 1998.

GÖRRES J. von. Gesammelte Schriften. Ed, JUST L. Vol.Ⅳ. Geistesgeschichtliche und literarische Schriften. Padeborn/Wien\Schöningh, 1955.

GOTTSCHED J C. Versuch einer critischen Dichtkunst [M]. Leipzig, 1751.

HAMANN J G. Sokratische Denkwürdigkiten. Für die lange Weile des Publikums. Zusammengetragen von einem Liebhaber der langen Weile [M]. Amsterdam, 1759.

HAMANN J G. Aesthetica in nuce. Eine Rhapsodie in Kabbalistischer Prose. https://www. projekt-gutenberg. org/hamann/aestnuce/aestnuee. htlm. 2020. 08. 13.

HEGEL G W F. Vorlesungen über die Ästhetik Ⅱ//HEGEL G W F. Werke. Vol.14. Ed, MOLDENHAUER E/MICHEL K M. Frankfurt a. M. 1986.

HEGEL G W F. Vorlesungen über die Ästhetik. Vol.I [M]. Frankfurt a. M.: Suhrkamp Verlag, 1970.

HEGEL G W F. Sämtliche Werke, Jubiläumsausgabe. Vol.8. Ed, GLOCKNER H. Stuttgart: Friedrich Frommans Verlag, 1964.

HEINE H. Deutschland, ein Wintermärchen//HEINE H. Historisch-kritische Gesamtausgabe der Werke. Düsseldorfer Ausgabe. Ed, WINDFUHR M. Vol.1/I. Ed, WOESLER W. Hamburg: Hoffmann und Campe Verlag, 1985.

HEINE H. Die Romantische Schule; Zur Geschichte der Religion. Vol.8/I. Ed,

WINDFUHR M, 1979.

HEINE H. Lutezia. Vol.13. Ed, HANSEN V, 1988.

HERDER J G. Ist die Schönheit des Körpers ein Bote von der Schönheit der Seele? Abhandlung über den Ursprung der Sprache//HERDER J G. Werke. Ed, BOLLACHER M et al. Vol.1. GAIER U. et al. Frankfurt a. M.: Deutscher Klassiker Verlag, 1985.

HERDER J G. Gott. Einige Gespräche; Nemesis; Zum Sinn der Gefühle. Vol.4. Ed, BRUMMACK J/BOLLACHER M, 1994.

HERDER J G. Ideen zur Philosophie der Geschichte der Menschheit. Vol.6. Ed, BRUMMACK J/BOLLACHER M, 1989.

HERDER J G. Briefe zu Beförderung der Humanität. Vol.7. Ed. IRMSCHER H. D, 1991.

HERDER J G. Thiton und Aurora. Vol.8. Ed, IRMSCHER H D, 1998.

HESSE H. Deutsche Erzähler; Künstler und Psychologie//Die Welt der Bücher. Betrachtungen und Aufsätze zur Literatur. Frankfurt a. M., 1977.

HORKHEIMER M./ADORNO T. Dialektik der Aufklärung. Philosophische Fragmente. Frankfurt a. M. 1988.

JACOBI F H. Eduard Allwills Papiere [J]. Teutscher Merkur. Nr. 4., 1776.

JACOBI F H. Eduard Alwill//JACOBI F H. Werke. Ed, GÖTZ C/JAESCHKE W Vol.6, 1. Hamburg: Felix Meiner Verlag, 2006.

JACOBI F H. David Hume über den Glauben oder Idealismus und Realismus [M]. Ulm: in der wohlerschen Buchhandlung, 1795.

JACOBI F H. Jacobi an Fichte [M]. Hamburg: bei Friedrich Perthes, 1799.

JEAN PAUL. Zeitbetrachtungen im Wonnenmonat Europas, im Mai 1814//JEAN PAUL. Sämtliche Werke. Ed, MILLER N/SCHMIDT-BIGGENMANN W. Vol.3. Jugendwerke und Vermischte Schriften. Darmstadt: Wissenschaftliche Buchgesellschaft, 2000.

KANT I. Kritik der Urteilskraft [M]. Ed, BUEK O. Berlin: Verlegt bei Bruno Cassirer,

1914.

MANN T. Miszellen. Das essayistische Werk [M]. Ed, BÜRGIN H. Frankfurt a. M., 1960.

MORITZ K P. Aussichten zu einer Experimentalseelenlehre;Versuch einer kleinen praktischen Kinderlogik//MORITZ KP. Werke. Vol.3, Erfahrung, Sprache, Denken. Ed, GÜNTHER H. Frankfurt a. M. 1981.

MORITZ K P. Anton Reiser. Ein psychologischer Roman [M]. Frankfurt a. M.: Insel-Verlag, 1984.

MORITZ K P. Anton Reiser. Ein psychologischer Roman//MORITZ K P. Werke. Ed, HOLLMER H/MEIER A. Vol.1. Frankfurt a. M.: Deutscher Klassiker Verlag, 1999.

NIETZSCHE F. Menschliches, Allzumenschliches//NIETZSCHE F. Werke. Kritische Gesamtausgabe. Ed, COLLI G/MONTINARI M. Vol.3. Berlin: Walter de Cruyter, 1967.

NOVALIS. Blütenstaubfragmente//Athennäum. Ed, SCHLEGEL A W/SCHLEGEL F. Vol.1. 1978.

NOVALIS. Vorarbeiten 1798//Werke, Tagebücher und Briefe HARDENBERGs F. von. Ed, MÄHL H-J. Vol.2. München/Wien: Carl Hanser Verlag, 2004.

PLATNER E. Anthropologie für Ärzte und Weltweise [M]. Hildesheim/Zürich/New York: Olms, 1998.

PLATNER E. Vorrede zu. *Anthropologie für Ärzte und Weltweise*. Leipzig 1772: XV–XⅦ.

PLATON. Phaidros//PLATON Werke. Ed, EIGLER G. Trans, SCHLEIERMACHER F. Darmstadt: Wissenschaftliche Buchgesellschaft, 1983.

RUGE A. Neue Vorschule der Ästhetik. Das Komische mit einem komischen Anhange [M]. Hildesheim/New York, 1975.

SHAFTESBURY A.A.C. 3rd. Earl of. An Essay on the freedom of wit and humour (1709). In a letter to a friend//Standard Edition. Ed, BENDA W. et al. Vol.3.

Aesthetics. Stuttgart: fromman-holzboog, 1992.

SCHILLER F. Über die Ästhetische Erziehung des Menschen; Über Anmut und Würde//Schiller Werke und Briefe in 12 Bänden. Ed, DANN O. et al. Vol.8, Ed, JANZ R-P., Frankfurt a.m.: Deutscher Klassiker Verlag, 1992.

SCHILLER F. Brief an Goethe am 28. Juni. 1796. Vol.12., 2002.

SCHILLER F. Briefe eines reisenden Dänen. Der Antikensaal zu Mannheim// SCHILLER F. Sämtliche Werke in 5 Bänden. Vol.V: Erzählungen und theoretische Schriften. München: Hanser, 2004.

SCHLEGEL F. Kritische Schriften [M]. Ed, RASCHA W. München, 1970.

SCHLEGEL F. Athenäum-Fragment. Nr. 216, Rede über die Mythologie//Kritische Friedrich-Schlegel-Ausgabe. Ed, BEHLER E. Vol.2. Charakteristiken und Kritiken. Ed, EICHNER H. Paderborn/München/Wien: Verlag Ferdinand Schönigh, 1967.

SCHOPENHAUER A. Parerga und Paralipomena//SCHOPENHAUER A. Sämtliche Werke. Ed, GRISIEBACH E. Vol.5. Leipzig: Philipp Reclam jun., 1892.

SOGLER K.W.F. Vier Gespräche über das Schöne und die Kunst [M]. Berlin: Realschulbuchhandlung, 1815.

TIECK L. Brief an Solger am 29. Juli 1816//SOGLER K.W.F. s nachgelassene Schriften und Briefwechsel. Ed, SOGLER K.W.F. Leipzig: Brockhaus, 1826.

VISCHER F.T. Eine Schrift über Jean Paul//F VISCHER F.T. Kritische Gänge. Ed, VISCHER R. Vol.2. Leipzig: Verlag der Weissen Bücher, 1914.

VISCHER F.T. Ästhetik oder Wissenschaft des Schönen. Vol.2 [M]. Ed, VISCHER R. Hildesheim/New York: Olms, 1975.

WIELAND C M. Geschichte des Agathon//WIELANDS C.M. sämmtliche Werke. Vol.6. Leipzig: Göschen, 1853.

Sekundärliteratur（德语二级文献）

BAACKE D. Vehikel und Narrenschiff der Seele. Zu Jean Pauls Abschweifungen und Digressionen: Text+Kritik. Sonderband Jean Paul [C]. Ed, ARNOLD H L.

München: Richard Boorberg Verlag, 1970: 26–43.

BASKE J. Zum Humor bei Jean Paul [M]. Wehlau: G. Beschke Nachfolger, 1887.

BEREND E. Jean Pauls Ästhetik [M]. Berlin: Alexander Duncker, 1909.

BEREND E. Jean Pauls Bibliographie [M]. Neu bearbeitet und ergänzt von KROGOLL J. Stuttgart: Ernst Klett Verlag, 1963.

BEREND E.(Ed.). Jean Pauls Persönlichkeit in Berichten der Zeitgenossen [M]. Berlin: Akademie-verlag/Weimar: Böhlau, 1956.

BERGER K. Der schöpferische Humor [M]. Weimar: Verlag Hermann Böhlaus Nachf, 1939.

BERGENGRUEN M. Pol und Gegenpol eines Magneten-Zwei Studien zu Jean Pauls Konzept der Doppelautorschaft in *Siebenkäs, Flegeljahren* und *Komet* [J]. JbJPG. 2010(45): 45–79.

BERGENGRUEN M. Schöne Seelen, groteske Körper. Jean Pauls ästhetische Dynamisierung der Antropologie [M]. Hamburg: Meiner, 2003.

BEST O.F. Das Groteske in der Dichtung [M]. Darmstadt: Wissenschaftliche Buchgesellschaft, 1980.

BEUTIN W. et al (Ed.). Deutsche Literaturgeschichte. Von den Anfängen bis zur Gegenwart [M]. Stuttgart/Weimar: J.B. Metzler Verlag, 2013.

BIRUS H. Der Metephoriker Jean Paul [J]. JbJPG. 1987(22): 41–66.

BIRUS H. Vergleichung. Goethes Einführung in die Schreibweise Jean Pauls [M]. Stuttgart: J.B. Metzler Verlag, 1986.

BÖHLER M. Jean Paul oder die Krise der Kunst [J]. JbJPG. 1979(14): 97–110.

BORCHEMEYER D. Weimarer Klassik. Portrait einer Epoche [M]. Weihheim: Beltz Athenäum, 1994.

BORCHEMEYER D. Was ist Deutsch? — Die Suche einer Nation nach sich selbst [M]. Berlin: Rowohlt, 2017.

BÖSCHENSTEIN B. Studien zur Dichtung des Absoluten [M]. Zürich: Atlantis Verlag, 1968.

BÖSCHENSTEIN B. Günter Grass als Nachfolger Jean Pauls und Döblins [J]. JbJPG. 1971(6): 86–101.

BÖSCHENSTEIN B. Leibgeber und die Metapher der Hülle: Text+Kritik. Sonderband Jean Paul. [C]. Ed. ARNOLD H L. München: Richard Boorberg Verlag, 1974: 44–48.

BRENNER P J. Neue deutsche Literaturgeschichte [M]. Tübingen: Max Niemeyer Verlag, 2004.

BUSCHENDORF B. Jean Pauls *Selina*-Ein jakobini-platonisches Enkomion auf die Unsterblichkeit der Seele [J]. JbJPG. 2007(42): 23–66.

CAMBI F. Witz, Humor und das Komische in der Ästhetik und im Werk Jean Pauls: Satire-Ironie-Parodie. Aspekte des Komischen in der deutschen Sprache und Literatur [C]. Ed. AMANN K./KACK W. Innsbruck: university press, 2016: 17–25.

CHAMBERLAIN T. Alphabet und Erzählung in der *Clavis Fichtiana* und im *Leben Fibels* [J]. JbJPG. 1989(24): 75–92.

DANGEL-PELLOQUIM E. Proliferation und Verdichtung. Zwei Fassungen des *Siebenkäs*: Schrift-und Schreibspiele. Jean Pauls Arbeit am Text [C]. Ed. ESPAGNE G./ HELMREICH C. Würzburg: Königshausen&Neumann, 2002.

DETERING H. et al. Geschichte des deutschsprachigen Romans [M]. Ed, MEID V. Stuttgart: Philipp Reclam, 2013.

DÖRRIES M. Ent-Setzer Apotheker. Ein Naturwissenschaftler als Metapher in Jean Pauls *Komet* [J]. JbJPG. 1990(25): 61–73.

DURZAK M. Siebenkäs und Leibgeber. Die Personenkonstellation als Gestaltungsprinzip in Jean Pauls Roman *Siebenkäs* [J]. JbJPG. 1970(5): 124–138.

ECKENRODT S. Horizontale Himmelfahrt. Die optische Metaphorik der Unsterblichkeit in Jean Pauls *Komet* [J]. JbJPG. 2001(35/36): 267–292.

ENDRES J.(Ed.). Friedrich Schlegel Handbuch. Leben-Werk-Wirkung [C]. Stuttgart: J.B. Metzler Verlag, 2017.

ENDRES J. Der »Moral-Sense« bei Gellert, Lessing und Wieland. Zur Rezeption von

Shaftesbury und Hutcheson bei Gellert, Lessing und Wieland [M]. Heidelberg: Universitätsverlag C. Winter, 2001.

ESPAGNE G./HELMREICH C.(Ed.) Schrift-und Schreibspiele Jean Pauls Arbeit am Text [C]. Würzburg: Königshausen&Neumann, 2002.

ESSELBORN H. Dialektik der Aufklärung in Jean Pauls *Des Luftschiffer Giannozzo Seebuch* [J]. JbJPG. 2017(52): 99–116.

FERTIG L. Jean Paul und das moderne Berufsschriftstellertum [J]. JbJPG. 1989(24): 93–116.

FORHMANN J. Jean Pauls *Titan*. Eine Lektüre [J]. JbJPG. 1985(20): 7–32.

FRENZEL E. Motive der Weltliteratur [M]. Stuttgart: Alfred Kröner Verlag, 2008.

GAIER U. Mängel der Einbildungskraft als Gegenstände der Satire [J]. JbJPG. 2010(45): 3–19.

GOLZ J. Alltag und Öffentlichkeit in Jean Pauls *Siebenkäs* [J]. JbJPG. 1992(26/27): 169–182.

GOLZ J. Blicke Jean Pauls auf Schiller [J]. JbJPG. 2001(35/36): 238–250.

GOLZ J. Der Chinese in Rom-Jean Paul und die Weimarer Klassiker [J]. JbJPG. 2007(40): 3–22.

GÖTTSCHE D. Jean Paul und die kleine Prosa der Moderne [J]. JbJPG. 2014(48/49). pp. 85–98.

GRABERT W./MULOT A. Geschichte der deutschen Literatur [M]. München: Bayrischer Schulbuch-Verlag, 1968.

GRIMMINGER R. Die Ordnung, das Chaos und die Kunst [M]. Frankfurt a. M., 1986.

GRÖTZEBACH R. Humor und Satire bei Jean Paul. Exemplarische Untersuchungen mit besonderer Berücksichtigung seines Spätwerks [M]. Dissertation an der Freien Universität Berlin, 1966.

GRUNDMANN H. Deutsche Literaturgeschichte für Lehrer [M]. Stuttgart: Verlag Hans-Dieter Heinz. Akademischer Verlag, 2001.

HARICH W. Jean Pauls Revolutionsdichtung. Versuche einer neuen Deutung seiner

heroischen Romane [M]. Ed. MANTHEY J. Reinbek bei Hamburg: Rowohlt Taschenbuch Verlag, 1974.

HEDINGER-FRÖHNER D. Jean Paul. Der utopische Gehalt des *Hesperus* [M]. Bonn: Bouvier Verlag Herbert Grundmann, 1977.

HEIDSIECK A. Das Groteske und das Absurde im modernen Drama [M]. Stuttgart/Berlin/Köln/Mainz: Kohlhammer Verlag, 1969.

HEINZ J.(Ed.). Wieland-Handbuch. Leben-Werk-Wirkung [C]. Stuttgart/Weimar: Verlag J.B. Metzler, 2008.

HELMS H. G. Jean Paul, ein politischer Dichter: Text+Kritik. Sonderband. Jean Paul [C]. Ed. ARNOLD H L. München: Richard Boorberg Verlag, 1970: 98–102.

HERTLING K. Ein Antipode des Zeitgeschmacks: Jean Paul im Urteil seiner Kritiker. Dokumente mit Wirkungsgeschichte Jean Pauls in Deutschland [C]. Ed. SPRENGEL P. München: Verlag C.H. Beck, 1980.

HESSE S. „Mir (empirisch genommen) grauset vor mir (absolut genommen)" — Zur philosophischen Kritik und poetologischen Reflexion in Jean Pauls *Clavis Fichtiana* [J]. JbJPG. 2005(40): 107–149.

HESSE S. Das janusköpfige Ich. Jean Paul, Fichte und die Frühromantik [M]. Heidelberg: Winter, 2010.

HOLBEIN U. Ein Chinese in Rom. Jean Paul und Goethe: ein untendenziöses Doppelporträt [M]. Berlin: Haffmans & Tolkemitt, 2013.

HÖLLERER W. Aktualität von Jean Paul. Bayreuther Rede [J]. JbJPG. 1975(10): 9–28.

HÖLLERER W. Nachwort zu *Siebenkäs* und *Flegeljahre*//JEAN PAUL Sämtliche Werke. Ed. MILLER N.. Vol.2. München: Carl Hanser Verlag, 1999.

HÖLLERER W. Nachwort zu *Die unsichtbare Loge. Eine Lebensbeschreibung. Hesperus oder 45 Hundposttage.* Eine Lebensbeschreibung//JEAN PAUL Sämtliche Werke. Ed. MILLER N. Vol.1. München: Carl Hanser Verlag, 1960: 1313–1338.

HÖRHAMMER D. Humor//Ästhetische Grundbegriffe: historisches Wörterbuch. Ed.

BARCK K. Vol.3. Stuttgart: Metzler Verlag, 2001.

IMBODEN A. Der Diamant: Jean Pauls *Komet* als ein Dingtext [J]. JbJPG. 2019(54): 162–184.

JAPP U. Die narrative Instanz des Humoristen in *Dr. Katzenbergers Badereise* [J]. JbJPG. 2001(35/36): 293–304.

KIRCHHOFF A. Zur Verständigung über die Begriffe Nation und Nationalität [M]. Halle: Verlag der Buchhandlung des Waisenhausers, 1905.

JADWIGA K-H. Der Erzähler als Evangelist. Bibelphilologische Autorkonzepte in Jean Pauls Roman *Leben Fibels* [J]. JbJPG. 2014(50): 5–29.

KOHLHEIM V. Raum und Name in Jean Pauls Roman *Siebenkäs* [J]. JbJPG. 2014(50): 95–106.

KOLLER H C. Bilder, Bücher und Theater. Zur Konstituierung des Subjekts in Jean Pauls *Titan* [J]. JbJPG. 1986(21): 23–62.

KOMMERELL M. Jean Paul [M]. Frankfurt a. M.: Vittorio Klostermann, 1977.

KÖPKE W. Jean Pauls *Unsichtbare Loge* : Die Aufklärung des Lesers durch den "Anti-Roman" [J]. JbJPG. 1975(10): 49–67.

KÖPKE W. Agathons und Gustavs „Fall": Wieland-Spuren in Jean Pauls *Unsichtbare Loge* [J]. JbJPG. 1986(21): 7–22.

KÖPKE W. Abschied von der Poesie. *Flegeljahre* und die Auseinandersetzung mit Herder [J]. JbJPG. 1990(25): 43–60.

KÖPKE W. Die Moreske einer Moreske oder die dunkle Seite des Humors [J]. JbJPG. 1992(26/27) : 108–119.

KRUMME P/LINDNER B. Absolute Dichtung und Politik. Tendenzen der Jean Paul-Forschungen: Text+Kritik. Sonderband Jean Paul [C]. Ed. ARNOLD H L. München: Richard Boorverg Verlag, 1970: 116–124.

KRUMME P/LINDNER B. Satirischer Humor: Text+Kritik. Sonderband Jean Paul [C]. Ed, ARNOLD H L. München: Richard Boorberg Verlag, 1974: 71–74.

KÜPPE H. Jean Pauls *Wuz*. Ein Beitrag zur Literarhistorischen Würdigung des Dichters

[M]. Halle: Max Niemeyer Verlag, 1928.

LANGNER B. Jean Paul. Meister der zweiten Welt. Eine Biographie [M]. München: Verlag C.H. Beck, 2013.

LECKE B. Zwischen Empfindung und Phantasie. Zur Poetik Jean Pauls: Text+Kritik. Somderband. Jean Paul [C]. Ed. ARNOLD H L. München: Richard Boorberg Verlag, 1970: 7–12.

LINDEMANN G. Fantaisie und Phantasie. Zu einer Szene in Jean Pauls Roman *Siebenkäs* : Text+Kritik. Sonderband Jean Paul [C]. Ed, ARNOLD H L. München: Richard Boorverg Verlag, 1970: 49–59.

LINDNER B. LINDEMANN G. Satire und Allegorie in Jean Pauls Werk. Zur Konstellation des Allegorischen [J]. JbJPG. 1970(5): 7–61.

LINDNER B. Politische Metaphologie. Zum Gleichnisverfahren in Jean Pauls Schriften: Text und Kritik, Sonderband Jean Paul [C]. Ed, ARNOLD H L. Stuttgart: Richard Boorberg Verlag, 1974: 103–115.

LINDNER B. Autonomisierung der Literatur als Kunst, klassisches Werkmodell und auktoriale Erzählweise [J]. JbJPG. 1975(10): 85–108.

LINDNER B. Jean Paul. Scheiternde Aufklärung und Autorrolle [M]. Darmstadt: Agora Verlag, 1976.

LOHMANN G. Jean Pauls *Flegeljahre*, gesehen im Rahmen ihrer Kapitelüberschriften [M]. Würzburg: Königshausen&Neumann, 1990.

LOHMANN G. Jean Paul. Entwicklung zum Dichter [M]. Würzburg: Königshausen& Neumann, 1999.

LUTZ C. „Aufeß-System“ Jean Pauls kannibalische Poetik im *Komet* [J]. JbJPG. 2005(40): 59–88.

MAIER H. Jean Paul, Richard Strauss und das Publikum [J]. JbJPG. 1973(8): 13–22.

MALSCH W. Kunst und Geschichte in Jean Pauls Ästhetik [J]. JbJPG. 1975(10): 109–122.

MARCUS F. Jean Paul und Heinrich Heine [M]. Dissertation der Universität Marburg.

Marburg: Buchdrückerei Julius Schröder, Kirchhein, 1919.

MARTUS S. Aufklärung: Das deutsche 18. Jahrhundert-Epochenbild [M]. Berlin: Rowohlt Verlag, 2015.

MAURER P. Wunsch und Maske. Eine Untersuchung der Bild-und Motivstruktur von Jean Pauls *Flegeljahren* [M]. Göttingen: Vandenhoeck&Ruprecht, 1981.

MEINECKE F. Weltbürgertum und Nationalstaat [M]. Ed. HERZFELD H. München: R. Oldenbourg Verlag, 1962.

MIELERT H. Das hohe Menschentum Jean Pauls [M]. Würzburg-Aumühle: Konrad Eriltsch Verlag, 1939.

MILLER N. Ottomars Vernichtvision. Bemerkungen zum Verhältnis von Traumwelt und Wirklichkeit bei Jean Paul [J]. JbJPG. 1975(10): 29–48.

MINDER R. Begegnungen mit Alfred Döblin in Frankreich: Text+Kritik. Sonderband Alfred Döblin [C]. Ed, ARNOLD HL. Achen: georgi, 1966: 57–64.

MOG P. Ratio und Gefühlskultur. Studien zu Psychogenese und Kultur im 18. Jahrhundert [M]. Tübingen: Max Niemeyer Verlag, 1976.

MONTIGEL U. Der Körper im humoristischen Roman. Zur Verlustgeschichte des Sinnlichen. François Rabelais-Laurence Sterne-Jean Paul-Friedrich Theodor Vischer [M]. Frankfurt a. M.: Athenäum Verlag, 1987.

MÜLLER G. Zur Bedeutung Jean Pauls für die Ästhetik zwischen 1830 und 1848(Weise, Ruge, Vischer) [J]. JbJPG. 1977(12): 105–136.

MÜLLER G. Jean Pauls Ästhetik und Naturphilosophie [M]. Tübingen: Max Neimeyer Verlag, 1983.

MÜLLER G. Mehrfache Kodierung bei Jean Paul [J]. JbJPG. 1992(26/27): 67–91.

MÜLLER G. Jean Paul im Kontext. Gesammelte Aufsätze [M]. Würzburg: Königshausen & Neumann, 1996.

MÜLLER J. Das Wesen des Humors [M]. München: Lüneburg, 1896.

MÜLLER V.U. Krise aufklärerischer Kritik und die Suche nach Naivität. Eine Untersuchung nach Jean Pauls *Titan*//Literaturwissenschaft und Sozialwissenschaften.

Vol.3. Deutsches Bürgertum und literarische Intelligenz 1750–1800. Ed, LUTZ B. Stuttgart 1974: 455–506.

MÜLLER V.U. Narrenfreiheit und Selbstbehauptung. Spielräume des Humors im Werk Jean Pauls [M]. Stuttgart: Metzlersche Verlagsbuchhandlung, 1979.

NAUMANN U. Predigende Poesie. Zur Bedeutung von Predigt, geistlicher Rede und Predigertum für das Werk Jean Pauls. [M] Nürnberg: Verlag Hans Carl, 1976.

NELL W. Jean Pauls *Komet* und Der Teutsche Don Quichot [J]. JbJPG. 1986(21) : 77–96.

NELL W. Der Ledermann, das Goldkochen und die portable Stadt. Vormoderne Voraussetzungen einer Selbstbeschreibung der Moderne in Jean Pauls *Komet* [J]. JbJPG. 2014(48/49): 39–56.

NOWITZKI H-P. Editionsgeschichte: Wieland-Handbuch. Leben-Werk-Wirkung [C]. Ed. HEINZ J. Stuttgart/Weimar: Verlag J.B. Metzler, 2008: 26–35.

OEHLENSCHLÄGER E. Jean Paul: Handbuch der deutschen Erzählung [C]. Ed. POLLHEIM K. Düsseldorf: August Bagel Verlag, 1981: 104–114.

OSCHATZ P-M. Jean Paulscher Humor, aufgezeigt an den Humoristen von den Jugendsatiren bis zum *Komet* [M]. Essen: Verlag die blaue Eule, 1985.

PAULUS J. Der Enthusiast und sein Schatten//Quellen und Forschungen zur Literatur- und Kulturgeschichte. Ed, BRINK B T/SCHERER W. Vol.13. Ed, OSTERKAMP E./RÖCKE W. Berlin/New York: Walter de Gruyter, 1998.

PFOTENHAUER H. Jean Paul. Ein Gegenklassiker. Eine Einführung [J]. JbJPG. 2001(35/36): 4–9.

PFOTENHAUER H. Das Leben schreiben-Das Schreiben leben. Jean Pauls als Klassiker der Zeitverfallenheit [J]. JbJPG. 2002(35/36): 46–58.

PFOTENHAUER H. Das Leben als Schreiben. Biographie [M]. München: Carl Hanser Verlag, 2013.

PLANCK K T. Jean Pauls Dichtung im Lichte unserer nationalen Entwicklung. Ein Stück deutscher Kulturgeschichte [M]. Berlin: Reimer, 1868.

POTT H-G. Das Ich und der Tod. Zur biographisch-testamentarischen Form des Romans bei Jean Paul [J]. JbJPG. 1988(24): 37–47.

POTT H-G. Jean Paul und die Moderne [J]. JbJPG. 1992(26/27): 17–31.

POTT H-G. Aufklärung über Religion. Vortrag vor der Jean-Paul-Gesellschaft im März 2008 [J]. JbJPG. 2009(44): 45–61.

PREAUX A. Das Doppelgängermotiv in Jean Pauls großen Romanen [J]. JbJPG. 1986(21): 97–122.

PROFITLICH U. Der selige Leser. Untersuchungen zur Dichtungslehre Jean Pauls [M]. Bonn: Bouvier, 1968.

PROFITLICH U. Humoristische Subjektivität. Über einige Äquivokationen in Jean Pauls *Vorschule der Ästhetik* [J]. JbJPG. 1971(6): 46–85.

PROSS W. Jean Pauls geschichtliche Stellung [M]. Tübingen: Max Niemeyer Verlag, 1975.

REEMTSMA J P. „*Komet*“ [J]. JbJPG. 2001(35/36): 10–31.

RESSEL A. „Die Menschen können sich künftig nach Malthus ordentlich nicht mehr retten“. Demorgraphische Zukunftsprognosen in Jean Pauls *Dämmerungenrung für Deutschland* (1809) [J]. JbJPG. 2014(50): 129–138.

RING A. Jenseits von Kuhschnappel. Individualität und Religion in Jean Pauls *Siebenkäs*. Eine systemtheoretische Analyse [M]. Würzburg: Königshausen & Neumann, 2005.

RUGENSTEIN K. Humor. Die Verflüssigung des Subjekts bei Hippokrates, Jean Paul, Kiekegaard und Freud [M]. Paderborn: Wilhelm Fink, 2014.

SAFRANSKI R. Goethe. Kunstwerk des Lebens. Biographie [M]. München: Carl Hanser Verlag, 2013.

SANDIG H. Deutsche Dramaturgie des Grotesken um die Jahrhundertwende [M]. München: Wilhelm Fink Verlag, 1980.

SCHINKEL E. Jean Paul: *Hesperus*—Beiträge zur immanenten Poetik des „konstruktiven Romans“ [J]. JbJPG. 1986(22): 95–104.

SCHMIDT-BIGGENMANN W. Jean Paul als satirischer Philosoph [J]. JbJPG. 2012(45): 109–120.

SCHMIDT M. Melancholie in Jean Pauls *Flegeljahre* [D]. Magisterarbeit, betreut von Heinz Schlaffer. Universität Stuttgart 1998.

SCHMITZ-EMANS M. Der Bau des wahren Luftschlosses. Studien zur Leibniz-Rezeption des jungen Jean Paul [J]. JbJPG. 1985(20): 49–89.

SCHMITZ-EMANS M.. Der Komet als ästhetische Programmschrift-Poetologische Konzepte, Aporien und ein Sündenbock [J]. JbJPG. 2001(35/36): 59–92.

SCHMITZ-EMANS M. Engel in der Krise. Zum Engelsmotiv in der romantischen Ästhetik und in Jean Pauls Roman *Der Komet* [J]. JbJPG. 2003(37): 111–138.

SCHMITZ-EMANS M. Jean Pauls Schriftsteller-Ein werkbiographisches Lexikon. *Leben des Quintus Fixlein* [J]. JbJPG. 2009(44): 177–205.

SCHMITZ-EMANS M.. Jean Pauls Schriftsteller-Ein werkbiographisches Lexikon in Fortsetzungen. Schriftsteller in den *Flegeljahren* [J]. JbJPG. 2012(47): 159–192.

SCHMITZ-EMANS M. Über Bilder und die bildende Kunst bei Jean Paul: Jean Paul und die Bilder. Bildkünstlerische Auseinandersetzung mit seinem Werk: 1783–2013 [C]. Ed, SCHMITZ-EMANS M./BENDA W. Würzburg: Königshausen&Neumann, 2013: 19–61.

SCHMITZ-EMANS M.. Christliche Wahrsager und wahnsinnige Maler. Ein barockes katholisches Andachtsbuch und Jean Pauls *Komet* [J]. JbJPG. 2017(52): 71–98.

SCHMITZ-EMANS M. Schriftsteller im *Titan* [J]. JbJPG. 2019(54): 28–56.

SCHNEIDER S M. Klassizismus und Romantik-zwei Konfigurationen der einen ästhetischen Moderne. Konzeptuelle Überlgungen und neuere Forschungsperspektiven [J]. JbJPG. 2002(37): 86–128.

SCHNELL R. Deutsche Literatur. Von der Reformation bis zur Gegenwart [M]. Reinbek bei Hamburg: rowohlts enzyklopädie im Rowohlt Taschenbuch Verlag, 2011.

SCHÖNEMANN H. Titan in Hof. Jean Pauls Lektüren in der Hofer Schulbibliothek und ihre Bedeutung für seinen Roman *Titan* [J]. JbJPG. 2014(50): 107–128.

SCHÜTZ K-O. Geschichte des Wortes Humor und Entstehung des Humorbegriffs (England-Deutschland) [D]. Unveröffentlichte Dissertation. Bonn: Rheinische Friedrichs-Wilhelms-Universität, 1957.

SCHWEIKERT U. Jean Paul und die Restauration [J]. JbJPG. 1975(10): 123–151.

SEEBER H U.(Ed.). Englische Literaturgeschichte [C]. Stuttgart/Weimar: Verlag J.B. Metzler, 2012.

SIMON R. Jean Paul als Idyllentiere oder Hermeneutik der Welt-als-Idylle [J]. JbJPG. 2009(44): 63–80.

SIMON R. Die Idee der Prosa. Zur Ästhetikgeschichte von Baumgarten bis Hegel mit einem Schwerpunkt bei Jean Paul [M]. München: Wilhelm Fink Verlag, 2013.

SIMON R. Form und Formbegriff bei Jean Paul [J]. JbJPG. 2018(53): 5–31.

SINN C. „Acht Jahre unter der Erde“ -Jean Pauls *Die unsichtbare Loge* (1793) zwischen Aufklärung und Arkanum [J]. JbJPG. 2007(42): 67–84.

SPRENGEL P. Innerlichkeit. Jean Paul oder Das Leiden der Gesellschaft [M]. München: Carl Hanser Verlag, 1977.

SPRENGEL P. Jean Pauls Antiklassizismus-Ein Rezeptionsphänomen? [J]. JbJPG. 2000(35/36): 33–45.

STEIN P./STEIN H. Chronik der deutschen Literatur. Daten, Texte, Kontexte [M]. Stuttgart: Alfred Kröner, 2008.

STRAETMANSS-BENL. „Kopf und Herz“ in Jacobis *Woldemar*. Zur moralphilosophischen Vorgeschichte und Aktualität einer literarischen Formel des 18. Jahrhunderts [J]. JbJPG. 1977(12): 137–174.

STROHSCHNEIDER-KOHRS I. Die romantische Ironie in Therorie und Gestaltung [M]. Tübingen: Max Niemeyer Verlag, 1960.

TAVE S.M. The amiable humorist [M]. Chicago: University Press, 1960.

TIMONTHY C. Alphabet und Erzählung in der *Clavis Fichtiana* und im *Leben Fibel*s [J]. JbJPG. 1989(24): 75–92.

UEDING G. Jean Paul [M]. München: Verlag C.H. Beck, 1993.

VERSCHUREN H. Der *Hesperus* als Erfolgsroman. Ein Beitrag zur zeitgenössischen Jean Paul-Rezeption [J]. JbJPG. 1979(14): 51–78.

VÖLK M. Der saturnische Wutz. Eine Konjunktion von Jean Paul und Walter Benjamin [J]. JbJPG. 2012(47): 61–80.

VOIGT G. Humoristische Figur bei Jean Paul [J]. JbJPG. 1969(4) : 7–144.

WEIGL E. Aufklärung und Skeptizismus. Untersuchungen zu Jean Pauls Frühwerk [M]. Gerstenberg: Gebrueder Verlag, 1982.

WENZ G. *Schlüssel zur Clavis*. Kontexte einer F.H. Jacobi gewidmeten Fichte-Satire Jean Pauls [J]. JbJPG. 2017(52): 71–98.

WIDHAMMER H. Satire und Idylle in Jean Pauls *Titan*. Mit besonderer Berücksichtigung des *Luftschiffers Giannozzo* [J]. JbJPG. 1968(3): 69–105.

WIETHÖLTER W. Witzige Illumination. Studien zur Ästhetik Jean Pauls [M]. Tübingen: Max Niemeyer Verlag, 1979.

WIETHÖLTER W. Deutung zu Goethes *Die Leiden des jungen Werthers*//GOETHE J W. Sämtliche Werke. Briefe, Tagebücher und Gespräche. Ed. APEL F. et al. Vol.8. 1994: 945–958.

WIETHÖLTER W. Die krumme Linie: Jean Pauls humoristisches ABC [J]. Jahrbuch für Internationale Germanistik. Ed, FORSTER L.W. et al. 1998(1): 34–56.

WIRTH J.A. Die Geschichte der deutschen Staaten von der Auflösung des Reiches bis auf unsere Tage. Vol.1 [M]. Karlsruhe: Kunstverlag, 1847.

WIRTZ T./WÖLFEL K (Ed.). Jean Paul Ideen-Gewimmel. Texte&Aufzeichnungen aus dem unveröffentlichten Nachlaß [M]. Frankfurt a. M.: Eichborn Verlag, 1996.

WÖLFEL K. Jean Paul//Deutsche Dichter. Ed, GRIMM G.E./MAX F.R.. Vol.4. Sturm und Drang, Klassik [M]. Stuttgart: Philipp Reclam, 1997: 354–400.

WÖLFEL K. Horizontale Himmelfahrt. Die optische Metaphorik der Unsterblichkeit in Jean Pauls *Komet* [J]. JbJPG. 2001(35/36): 305–321.

WUTHENOW R-R. Gefährdete Idylle [J]. JbJPG. 1966(1): 79–94.

WUTHENOW R-R. Geschichstphilosophische Aufsätze im *Hesperus* [J]. JbJPG. 1975(10): 69–83.

ZHAO LL. Gesellschaftskritik in Heines *Lutezia*. Unter besonderer Berücksichtigung der chinesischen Heine-Rezeption [M]. Frankfurt a.M.: Peter Lang, Europäischer Verlag der Wissenschaften, 2004.

ZHAO LL. Humor, poetischer Geist und Göttlichkeit bei Jean Paul, am Beispiel der *Vorschule der Ästhetik* und des *Siebenkäs*: Literaturstraße. Vol.18/2 [C]. Ed, FENG YL. et al. Würzburg: Königshausen&Neumann, 2017: 117–128.

ZHAO LL. Zwischen Kosmopolitismus und Nationalismus. Jean Pauls, Hölderlins und Kleists Einstellungen zur deutschen Nation: Kulturalität der Sprache und Sprachlichkeit der Kultur [C]. Ed. ZHAO J./GIESSEN H. Berlin: Peter Lang. Internationaler Verlag der Wissenschaften, 2021: 345–355.

Lexika

Dtv-Lexikon. Vol.9 [C], Vol.10 [C], Vol.15 [C]. München: Deutscher Taschenbuch-Verlag, 1992.

Duden, Deutsches Universalwörterbuch [C]. Ed, Dudenredaktion. Mannheim/Leipzig/Wien/Zürich, 2001.

FRICKE H.(Ed.). Reallexikon der deutschen Literaturwissenschaft. Vol.2 [C]. Berlin/New York: Walter de Gruyter, 2000.

GALE S.H (Ed.). Encyclopedia of British Humorists Geoffrey Chaucer to John Cleese. Volume 1.A-K; Vol.2.L-Z [C]. New York&London: Garland Publishing. INC, 1996.

JENS W. (Ed.), Kindlers Neues Literaturlexikon. Vol.8 [C]. München, 1998.

NÜNNING V/A. (Ed.). Kindler Klassiker. Englische Literatur [C]. Stuttgart: Verlag J.B. Metzler, 2015.

SCHULZ H/BASLER O. Deutsches Fremdwörterbuch. Vol.2 [C]. Berlin, 1942.

WILPERT G. von. Lexikon der Weltliteratur. Biographisch-Bibliographisches

Handwörterbuch nach Autoren und anonymen Werken. Deutsche Autoren A-Z [M]. Stuttgart: Alfred Kröner Verlag, 2004.

WILPERT G. von. Sachwörterbuch der Literatur [M]. Stuttgart: Alfred Kröner Verlag, 2001.

中文一级文献

爱尔维修. 论精神 [M]. 杨伯恺，译. 上海：上海人民出版社，2019.

罗兰·巴特. 评福柯的《古典时代疯狂史》. 福柯. 古典时代疯狂史 [M]. 林志明，译. 北京：生活·读书·新知三联书店，2016.

恩格斯. 德国状况 // 马克思恩格斯全集. 第二卷. 中央编译局. 北京：人民出版社，1972.

费希特. 全部知识学的基础 [M]. 王玖兴，译. 北京：商务印书馆，2010.

福柯. 古典时代疯狂史 [M]. 林志明，译. 北京：生活·读书·新知三联书店，2016.

弗洛伊德. 诙谐及其与潜意识的关系 // 弗洛伊德文集. 彭舜、杨韶刚，译. 车文博，主编. 第 6 卷. 北京：九州出版社，2014.

歌德. 浮士德 [M]. 绿原，译. 北京：人民文学出版社，2003.

哈曼. 思考我的经历：纪念苏格拉底：哈曼文选 [M]. 刘新利、经敏华，编译. 北京：华夏出版社，2009.

哈奇森. 论美与德性观念的根源 [M]. 高乐田、黄文红、杨海军，译. 杭州：浙江大学出版社，2009. 导读.

海德格尔. 存在与时间. 陈嘉映、王庆节，译. 熊伟，校. 陈嘉映，修订.// 海德格尔文集. 孙周兴、王庆节，主编. 第二卷. 北京：商务印书馆，2016.

赫尔德. 人性、语言和历史；神话和宗教；神与自然：反纯粹理性——论宗教、语言和历史文选 [M]. 张晓梅，译. 北京：商务印书馆，2010.

海涅. 论浪漫派 // 海涅全集. 章国锋、胡其鼎，主编. 第 8 卷. 孙坤荣，译. 石家庄：河北教育出版社，2003.

黑格尔. 美学. 第一卷 [M]. 朱光潜，译. 北京：商务印书馆，2015.

康德. 实践理性批判 // 康德全集. 李秋零，主编. 第 5 卷. 李秋零，译. 北京：中国人民大学出版社，2013.

康德. 纯然理性界限内的宗教 // 康德全集. 李秋零，主编. 第 6 卷. 李秋零，译. 北京：中国人民大学出版社，2013.

康德. 实用人类学；科学之争 // 康德全集. 李秋零，主编. 第 7 卷. 李秋零，译. 北京：中国人民大学出版社，2008.

康德. 1781 年之后的论文 // 康德全集. 李秋零，主编. 第 8 卷. 李秋零，译. 北京：中国人民大学出版社，2008.

莱辛. 拉奥孔 [M]. 朱光潜，译. 北京：商务印书馆，2015.

卢梭. 爱弥儿论教育. 下卷 [M]. 李平沤，译. 北京：商务印书馆，1981.

马克思、恩格斯. 德意志的意识形态 // 马克思恩格斯全集. 第 3 卷. 中央编译局译. 北京：人民出版社，1972.

尼采. 人性的，太人性的——一本献给自由精灵的书 [M]. 杨恒达，译. 北京：中国人民大学出版社，2005.

斯特恩. 项狄传 [M]. 蒲隆，译. 沃克作序. 南京：译林出版社，2006.

斯威夫特. 格列佛游记 [M]. 杨昊成，译. 南京：译林出版社，2016.

席勒. 审美教育书简 [M]. 冯至、范大灿，译. 北京：北京大学出版社，1985.

席勒. 席勒美学文集 [M]. 张玉能，编译. 北京：人民出版社，2011.

席勒. 美育书简 [M]. 徐恒醇，译. 北京：社会科学文献出版社，2016.

亚里士多德. 论诗. 崔延强，译.// 亚里士多德全集. 苗力田，主编. 第 9 卷. 北京：中国人民大学出版社，2016.

中文二级文献

范大灿. 德国文学史. 范大灿，主编. 第 2 卷 [M]. 南京：译林出版社，2006.

冯至等. 德国文学简史上卷 [M]. 冯至，主编. 北京：人民文学出版社，1958.

谷裕. 现代市民史诗——十九世纪德语小说研究 [M]. 上海：上海书店出版社，2007.

韩加明. 菲尔丁研究 [M]. 北京：北京大学出版社，2010.

贾涵斐. 论让・保尔长篇小说《赫斯珀洛斯》中的人之构想与诗学教育 [J]. 德国研究. 2019（2）：115–216.

贾涵斐. 文学与知识——1800 年前后德语小说中人的构想 [M]. 北京：北京师范大学出版社，2020.

蒋怡. 论《项狄传》中的时间机制：英国文学史论 [C]. 上卷. 王守仁、何宁，主编. 上海：上海外语教育出版社，2013：178–191.

李伯杰等. 德国文化史 [M]. 北京：对外经济贸易大学出版社，2002.

刘小枫. 古今之争的历史僵局：图书馆里的古今之争 [M]. 中译本导言. 斯威夫特，著. 李春长，译. 北京：华夏出版社，2015.

绿原. 一谈幽默：再谈幽默 [M]. 南京：凤凰出版社，2003：144–154.

梅尼克. 历史主义的兴起 [M]. 陆月宏，译. 南京：译林出版社，2010.

明克勒. 德国人和他们的神话 [M]. 李维、范鸿，译. 北京：商务印书馆，2018.

任卫东、刘慧儒、范大灿. 德国文学史. 范大灿，主编. 第 3 卷 [M]. 南京：译林出版社，2007.

宋建福. 论斯特恩叙事艺术的颠覆与约束（*On Laurence Sterne's Artistic Subversion and Constraint*）[M]. 长春：东北师范大学出版社，2016.

余匡复. 德国文学史 [M]. 上海：外语教育出版社，1991.

张江玲. 试析让・保尔的幽默观——以《西本克斯》中“死亡演示”场景为例 [D]. 北京大学硕士研究生学位论文，谷裕指导，2013.

赵蕾莲. 论克莱斯特戏剧的现代性 [M]. 哈尔滨：黑龙江教育出版社，2014.

赵蕾莲. 论荷尔德林小说《许佩里翁或希腊的隐士》中的对立观 [J]. 外国文学研究. 2014（3）：52–59.

赵蕾莲. 弗里德里希・荷尔德林和谐观研究 [M]. 北京：中国人民大学出版社，2017.

赵蕾莲. 让・保尔《美学预备学校》中的幽默诗学 [J]. 同济大学学报（社会科学版）. 2018（2）：12–24.

赵蕾莲. 让・保尔政论文中以世界主义为前提的德意志情怀 [J]. 德国研究. 2018（2）：95–106.

赵蕾莲. 双影人主题透视的现代危机——以让·保尔和克莱斯特的作品为例 [J]. 学术交流. 2019（9）: 177–185.

中文参考工具

大不列颠百科全书. 第 8 [C]、14 [C]、15 卷 [C]. 北京：中国大百科全书出版社，2007.

后　记

专著《德国作家让·保尔幽默诗学与幽默叙事研究》是笔者主持的第二个国家社科基金一般项目“德国作家让·保尔研究”（项目编号：17BWW073）的最终结项成果。在本项目研究期间，笔者在德国亚历山大·冯·洪堡基金会“再邀请”的科研项目资助下于2017年6至8月赴德国斯图加特大学文学院研究，在该校和文学院图书馆、巴符州图书馆、马尔巴赫文学档案馆以及科隆大学日耳曼学专业图书馆搜集大量珍贵资料，期间发表四篇学术论文，作为阶段性研究成果。

本书涉及西方精神史上很多哲学和文学巨擘的论著，提炼其关涉本书的重要内容，极具挑战性。受时间和篇幅限制，本书难免挂一漏万，希冀在今后研究中予以完善。作为中国首部专门研究让·保尔的学术专著，本书可开辟审视和解读该作家的新视角，拓展学术研究的空间和思路，为日后的让·保尔研究奠定基础。

在本书付梓之际，笔者衷心感谢斯图加特大学文学院教授、马尔巴赫文学档案馆馆长桑德拉·里希特（Sandra Richter）女士的热忱帮助，感谢全国哲学社会科学规划办提供的研究资助、中国人民大学出版社外语出版分社的大力支持以及本书责任编辑的认真工作！

赵蕾莲

2022年1月8日

北京都市芳园

中国人民大学出版社外语出版分社读者信息反馈表

尊敬的读者：

感谢您购买和使用中国人民大学出版社外语出版分社的 ______________ 一书，我们希望通过这张小小的反馈卡来获得您更多的建议和意见，以改进我们的工作，加强我们双方的沟通和联系。我们期待着能为更多的读者提供更多的好书。

请您填妥下表后，寄回或传真回复我们，对您的支持我们不胜感激！

1. 您是从何种途径得知本书的：

□书店　□网上　□报纸杂志　□朋友推荐

2. 您为什么决定购买本书：

□工作需要　□学习参考　□对本书主题感兴趣　□随便翻翻

3. 您对本书内容的评价是：

□很好　□好　□一般　□差　□很差

4. 您在阅读本书的过程中有没有发现明显的专业及编校错误，如果有，它们是：

____

____

____

5. 您对哪些专业的图书信息比较感兴趣：

____

____

____

6. 如果方便，请提供您的个人信息，以便于我们和您联系（您的个人资料我们将严格保密）：

您供职的单位：______________________________

您教授的课程（教师填写）：______________________________

您的通信地址：______________________________

您的电子邮箱：______________________________

请联系我们：黄婷　程子殊　吴振良　王琼　鞠方安

电话：010-62512737，62513265，62515538，62515573，62515576

传真：010-62514961

E-mail：huangt@crup.com.cn　chengzsh@crup.com.cn　wuzl@crup.com.cn
crup_wy@163.com　jufa@crup.com.cn

通信地址：北京市海淀区中关村大街甲 59 号文化大厦 15 层　邮编：100872

中国人民大学出版社外语出版分社